Debbie Then

Bleiben oder Gehen?

Wenn Untreue Ihre Beziehung bedroht

Aus dem Amerikanischen
von Bettina Münch

Fischer Taschenbuch Verlag

Veröffentlicht im Fischer Taschenbuch Verlag,
ein Unternehmen der S. Fischer Verlag GmbH,
Frankfurt am Main, Juli 2003

Lizenzausgabe mit Genehmigung des
Krüger Verlages, Frankfurt am Main
Die amerikanische Originalausgabe erschien 1999
unter dem Titel ›Women Who Stay with Men Who Stray:
What Every Woman Needs to Know about Men and Infidelity‹
im Verlag Hyperion, New York
© 1999 by Debbie Then, Ph. D.
Für die deutsche Ausgabe:
© Wolfgang Krüger Verlag GmbH, Frankfurt am Main 2001
Druck und Bindung: Clausen & Bosse, Leck
Printed in Germany
ISBN 3-596-15823-0

Die in diesem Buch beschriebenen Menschen und Situationen sind real. Allerdings wurden Namen und andere Erkennungsmerkmale verändert. Jede Übereinstimmung zwischen einer hier erwähnten Person oder Situation mit einem tatsächlich existierenden Menschen ist rein zufällig.

Inhalt

Danksagung 11
Einführung 13

Erster Teil
Die gesellschaftlichen Grundlagen
männlicher Untreue
1. Untreue: Wer geht fremd und warum? 29
2. Die zwei Seiten einer Ehe: Seine und ihre 52
3. Ein untreuer Partner: Der schlimmste Albtraum
   jeder Frau 72
4. »Es ist doch nur Sex«: Die gesellschaftliche Nachsicht
   gegenüber männlicher Untreue 98
5. Ein Ort der Zuflucht: Die heimliche Geliebte 105
6. Lügen und Heimlichkeiten: Wie Frauen die Untreue
   ihres Mannes entdecken 117

Zweiter Teil
Wie Sie sich an der Seite eines untreuen Mannes
selbst treu bleiben
7. Warum SIE bleibt, wenn ER fremdgeht 135
8. Wie Frauen mit einem untreuen Mann weiterleben . . 153
9. Geschichten von Frauen, die bleiben 176
10. Die Entscheidung: Bleiben oder gehen? 211

Dritter Teil
Wie Sie nach einer demütigenden Erfahrung
wieder glücklich werden
11. Die Folgen von Untreue 229
12. Untreue im Rampenlicht: Die Affären der Reichen
    und Schönen 239

13. Was Frauen über die Affären von Männern am
    häufigsten wissen wollen 263
14. Beginnen Sie eine Affäre... mit Ihrem Mann 284
15. Nach der Krise: Sie brauchen ein eigenes Leben! . . . 298

Epilog 309

Anhang
Filme zum Thema Untreue 317
Quellenangaben 319

Brüderchen, du kannst den Wind
Niemals nach der Mühle drehen
Dreh die Mühle nach dem Wind
Und sie wird vortrefflich gehen.
Russisches Sprichwort

Danksagung

Obwohl heutzutage immer mehr Menschen fremdgehen, ist Untreue nach wie vor ein Tabuthema. Daher war dieses Buch auf die Beiträge vieler Menschen angewiesen, die anonym zu bleiben wünschen. Den Männern und Frauen, die mir ihre Geschichten über Untreue offenbarten, bin ich zu großem Dank verpflichtet. Ohne sie hätte ich dieses Buch nicht schreiben können. Auch wenn ich die Namen und persönlichen Details verändert habe, um die Schuldigen wie die Unschuldigen zu schützen, danke ich ihnen dafür, dass sie mir ihre intimsten Erlebnisse anvertraut haben.

Dank geht auch an Nora Ephron, deren Roman und Film *Sodbrennen* der Samen waren, der in diesem Buch aufging.

Ich habe das Glück, viele wunderbare Kollegen und Freunde zu besitzen, die mir immer wieder mit Rat und Tat zur Seite stehen. Dank und Anerkennung geht an sie alle: John, Gerri, Judy, Jane, Margaret, Tom, Barry, Phil, Richard, Wendy, die Seattle-Gang und ganz besonders Howard.

Außerdem bedanke ich mich bei den vielen Redakteuren und Journalisten der Zeitschriften, Zeitungen und Fernsehshows für ihre jahrelange freundliche Unterstützung. Barrie danke ich für sein Vertrauen in meine Arbeit und dafür, mir diese Chance geboten zu haben. Ich bedanke mich auch bei Angelo, James, Belinda, Katrina, Christine, Robyn, Wanda und Meg für ihren unermüdlichen Einsatz. Zu großem Dank verpflichtet bin ich Mareen O'Brien, meiner hervorragenden Lektorin bei Hyperion, sowie Jennifer Morgan, John Marius, Jennifer Landers, Brittany Zucker und Adrian C. James; das Gleiche gilt für Jennifer Gates, meine außergewöhnliche Agentin, für ihre Fröhlichkeit, ihren Enthusiasmus und ihre Professionalität, und für die gute Betreuung von Lane Zachary, Todd Shuster und Esmond

Harmsworth von der Zachary Shuster Literary Agency. Dank auch an Harry Langdon, einen liebenswerten Menschen und wunderbaren Fotografen.

Ein ganz besonderes Zeichen der Dankbarkeit, Anerkennung und Liebe gilt meinem Mann. »It's... magic!«

Einführung

An dieser Ehe nahmen drei Personen teil, sodass es ein wenig eng wurde.
Diana, Prinzessin von Wales

Was hat Hillary Rodham Clinton mit Prinzessin Diana und Millionen anderer Frauen gemeinsam? Jede von ihnen hat den persönlichen Schmerz und die öffentliche Demütigung durch einen treulosen Ehemann erlebt.

Darum geht es in diesem Buch – um Frauen, die bei ihrem untreuen Ehemann bleiben. Es enthüllt die Details männlicher Affären und verrät, warum so viele Frauen weiter zu ihrem treulosen Mann halten. Vor allem aber handelt dieses Buch von der Bedeutung des Vertrauens in einer Ehe. Vordergründig geht es bei Untreue um unerlaubten Sex, in Wirklichkeit aber geht es dabei um Lug und Betrug, und das zerstört die Grundlagen einer Ehe.

Was bringt Frauen dazu, bei Männern zu bleiben, die sie betrügen? Viele Frauen werden heute mit diesem Dilemma konfrontiert, und dieses Buch ist das erste, das sich mit diesem umstrittenen Thema auseinander setzt.

Einer der öffentlichsten Fälle von Untreue wurde vor kurzem in den Medien ausgetragen. Wer nicht gerade in der Einöde haust, konnte kaum umhin, von der als »Monicagate« bekannt gewordenen Affäre Kenntnis zu nehmen. Sicherlich ist Bill Clintons Fernsehgeständnis über eine »unangemessene Beziehung« zu Monica Lewinsky eines der dramatischsten Beispiele für einen auf frischer Tat ertappten Ehemann. Dennoch hält Hillary Clinton weiter an ihrem Mann und an ihrer Ehe fest – zumindest vorläufig.

Mit ihrer Beständigkeit – manche mögen es auch als blinde

Hingabe oder Verleugnung bezeichnen – selbst nach der Enttarnung ihres treulosen Partners steht sie nicht allein. Wie Hillary entscheiden sich Millionen Frauen aus den verschiedensten persönlichen, gesellschaftlichen und finanziellen Gründen dafür, bei ihrem Mann zu bleiben, wenn sie mit seiner Untreue konfrontiert werden.

Die amerikanische Zeitschrift *Ladies' Home Journal* veröffentlichte in ihrer Septemberausgabe von 1998 eine Studie über die »Wunderbaren amerikanischen Frauen«, bei der sechsundvierzig Prozent aller Befragten angaben, sie würden ihrem Mann einen »One-night Stand« verzeihen. Weitere sechsundvierzig Prozent meinten, sie könnten ihm nicht verzeihen. Und am wenigsten geneigt zu verzeihen zeigten sich Frauen, wenn sie über Dritte von der Affäre erfuhren. Nur zehn Prozent der Frauen meinten, sie könnten ihrem Mann eine länger andauernde Affäre verzeihen.

Da sich über Affären – und ihre Vergebung – keinerlei Prognosen aufstellen lassen, gehen die Forschungsergebnisse darüber, wie Frauen auf einen Ehebruch ihres Mannes reagieren, häufig stark auseinander. Die Zeitschrift *People* veröffentlichte im Juli 1998 die Ergebnisse einer Umfrage, die im Kielwasser der Affäre von Clinton und Lewinsky durchgeführt wurde. Sechzig Prozent der Frauen meinten, ihre Reaktion auf einen untreuen Ehemann hänge von den Umständen der Affäre ab; siebzehn Prozent meinten, sie würden ihren Mann verlassen, und einundzwanzig Prozent glaubten einen Weg finden zu können, um ihre Ehe zu retten.

Obwohl viele Frauen im Vorhinein nicht sicher sind, wie sie reagieren würden, wenn sie hintergangen würden, berichtete eine im August 1998 in der Zeitschrift *Time* veröffentlichte Umfrage mit dem Titel »Was wir wirklich von Treue halten«, dass sich Frauen in einem Punkt völlig einig sind: Würde ihr Mann ihnen am Vorabend eines gemeinsamen Urlaubs eine Affäre mit einer einundzwanzigjährigen Praktikantin eingestehen, dann würden sie diesen Urlaub mit Sicherheit nicht antreten!

Ob sie mit einem Mann weiterleben sollen, der fremdgegangen ist – und es möglicherweise wieder tun wird –, oder ob sie diese Ehe lieber beenden sollen, ist eine Frage, die heute mehr und mehr Frauen betrifft. Einfache Antworten gibt es darauf nicht. Egal, ob die betroffene Frau die »First Lady« eines Landes oder eine Grundschullehrerin ist, die Untreue ihres Mannes bereitet ihr in jedem Fall Kummer und Leid.

1995 sprach Prinzessin Diana in einem weltweit ausgestrahlten Fernsehinterview der BBC über das Scheitern ihrer Ehe mit Prinz Charles, einer Ehe, deren Erfolg sie sich, wie sie sagte, »verzweifelt wünschte«. Ihr »weiblicher Instinkt«, wie sie es nannte, habe sie ahnen lassen, dass Charles mit der damals verheirateten Camilla Parker Bowles ein Verhältnis hatte. Charles' Untreue sei für sie niederschmetternd gewesen, gestand sie, und die Tatsache, einen Ehemann zu haben, der eine andere liebt, habe ihr das Gefühl gegeben, unfähig, nutzlos und hoffnungslos zu sein und auf der ganzen Linie versagt zu haben. Doch obwohl Prinz Charles bereits 1994 in einem eigenen Fernsehinterview seine Untreue eingestanden hatte, wollte Diana auch weiterhin keine Scheidung.

Wenn die Affäre ihres Mannes selbst für eine der reichsten und schönsten Frauen der Welt niederschmetternd ist, was ist dann mit dem Rest von uns Frauen? Ein untreuer, ehebrecherischer, lügender und betrügender Ehemann ist der schlimmste Albtraum jeder Frau. Und doch nehmen die meisten Männer Seitensprünge gar nicht richtig ernst. Sex mit einer anderen als der Ehefrau? »Was ist schon dabei. Es ist doch bloß Sex, nicht Liebe«, argumentieren sie. Für Frauen dagegen sind Seitensprünge todernst – und schlimm dazu. Die Mehrzahl der Frauen möchte ihren Mann nicht mit einer anderen teilen. Sehr anschaulich wird diese riesige Kluft zwischen den Geschlechtern an den vier meist gefürchteten Worten für Frauen und Männer. Erstere fürchten sich am allermeisten vor dem Satz: »Ich habe eine Affäre«, Letztere dagegen vor den vier Worten: »Ich sag's deiner Frau.«

Keine Frau freut sich über die Untreue ihres Mannes und keine ist gegen das Trauma gefeit, das mit einem Seitensprung einhergeht. Ob berühmt oder nicht, sie leidet darunter, und oft genug in aller Stille. Zu viele Frauen verschwenden kostbare

Jahre ihres Lebens damit, ihre Ehe gegen Seitensprünge abzusichern oder darüber zu grübeln, wie sie der »Anderen« ihren Mann wieder ausspannen können.

Frauen sollten verstehen lernen, dass sie das Verhalten ihres Partners nicht verändern können. Sie haben es lediglich in der Hand zu entscheiden, wie sie sich einem untreuen Mann gegenüber verhalten wollen. »Die einzige Zeit, in der eine Frau einen Mann erfolgreich verändern kann, ist, solange er noch in den Windeln steckt«, sagte die verstorbene Schauspielerin Natalie Wood einmal.

Ein untreuer Mann fügt dem Selbstvertrauen einer Frau, ihren Gefühlen und ihrem körperlichen Wohlbefinden unermesslichen Schaden zu und er erschüttert ihr Gefühl von Sicherheit und Stabilität im Leben. Keine Frau möchte sich ihren Mann im Bett und bei intimen Gesprächen mit einer anderen Frau vorstellen. Die meisten haben Angst davor, allein gelassen, sexuell und emotional betrogen zu werden und die Liebe ihres Partners zu verlieren. Daher vermag ein untreuer Ehemann das Selbstvertrauen der kompetentesten Frau zu erschüttern.

»Was wollen die Frauen?«, fragte Sigmund Freud, der Vater der Psychoanalyse. Frauen wollen und sorgen sich um Treue. Kaum eine würde ihrem Mann am Hochzeitstag ewige Treue schwören, wenn dieser sich sexuell und gefühlsmäßig mit anderen Frauen einlässt. Daher müssen Männer, die verbotenen, außerehelichen Sex suchen, lügen. Und diese Betrügereien können das Vertrauen und das Fundament der stabilsten Ehe erodieren.

Auf (n)immer dein

Wenn ein Mann fremdgeht, sucht die Frau den Grund dafür fast immer bei sich. Sie gibt sich selbst die Schuld und nimmt an, dass ihr etwas Gravierendes fehlt. Sie hält sich für nicht hübsch, nicht dünn, nicht reich, nicht jung, nicht erfolgreich genug. Irgendetwas ist nicht genug – etwas, das ihr Mann nun anderswo sucht.

Meistens jedoch geht ein Mann fremd, weil er das Gefühl hat, es sei sein Geburtsrecht, Affären zu haben, und diese hätten nichts mit seinen Gefühlen für seine Frau zu tun. Viele Männer empfinden eine Art arrogante Berechtigung und glauben, kein »richtiger Mann« zu sein, wenn sie nicht weiterhin mit anderen Frauen schlafen. Und doch quälen sich Frauen untreuer Männer mit Selbstvorwürfen, und häufig genug macht auch die Gesellschaft ihnen Vorwürfe. »Warum kann sie nicht einfach hinnehmen, dass Männer so sind, wie sie sind?«, ist ein häufig vertretener Standpunkt.

Egal, wie wir zur Treuefrage stehen, außerehelicher Verkehr ist heutzutage ein häufiges Phänomen. Es ist eine traurige Tatsache, dass viele Frauen betrogen werden – und das mitunter immer wieder. Allzu oft sieht die Gesellschaft Männern ihre Affären nach und preist jene Frauen, die dennoch zu ihnen halten, während man gleichzeitig auf sie herabsieht und ihre Selbstachtung in Frage stellt.

Eheliche Untreue ist gerade deshalb ein solch umstrittenes Thema, weil viele Menschen davon betroffen sind. Obwohl wir viel darüber lesen und so unser voyeuristisches Interesse am Liebesleben anderer Menschen offenbaren, war die Auseinandersetzung mit diesem Thema lange Zeit tabu. Heute mag Fremdgehen normaler sein als je zuvor, doch das macht es für eine Ehe noch lange nicht akzeptabel. In der Umfrage vom August 1998 zum Thema »Was wir wirklich von Treue halten« berichteten neunundsechzig Prozent der befragten Männer und sechzig Prozent der Frauen, jemanden zu kennen, der Ehebruch begangen hat. Viele Dinge in unserem Leben geschehen immer wieder; doch das heißt nicht, dass sie für uns oder unsere Beziehung förderlich sein müssen.

Viele Frauen geben an, sich durch die sexuelle Beziehung ihres Partners mit einer anderen Frau tief verletzt und emotional im Stich gelassen zu fühlen. Verzweifelt suchen sie nach Antworten auf schwierige Fragen, die sich ihnen stellen, wenn sie mit der Untreue ihres Mannes konfrontiert werden. »Soll ich mit dem Mann, den ich liebe, weiter zusammenleben, auch wenn er mich immer wieder belügt und betrügt und ich mich womöglich mit einer sexuell übertragbaren Krankheit anstecken kann?«

Irgendwann fragt sich jede Frau einmal, ob ihr Mann vielleicht mit einer anderen Frau etwas hat. Keine von uns betritt gern einen Raum, um sich dann zu fragen, mit wie vielen der anwesenden Geschlechtsgenossinnen ihr Mann wohl geschlafen hat. Und doch ist dies eine Situation, der nicht wenige Frauen bei gesellschaftlichen Anlässen ausgesetzt sind.

Viele von ihnen entwickeln eine Art Radarsystem, mit dem sie die Eskapaden ihres Mannes orten können. Wenn sie ihren Mann auf einer Party im Gespräch mit einer anderen Frau beobachten, fragen sie sich vielleicht, warum er ihr so viel Aufmerksamkeit schenkt, und ihre Phantasie, ihre Intuition und Besorgnis wachsen ins Unermessliche. Nicht selten haben sie sogar Recht mit ihrem Verdacht, dass dort Funken sprühen und sich möglicherweise eine Affäre anbahnt. Egal, ob eine Frau sich die Untreue ihres Mannes eingesteht oder nicht, sie »weiß« es einfach, wenn ihr Mann fremdgeht.

Forschungen besagen, dass Frauen häufig richtig liegen, wenn sie ihren Mann einer Affäre verdächtigen. Viele Frauen geben an, eine Art Antenne für Untreue zu haben und es in »den Knochen zu spüren«, wenn ihr Mann sie betrügt.

Es überrascht nur wenig, dass Frauen anderen Frauen in Bezug auf Männer häufig misstrauen. Ich konnte es erst kürzlich auf einer Party erleben, auf der ich mich mit einem ausgesprochen attraktiven und interessanten Mann unterhielt. Schon nach einem kurzen Gespräch erschien eine Frau an der Seite meines neuen Bekannten. Sie warf einen kurzen Blick auf ihn, ehe sie sich mir zuwandte, mich von oben bis unten musterte, einen weiteren Blick auf meinen Gesprächspartner warf, sich verärgert abwandte und zur Bar ging.

Ich begriff sofort, dass sie die Ehefrau dieses Mannes sein musste. Ihr Schweigen, ihre traurigen Augen und der nicht gerade unauffällig suchende Blick nach einem Ehering an meiner Hand verrieten sie auf der Stelle. Sie hatte versucht herauszufinden, ob ich eine potenzielle Kandidatin für ihren leichtlebigen Gatten sein könnte. Ihr Unbehagen machte mir auf der

Stelle klar, dass der Mann, mit dem ich mich unterhielt, in der Vergangenheit fremdgegangen sein musste und dass sie unter seiner Untreue litt.

»Man Sharing«

Jede Frau hat Angst, ihren Liebsten an eine andere zu verlieren. Und in vielen Fällen ist diese Furcht nicht unberechtigt, denn sie muss sich nicht nur damit auseinander setzen, dass ihr Mann sich eine Andere suchen könnte, sondern auch mit der zunehmenden Zahl von Frauen, die darauf aus sind, anderen Frauen den Partner auszuspannen. Der »Mangel an guten Männern« ist eine Tatsache. Immer mehr Frauen finden Gefallen daran, sich den Mann einer anderen zeitweise »auszuborgen« oder ihn zu »stehlen«.

Helen Gurley Brown, ehemals langjährige Redakteurin der Zeitschrift *Cosmopolitan*, verfasste ein Buch, in dem sie Frauen rät, sich für ihre sexuellen Abenteuer die Männer anderer Frauen auszuleihen. In *The Late Show: A Practical, Semiwild Survival Guide for Every Woman in Her Prime or Approaching It* sagt sie: »Denken Sie nur an den Mann, der in seiner Ehe mehr oder weniger unglücklich ist oder sich einfach langweilt... Kommen Sie mir nicht mit Moral. Wir reden hier von einer Liebelei, nicht von einem dauerhaften Wegnehmen.« Diese Einstellung bereitet einer Menge Frauen Bauchschmerzen, besonders, da Ms. Gurley Brown keinesfalls möchte, dass sich eine andere Frau ihren eigenen Mann für eine Liebelei »vorübergehend ausleiht«. Selbst einer attraktiven Siebzigjährigen sträubt sich also das Fell bei dem Gedanken an einen möglichen Seitensprung ihres Mannes.

Gurley Brown gesteht: »Mit einem Mann zu leben, der eine sexuelle Vorliebe für andere Frauen hat und diese auch noch auslebt, muss das niederschmetterndste, glückstötende Gefühl überhaupt sein, und ich glaube nicht, dass ich das aushalten könnte.« Dieses in die Jahre gekommene »Cosmo-Girl« rät also Frauen, ihre Ratschläge zu befolgen – aber bitte nicht mit ihrem Mann!

Bleiben oder gehen?

Wie ertragen Frauen es? Wie sieht ihr Leben an der Seite eines untreuen Mannes genau aus? Wie überstehen sie lang andauernde Affären, und warum entscheiden sie sich zu bleiben, statt ihren Mann zu verlassen? Dies sind die Fragen dieses Buches. Ich werde Sie über Affären von Männern aufklären – warum und wie sie fremdgehen und warum so viele betrogene Frauen bei ihrem Mann bleiben. Dieses Buch erzählt die Liebesgeschichten von Männern, wie Frauen von ihnen erfahren, ihre persönlichen, gesellschaftlichen und finanziellen Beweggründe dafür, ihren untreuen Mann nicht zu verlassen, wie Frauen durch eigene Seitensprünge mit dem Treuebruch ihres Mannes fertig werden und den Preis, den Frauen dafür zahlen, dass sie bleiben.

Bedauerlicherweise ist Untreue ein Nebeneffekt vieler Ehen – und das wird sich in Zukunft wohl kaum ändern. Ehebruch ist tief in unserer Gesellschaft verwurzelt und wird nicht verschwinden, nur weil wir es uns wünschen. Sich darauf zu versteifen, der »Anderen« den Mann wieder wegzunehmen, ist ein fruchtloses Unterfangen, da viele Männer nicht bereit sind, das Fremdgehen aufzugeben.

Viele, viele Frauen bleiben bei ihrem untreuen Mann. Wahrscheinlich würde sich die Scheidungsrate verdoppeln, gingen alle von Untreue betroffenen Ehen in die Brüche. Tatsache ist, dass sich Männer und Frauen immer zueinander hingezogen fühlen werden, und viele werden dieser Anziehung nachgeben, selbst wenn einer oder gar beide anderweitig verheiratet sind. In vielen Ehen gehören Seitensprünge einfach dazu. Es mag kein glückliches Leben sein, aber dennoch ein durchaus übliches.

Alles und noch ein bisschen mehr

Viele Männer weigern sich schlichtweg, ihre Affären aufzugeben. Sie wollen die Behaglichkeit einer Ehe und ein paar aufregende Extras nebenbei. Sie wissen, dass ihr Tun verletzend ist, doch sie versuchen entweder eine Vogel-Strauß-Politik durchzusetzen oder sie gehen einfach noch diskreter vor. Unter diesen Umständen bleibt einer Frau nichts anderes übrig, als sich zu entscheiden, ob sie stillhalten und die Tatsache tolerieren will, dass ihr Mann eine intime Beziehung mit einer anderen hat, oder nicht. Vor dieser Situation stand auch Prinzessin Diana. Laut Richard Kay, einem bekannten Hofberichterstatter der *Daily Mail* in London und dem Koautor des Buches *Diana: The Untold Story*, konfrontierte Prinz Charles Diana mit den Worten: »Erwartest du ernsthaft von mir, dass ich der erste Prinz von Wales in der britischen Geschichte bin, der keine Geliebte hat?« Eine solche Einstellung muss zwangsläufig zu Spannungen führen.

Ein Mann, mit dem ich während meiner Arbeit an diesem Buch sprach, gestand, er wisse sehr gut, wie sehr seine Frau unter seinen ständigen Affären mit Angestellten aus seinem Büro leide. Er gab auch zu, dass er nicht bereit sei, auf andere Frauen zu verzichten. Seiner Meinung nach hätten aber gerade seine außerehelichen Affären zum Erhalt und der relativen Stabilität seiner Ehe beigetragen. Da seine Frau hin und wieder von seinen Abenteuern Wind bekommt, gibt er sich große Mühe, auf ihre Gefühle Rücksicht zu nehmen und sie keinen unnötigen Demütigungen auszusetzen.

Frauen reagieren ganz unterschiedlich auf die Untreue ihres Partners. Einige scheinen zu resignieren, andere sind nicht bereit, sich damit abzufinden, und kämpfen immer wieder dagegen an. Da kaum jemand mit einer sexuell freizügigen Ehe umgehen kann, beginnt der Mann zu lügen und seine Affären »diskret« zu gestalten. Für Frauen bedeutet das unsägliche Pein und Demütigung. So schilderte mir eine Frau: »Es fällt mir leichter, fünfzehn Stunden am Tag zu schlafen, als mir einzugestehen, dass mein Mann mit anderen Frauen schläft.« Eine andere berichtete: »Aus meinem Glas Wein zum Mittagessen wurde erst eine Flasche, dann zwei, dann drei – und ein Riegel Schokolade wurde schließlich zu einer riesigen Portion«, nachdem sie herausfand, dass ihr Mann eine Affäre hatte.

Untreue ist für viele ein faszinierendes Thema, aber nur wenige wollen öffentlich darüber reden. Auch Paare sprechen nur selten darüber, als führe schon das Gespräch zu Misstrauen und Anschuldigungen. Für Frauen ist das Thema besonders bedrohlich, da sie fürchten, jede Erwähnung führe unweigerlich zur Scheidung.

Betroffene Frauen wissen nicht, wohin sie sich wenden sollen, und erhalten häufig nur wenig Unterstützung von Freunden, Familie oder aus der Gesellschaft. Stattdessen werden sie ermutigt, bei ihrem Mann zu bleiben, egal wie hoch der Preis ist, den sie dafür zahlen. Von jeher fand man, eine Frau, deren Mann arbeitet und weder trinkt noch gewalttätig ist, solle über seine sexuellen Eskapaden hinwegsehen. Frauen haben von ihrem Partner – und von ihrer Ehe – Besseres verdient als das. Das Leben ist kostbar, zu kostbar, um es an einen untreuen Mann zu verschwenden.

Zerbrochene Märchenträume

Im Film mag Untreue Stoff für eine spannende Geschichte abgeben, im wirklichen Leben aber wurde selbst Prinzessin Diana von ihrem treulosen Prinzen zermürbt. Als sie in ihrem Fernsehinterview 1995 ihren Kummer über die Affäre zwischen Prinz Charles und Camilla Parker Bowles eingestand, erzielte die Sendung die höchsten Einschaltquoten in der Geschichte des britischen Fernsehens – bis zu Dianas Beerdigung im August 1997, als wiederum auf der Welt noch nie dagewesene Einschaltquoten erreicht wurden.

Wie die Prinzessin finden sich heute viele Frauen an der Seite eines Mannes, der sich weigert, seine außerehelichen Affären aufzugeben. Dennoch wollen viele an der Ehe festhalten. Bei ihrem untreuen Mann zu bleiben erscheint ihnen daher als die einzige Alternative zur Scheidung. Mit einem solchen Leben zurechtzukommen ist nicht einfach, und die Geschichten vieler Frauen in diesem Buch lassen keinen Zweifel daran, wie sich das Leben an der Seite eines Ehebrechers anfühlt.

Eine Frau, die mit einem notorisch untreuen Mann verheiratet ist, berichtete mir, sie sei so verzweifelt über den fortgesetzten Vertrauensbruch ihres Mannes, dass sie auf Partys regelmäßig auf Frauen zugehe und frage: »Schlafen Sie mit meinem Mann?« Das ist sicher nicht das übliche Partygeplauder, aber für eine Frau, die der öffentlichen Zurschaustellung einer glücklichen Ehe mit einem offenkundigen Ehebrecher mehr als überdrüssig ist, ein völlig nachvollziehbares Verhalten.

Eine andere Frau, die das Leben mit ihrem treulosen Mann allmählich leid wird, rät inzwischen allen Frauen, denen sie auf Feiern begegnet, die Finger von ihrem Mann zu lassen. Damit offenbart sie der Welt, dass sie mit einem Schürzenjäger verheiratet ist, und enthüllt gleichzeitig ihre tiefe Verzweiflung über sein Verhalten.

Auch die Frauen von berühmten Stars machen die Eskapaden ihres Mannes mitunter öffentlich. Diandra Douglas, die wunderschöne Exfrau des Schauspielers Michael Douglas, berichtete der Zeitschrift *W* im August 1998: »Frauen, die so alt sind wie mein Sohn, werfen sich Michael täglich an den Hals. Aus seiner Sicht gesehen, ist es wahrscheinlich nicht einfach, ständig zu sagen: ›Nein, ich habe Frau und Familie.‹«

Wie hoch ist der emotionale Preis, den Frauen bezahlen, wenn sie sich entschließen, bei ihrem untreuen Mann zu bleiben? Dieses Buch enthält die Antworten und bietet Hoffnung für Frauen, deren Ehe durch Untreue auf den Kopf gestellt wurde. Frauen müssen lernen, ihr eigenes Leben zu leben und sich von ihrem inneren Kompass leiten zu lassen, unabhängig davon, was ihr Ehemann tut. Ich werde Ihnen zeigen, wie Sie sich ein eigenes, vom Partner unabhängiges Leben zulegen können. Untreue mag zermürbend sein, aber sie muss eine Frau nicht zerstören.

Um wirklich zu verstehen, warum viele Männer fremdgehen und so viele Frauen dennoch bei ihnen bleiben, müssen wir uns zunächst einmal mit der gesellschaftlichen Doppelmoral im Hinblick auf Sexualität, Aussehen, Alter und Ehe auseinander setzen. Aussehen, Lust, Liebe, Sex und Geld haben viel mit Untreue zu tun – und mit der Frage, warum Frauen mit untreuen Männern zusammenbleiben.

Ich halte jene, die mit einem treulosen Gefährten zusammenbleiben, weder für Heilige noch für Opfer. Untreue ist heutzutage ein Teil unseres Lebens. Dieses Buch setzt sich ernsthaft mit einem Problem auseinander, das viele Ehen berührt und für viele Frauen eine große Belastung bedeutet. Dennoch haben Frauen eine Wahl und viel mehr Kontrolle über ihr Leben, als sie glauben. Wenn Sie erst einmal verstehen lernen, dass es zwecklos ist, Ihre Ehe gegen Seitensprünge abschotten zu wollen, dann können Sie Ihre Kräfte darauf konzentrieren, sich nach Ihren Vorstellungen ein eigenes Leben aufzubauen – eines, das Sie glücklich macht, egal, wie es um Ihre Ehe steht.

Geschichten, die das Leben schreibt

Auf der Suche nach Material für dieses Buch bat ich Frauen, mir von ihren untreuen Ehemännern zu berichten, und Männer, mir von ihren Affären zu erzählen. Außerdem habe ich durch Kollegen, Freunde und Medien verbreiten lassen, dass ich mich mit den Abenteuern von verheirateten Männern beschäftigen wolle und damit, wie ihre Frauen damit umgehen. Daher ist dieses Buch das Ergebnis von Interviews, Telefongesprächen und Briefwechseln mit Frauen und Männern aus den gesamten Vereinigten Staaten, im Alter zwischen zwanzig und siebzig. Die Mehrzahl von ihnen ist weiß, gehört zur Mittelklasse oder darüber, ist verheiratet und hat Kinder.

Auch wenn sie auf keiner groß angelegten wissenschaftlichen Untersuchung basieren, sind die hier vorgestellten Geschichten über Untreue dennoch ungeheuer wertvoll, weil sie die Stimmen jener Frauen repräsentieren, die sich entschlossen haben, bei ihrem untreuen Mann zu bleiben. In diesem Buch wird erstmalig dokumentiert, warum und wie Frauen angesichts eines fremdgehenden Ehemannes zu dieser umstrittenen und schwierigen Entscheidung gelangen und wie ihr Alltag an der Seite eines solchen Mannes aussieht. Männer und Frauen finden in diesem Buch also lebensnahe Informationen zum Umgang mit Ehebruch.

Obwohl diese Informationen auch für Singles und unverheiratet zusammenlebende Paare von Bedeutung sind, habe ich nur verheiratete Männer und Frauen interviewt. Meiner Ansicht nach gibt es einen fundamentalen Unterschied zwischen nichtehelichen und ehelichen Beziehungen. Mit der Eheschließung legt ein Paar ein öffentliches Treueversprechen ab und wird im juristischen Sinne vereint. Eine solches Bündnis macht es vermutlich schwieriger, die Beziehung nach einem Treuebruch aufzukündigen.

Auf den folgenden Seiten finden Sie die Geschichten Hunderter Männer und Frauen sowie intime Details über ihr Ehe- und Sexualleben und ihre sexuellen Fehltritte. Ich berichte von und über fremdgehende Männer, betrogene Ehefrauen, die berühmten heimlichen Geliebten, untreue Ehefrauen und gehörnte Ehemänner. Auch wenn dieses Buch keine wissenschaftliche Abhandlung darstellt, sind die zusammengetragenen Geschichten dennoch ein erster Schritt zu einem besseren Verständnis dieser weit verbreiteten und leidigen Zwangslage, in der Millionen Frauen stecken. Die Mehrzahl der Menschen, die an meinen Untersuchungen teilnahmen, ist überzeugt, dass eine außereheliche Affäre für keinen der Beteiligten zum Happy End führt.

Niemand weiß genau, was zwischen zwei Menschen vorgeht; was sie anzieht und was sie, allen Widrigkeiten zum Trotz, zusammenhält. Eines aber ist sicher: Die Ehe ist die einzige Beziehung in unserem Leben, in der wir darauf hoffen können, unsere Schutzschilde ablegen und Liebe, Akzeptanz, Stabilität und Vertrauen finden zu können. Untreue – und die damit verbundene Heuchelei – ist der Feind jeder glücklichen Ehe.

Wenn Sie mit jemandem verheiratet sind, der sexuell oder gefühlsmäßig mit einer anderen Frau liiert ist, oder mit einem Mann, der glaubt, »safe sex« bedeute, die Hotelrechnung für ein heimliches Rendezvous mit Bargeld zu bezahlen statt mit Kreditkarte, dann sind das keine glücklichen Aussichten für Ihr Leben. Nur Sie können die wichtige Entscheidung treffen, ob Sie weiter mit einem solchen Mann zusammenleben möchten oder nicht.

Jede Frau muss selbst entscheiden, auf was sie in ihrer Ehe

und in ihrem Leben am meisten Wert legt. Für manche ist die Tatsache, verheiratet zu sein und einen Gefährten zu haben, wichtiger als der Wunsch nach sexueller Ausschließlichkeit. Für andere ist Treue der wichtigste Aspekt in ihrer Beziehung und kein Punkt, an dem sie kompromissbereit wären. Entscheidend ist, dass Sie selbst wissen, was für Sie am wichtigsten ist und was Sie in Ihrer Ehe tolerieren können und wollen.

Wenn Sie fürchten, auch Ihre Ehe könnte von Untreue betroffen werden, dann wird Ihnen dieses Buch verstehen helfen, in welcher Form die Gesellschaft Männer beim Fremdgehen unterstützt und Frauen darin bestärkt, bei diesen Männern zu bleiben.

Das Buch ist in drei Abschnitte untergliedert:

Der erste Teil (Kapitel 1 bis 6) behandelt die gesellschaftlichen Grundlagen von Untreue.

Im zweiten Teil (Kapitel 7 bis 10) finden Sie Geschichten von Frauen, die sich entschieden haben, bei ihrem untreuen Ehemann zu bleiben, eine Auseinandersetzung mit den Gründen für diese Entscheidung und Schilderungen über ihr daraus resultierendes Leben.

Teil drei (Kapitel 11 bis 15) beschreibt die Folgen des Lebens an der Seite eines untreuen Mannes und enthält Ehebruchgeschichten einiger Berühmtheiten. Darüber hinaus finden sich in diesen Kapiteln Ratschläge für Frauen, die ihr Selbstvertrauen wieder finden und ein neues Leben aufbauen möchten.

Viele Männer gehen fremd. Viele Frauen bleiben diesen Männern trotzdem treu. Ob Sie eine davon sein werden, liegt ganz bei Ihnen. Dieses Buch zeigt Ihnen, wie das Leben mit einem untreuen Mann aussieht, und erklärt Ihnen, wie Sie sich einen neuen Traum aufbauen können, falls Sie ein solches Leben nicht wünschen. Ein schönes Leben ist die beste Rache!

Erster Teil
Die gesellschaftlichen Grundlagen
männlicher Untreue

1. Kapitel
Untreue: Wer geht fremd und warum?

Woman wants monogamy;
man delights in novelty –
with this the gist and sum of it,
what earthly good can come of it?
Dorothy Parker

Was ist Untreue?

Untreue ist zunächst und vor allen Dingen ein Bruch des sexuellen Treueversprechens zwischen zwei miteinander verheirateten Menschen. Zur Untreue beziehungsweise zum Ehebruch kommt es, wenn einer der Partner mit einer dritten Person eine intime Beziehung aufnimmt. Unabhängig von ihrer religiösen Überzeugung ist der Verzicht auf sexuelle Beziehungen zu anderen für die meisten Menschen ein fester Bestandteil des Eheversprechens.

So einfach und klar diese grundsätzliche Definition von Untreue auch sein mag, versuchen nicht wenige, sie im eigenen Sinne »zurechtzubiegen«, um das persönliche Fehlverhalten vor sich rechtfertigen zu können. So wird beispielsweise angezweifelt, ob eine »Affäre des Herzens«, auch »emotionale Untreue« genannt, wirklich unter Untreue fällt. Doch auch enge emotionale Beziehungen zwischen Männern und Frauen, die nicht miteinander verheiratet sind, können Ehen belasten. Dennoch zählen sie tatsächlich nicht zur Untreue. Der Eckstein von Untreue beziehungsweise Ehebruch ist das Vorhandensein einer sexuellen Beziehung zwischen Menschen, von denen mindestens einer mit jemand anderem verheiratet ist.

Wann ist Sex wirklich Sex?

Viele Menschen haben ihre ganz eigene Definition davon, was sie für Untreue halten. Ein Mann findet, nur eine dauerhafte sexuelle Beziehung mit einer anderen Frau sei ein richtiger Ehebruch. Ein anderer glaubt, Sex mit einer Prostituierten zähle nicht dazu. Und viele meinen, One-night Stands mit Frauen in anderen Städten seien bedeutungslos. Diese Männer setzen Untreue gleich mit »sich ernsthaft auf eine Andere einlassen« – und zwar nicht nur in sexueller Hinsicht. Erstaunlicherweise fällt bei vielen Männern Oralverkehr nicht unter Ehebruch, da es zu keiner Penetration kommt. Und von einem anderen weiß ich, dass er Sex mit einem Kondom nicht für Untreue hält.

Ins öffentliche Interesse rückte das Thema »Wann ist Sex wirklich Sex«, als die Medien auf Bill Clintons inzwischen berühmt gewordenes Fernseh-Statement vom Januar 1998 ansprangen, er habe »keine sexuelle Beziehung mit dieser Frau, Ms. Lewinsky« gehabt. Viele hielten das für semantische Haarspalterei und eine Verzögerungstaktik, die auf der Behauptung basiert, oraler Sex sei gar kein richtiger Sex. Ein schöner Versuch, sexuelle Beziehungen neu zu definieren. Die meisten Erwachsenen stimmen allerdings nicht mit Clintons Auffassung davon überein, was Sex ist und was nicht. Nach einer Umfrage von *Time/CNN* zu der Frage »Wann ist Sex etwas anderes als eine ›sexuelle Beziehung‹?«, die im August 1998 veröffentlicht wurde, meinten siebenundachtzig Prozent der Erwachsenen, Oralverkehr sei Sex. Oraler Sex ist Sex – das besagt schon der Ausdruck.

In dem Beitrag »Was wir wirklich von Treue halten« der Zeitschrift *Time* vom August 1998 ist zu lesen, dass siebenundachtzig Prozent der verheirateten Frauen der Ansicht sind, wer eine andere Person küsse, hintergehe den Ehepartner. Nur neunundfünfzig Prozent der Männer teilen diese Ansicht; und vierundsiebzig Prozent aller Frauen gegenüber vierundsechzig Prozent der Männer sehen in einem erotischen Telefongespräch einen Bruch des Eheversprechens. Auch hier werden die unterschiedlichen Ansichten von Männern und Frauen zum Thema Untreue deutlich.

Wenn Männer finden, oraler Sex sei kein richtiger Sex, könnten Frauen genauso gut behaupten, »Sex sei erst dann richtiger Sex, wenn sie dabei einen Orgasmus erleben«. Und vor diesem Hintergrund könnten dann Millionen Frauen von sich behaupten, noch nie sexuellen Verkehr gehabt zu haben! Es überrascht nicht, dass Frauen dazu neigen, Untreue weiter auszulegen als Männer. Nicht wenige, mit denen ich sprach, waren der Ansicht, wenn ein Mann einer anderen Frau mehr Aufmerksamkeit zolle als seiner Partnerin, dann betrüge er sie. Und viele finden, ein Mann müsse nicht einmal mit einer anderen schlafen, um in ihren Augen ein Ehebrecher zu sein; es genüge, wenn er sich sehr für ein anderes weibliches Wesen interessiere.

Ein israelischer Witz der Zeitung *Ma'ariv* aus Tel Aviv wurde kürzlich in *Newsweek* abgedruckt: »Umfragen zufolge glauben zwölf Prozent der Amerikaner, Oralverkehr sei kein Sex. Dabei wissen sie wahrscheinlich nur nicht, wie man es richtig macht.«

Die meisten Frauen halten es für einen Bruch der ehelichen Treue, wenn ein Mann einer anderen Frau emotionale und körperliche Zuneigung entgegenbringt. In diesem Buch steht der Gebrauch des Wortes »Untreue« für eine sexuelle Begegnung oder eine länger andauernde sexuelle Beziehung mit einer Person, mit der man nicht verheiratet ist. Gebräuchliche Ausdrücke, mit denen die von mir interviewten Männer und Frauen Untreue beschrieben, sind:

- außereheliche Affäre
- hintergehen
- Ehebruch
- herummachen
- fremdgehen
- herumstrolchen
- betrügen
- Seitensprung
- seine Optionen auskundschaften
- zärtliche Gesellschaft suchen
- sexuelle Abwechslung
- sexuelles Neuland erkunden
- Liaison
- Rendezvous
- Stelldichein
- Tête-à-tête
- Eskapade
- unangemessenes Verhältnis

Wie immer man es nennt, Untreue macht das Leben außerordentlich kompliziert, sie schadet einer Ehe und verletzt den Ehepartner – und sie ist einer der häufigsten Scheidungsgründe.

Sind wir von Natur aus untreu?

Monogamie ist kein natürlicher menschlicher Zustand.
Shirley MacLaine

Untreue gibt es schon ebenso lange, wie es die Ehe gibt. Allerdings stellt Dr. Lana Staheli in ihrem Buch *Triangles: Understanding, Preventing and Surviving an Affair* fest, dass die Zahl der Männer, die sich auf außereheliche Beziehungen einlassen, steigt. Überraschenderweise lassen sich inzwischen auch mehr verheiratete Frauen auf Affären ein, und beide, Männer wie Frauen, werden in ihrer Ehe früher untreu.

Natürlich vollziehen sich diese ganzen Abenteuer nicht unbemerkt. Neuere Studien zeigen, dass die meisten betrogenen Ehefrauen die Untreue ihres Partners ahnen. Sie mögen versuchen, die Augen davor zu verschließen, doch die meisten spüren es innerlich und geben an, es »einfach zu wissen«. Männer dagegen bringen ein solches Gespür nur selten mit in die Ehe und brauchen daher länger, um die außerehelichen Affären ihrer Frau zu entdecken.

Wenn überall fremdgegangen wird, drängt sich natürlich die Frage auf, ob Männer und Frauen wirklich für die Einehe geschaffen sind. In ihrem Werk *Anatomie der Liebe: Warum sich Paare finden, sich binden und auseinander gehen* benennt die Anthropologin Dr. Helen Fisher Ehebruch als einen der Hauptfaktoren für Scheidungen und das Zerbrechen von Familien in den Vereinigten Staaten und in anderen Ländern.

Bedeutet dies also, dass wir von Natur aus nicht monogam sind? Ist Untreue genetisch begründet, wie viele Männer behaupten? Nicht unbedingt. Obwohl viele Männer damit ihr Fremdgehen zu rechtfertigen suchen, geht es bei ihnen in Wirklichkeit um die Faktoren Bereitschaft und Gelegenheit.

Wenn sich ihnen die passenden Gelegenheiten und die passenden KandidatInnen bieten, verspüren nämlich Frauen wie Männer den Wunsch fremdzugehen, und viele von ihnen geben diesem Drang auch nach. Die Bereitschaft, fremdzugehen, und die Gelegenheit dazu sind also wichtige Faktoren sowohl für männliche als auch für weibliche Untreue.

Auch wenn einige Männer unermüdlich weiter behaupten werden, es sei genetische Veranlagung, die Männer – und manche Frauen – dazu bringe, fremdzugehen, sind in Wirklichkeit gesellschaftliche Umstände die ausschlaggebenden Faktoren dafür, wer untreu wird und wer mit einem untreuen Partner zusammenbleibt.

Untreue und Scheidung

Laut *Janus Report on Sexual Behavior* sind außereheliche Beziehungen für weniger als ein Viertel aller Ehescheidungen verantwortlich. Doch auch wenn die Aufdeckung einer Affäre nicht unmittelbar zur Scheidung führen mag, stört sie nachhaltig das Vertrauen zwischen den Partnern und kann auf diese Weise erheblich zu einer späteren Scheidung beitragen.

Viele Menschen betrachten eine Scheidung immer noch als persönliches Versagen, und das Stigma, als »Verlierer« aus einer Ehe hervorzugehen, lässt viele vor einer endgültigen Trennung zurückschrecken. Vermutlich ist dies einer der Gründe für das Stagnieren der Scheidungszahlen in den letzten Jahren, die sich in den USA bei etwa fünfzig Prozent aller Ehen bewegen und in England, Frankreich und Deutschland leicht darunter liegen. Gleichzeitig jedoch nehmen die außerehelichen Affären zu, was bedeutet, dass mehr und mehr Paare in einem Zustand leben, in dem fortgesetzte Untreue wie ein Stachel im Fleisch der Beziehung steckt. Die Annahme, dass diese Affären schließlich doch noch zu einem weiteren Anstieg der Scheidungszahlen führen werden, liegt daher nahe.

Interessant ist die Tatsache, dass Paare mit dem höchsten Haushaltseinkommen am wenigsten dazu neigen, sich scheiden zu lassen. Dabei ist gerade bei männlichen Spitzenverdienern die Gefahr des Fremdgehens am größten, wie Jan Halper in *Quiet Desperation* ausführt. Für Ehefrauen von erfolgreichen Männern ist es daher sehr wahrscheinlich, dass sie irgendwann im Laufe ihrer Ehe vor der Frage stehen werden: »Bleiben oder gehen?«

Nach Studien, auf die sich die Soziologin Annette Lawson in *Adultery: Analysis of Love and Betrayal* und Dr. Lana Staheli in *Triangles* berufen, ist die Untreue der Frau der Hauptgrund für Scheidungsverfahren, die von Männern eingereicht werden. Einige Untersuchungen deuten darauf hin, dass bis zu fünfundzwanzig Prozent aller Scheidungen auf weibliche Untreue zurückgehen. Frauen bleiben also bei ihrem untreuen Partner, während Männer nicht bereit sind, das Gleiche zu tun. Die sexuelle Doppelmoral funktioniert nach wie vor und ist in den meisten Ehen offenkundig!

In letzter Zeit werden Scheidungen zunehmend von Frauen eingereicht. Das ist keine Selbstverständlichkeit, schließlich fehlt es den meisten immer noch an finanzieller und sozialer Macht in der Gesellschaft, und die Ehe war lange Zeit eine Möglichkeit, sich finanziell abzusichern. Allerdings basierte dieser »Ehehandel« auf der Vorgabe, dass die Frau die Untreue ihres Mannes toleriert und dieser im Gegenzug sie und die gemeinsamen Kinder versorgt. Vermutlich betrachten Frauen dieses ehemals akzeptable »Arrangement« heute vermehrt als Zumutung und stellen sich allen Hindernissen zum Trotz lieber auf eigene Füße.

Auch wenn die beruflichen und finanziellen Entwicklungsmöglichkeiten von Frauen immer noch weit hinter denen der Männer zurückliegen, nehmen heute mehr Frauen die Risiken in Kauf, weil ihnen das Weiterleben mit einem notorischen Ehebrecher als zu hoher Preis erscheint. Die Mehrzahl betrogener Frauen wagt diesen Schritt jedoch nicht. Wie Dr. Eaker Weil in *Adultery: The Forgivable Sin* ausführt, werden heute mehr als achtzig Prozent aller Ehen durch die Untreue eines oder beider Partner berührt. Wenn eine so hohe Zahl von Ehen von Untreue betroffen ist, gibt es also immer noch sehr viele Frauen, die mit ihrem treulosen Mann weiter zusammenleben.

Wasser predigen, aber Wein trinken

Auch wenn immer mehr Männer und Frauen außereheliche Affären eingehen, stehen die meisten von ihnen voll und ganz hinter der Vorstellung von einer monogamen Partnerschaft. Es behaupten also mehr Menschen, von der Monogamie überzeugt zu sein, als sich in den Lebensweisen widerspiegelt. Nicht wenige finden Untreue in jedem Fall falsch, auch wenn sie selbst eine außereheliche Beziehung haben. Wir haben es hier mit dem gleichen Phänomen wie bei den Themen Essen und Bewegung zu tun. Die meisten Menschen behaupten, eine ausgewogene Ernährung und tägliche Bewegung anzustreben, doch wie viele von ihnen diese Ziele tatsächlich umsetzen, ist etwas ganz anderes. Auch wenn Monogamie und eheliche Treue als Ideale angesehen werden, ist es für viele Menschen, und besonders Männer, schwer, diese wirklich zu leben.

In der 1998-er Umfrage von *Time/CNN* zur Frage »Was wir wirklich von Treue halten« hielten sechsundachtzig Prozent der Erwachsenen außereheliche Beziehungen von Männern für falsch, fünfundachtzig Prozent beurteilten Untreue von Frauen als moralisch verwerflich. Ähnliches ergab eine im März 1998 durchgeführte Umfrage von *NBC/Wall Street Journal*, bei der vierundsiebzig Prozent der befragten Erwachsenen Untreue in jedem Fall für falsch hielten.

Stehen Sie zu Ihrem Wort?

Eine im September 1998 in *USA Today* veröffentlichte Studie des *American Journal of Public Health* offenbarte bei männlichen und weiblichen Amerikanern eine viel striktere Ablehnung sexueller Untreue als bei ihren britischen Geschlechtsgenossen; und dies, obwohl die Wahrscheinlichkeit, dass die Amerikaner bereits eine Affäre hinter sich haben, deutlich höher ist als bei den Briten. In dieser Studie äußerten neunundachtzig Prozent der amerikanischen Männer und vierundneunzig Prozent der amerikanischen Frauen die Ansicht: »Sex außerhalb der Ehe ist immer falsch.« Die gleiche Meinung äußerten sechsundsiebzig Prozent der britischen Männer und dreiundachtzig Prozent der britischen Frauen.

Auch die Diskrepanzen innerhalb der Geschlechter beider Nationen ist interessant. In beiden Ländern äußerten sich mehr Frauen als Männer strikt gegen außereheliche Affären. Es ist schlicht und einfach so, dass viele Menschen zwei moralische Maßstäbe besitzen: einen für sich selbst und einen für andere. In punkto Sexualverhalten und ganz besonders bei außerehelichen Affären ist das vorherrschende Motto: »Wasser predigen, aber Wein trinken.«

Diese Studien zur Akzeptanz von außerehelichen Affären belegen zudem die polarisierte Haltung von Männern und Frauen gegenüber Untreue. Da mehr Männer als Frauen außereheliche Beziehungen eingehen, findet sich bei Männern auch eine entsprechend laxere Haltung zu diesem Thema. Vielleicht als Rechtfertigung für das eigene Verhalten? Wenn die Einstellung und das Verhalten vieler Männer derart abweicht vom weiblichen Standpunkt, wird leicht nachvollziehbar, welche Probleme ein fremdgehender Ehemann seiner Partnerin verursacht.

Annette Lawson bezeichnet in ihrem Buch *Adultery* neunzig Prozent aller Ehen als geschlossene Partnerschaften, in denen die Partner sich keine sexuellen Beziehungen mit anderen gestatten. »Offene Beziehungen« erfreuen sich keiner großen Beliebtheit und mehr als die Hälfte von ihnen endet mit einer Scheidung. Untreue führt immer zu Lügen und Betrug, weil die meisten Menschen mit außerehelichen Affären ihrem Partner beziehungsweise ihrer Partnerin gegenüber nicht offen sind. Welcher Mann erklärt seiner Frau schon: »Liebling, halte das Essen für mich warm, ich fahre vorher noch schnell auf einen Quickie bei meiner Geliebten vorbei.« Stattdessen wird gelogen oder mit Halbwahrheiten gearbeitet, was sowohl die Kommunikation als auch das Vertrauen in einer Partnerschaft untergräbt.

Viele Menschen auf der ganzen Welt lehnen außereheliche Beziehungen ab und gehen gleichzeitig fremd. Dabei haben Menschen mit mehreren sexuellen Beziehungen keineswegs mehr Sex. So hat, wie Dr. Edward Laumann und seine Kollegen von der Universität Chicago feststellen, ein Mann mit einer festen Partnerin mehr Sexualverkehr im Jahr als einer mit drei, vier oder mehr Partnerinnen. Die Erklärung ist ganz einfach: Wer mehrere SexualpartnerInnen gleichzeitig koordinieren muss, verbringt auch mehr Zeit damit, seinen Sex zu planen und vorzubereiten, als damit, diesen tatsächlich zu erleben!

Gelegenheitssex

Die Leute sprechen nicht gern über Sex, sie tun es lieber.
Frank Mankiewicz, Politischer Berater der Demokraten
Zitiert aus: *Newsweek*

Wie hoch ist die Wahrscheinlichkeit, dass ein Mann sich einfach nebenbei auf ein sexuelles Abenteuer einlässt? Ziemlich hoch, meint der Entwicklungspsychologe Dr. David Buss. Er und seine Kollegen von der Universität Texas haben getestet, wie bereitwillig sich Männer auf sexuelle Abenteuer mit Zufallsbekanntschaften einlassen. Zunächst ließen die Wissenschaftler Männer folgende Frage an Frauen richten: »Hallo, Sie fallen mir seit kurzem immer wieder auf. Ich finde Sie sehr attraktiv. Hätten Sie Lust mit mir zu schlafen?« Alle Frauen, denen diese Frage gestellt wurde, lehnten ab. Als hingegen Frauen die gleiche Frage an Männer richteten, willigten fünfundsiebzig Prozent der Gefragten ein und meinten, sie fühlten sich sehr geschmeichelt.

Mit seinen Versuchen bestätigt Dr. Buss die Ergebnisse anderer Untersuchungen, nach denen nur wenige Männer den sexuellen Annäherungsversuch einer Frau ablehnen würden. Forschungen und alltägliche Beobachtungen belegen also, dass sich deutlich mehr Männer als Frauen auf Gelegenheitsabenteuer einlassen, auch wenn sie keinerlei Interesse an einer weiter gehenden Beziehung oder auch nur an einem erneuten Zusammentreffen mit der Person haben. Diese Feststellungen lassen nichts Gutes ahnen, weder für Männer, denen Frauen sexuelle Angebote machen, noch für Ehefrauen, die Gefahr laufen, immer wieder betrogen zu werden.

Die bekannten Sexualexperten Masters, Johnson und Kolodny erläutern in ihrem Werk *Heterosexualität. Die Liebe zwischen Mann und Frau* eigene Forschungsergebnisse, die in der Behauptung münden, ohne gesellschaftliche Auswirkungen würden Männer ihr ganzes Leben hindurch promiskuitiv leben. Doch auch angesichts gesellschaftlicher Repressionen würden viele Männer das Risiko weiter eingehen und ihre Frauen hintergehen.

Der männliche Wunsch nach wechselnden Sexualpartnerinnen kommt auch in den Phantasien von Männern zum Ausdruck, die von Unbekannten und wechselnden Bettgefährtinnen dominiert werden. Wunderschöne Frauen, die viel Haut zeigen und folgenlosen Sex offerieren, sind das Zentrum dieser Männerphantasien. Im Gegensatz dazu beinhalten die sexuellen Phantasien von Frauen meist Gefühle und Empfindungen und drehen sich um jemanden, dem sich die Frau bereits emotional verbunden fühlt. Bruce Ellis und Donald Symons berichten in ihrer Studie über Unterschiede in sexuellen Phantasien von 1990: »Das Auffälligste an männlichen Phantasievorstellungen ist, dass Sex als reine Lust und körperliche Befriedigung angesehen wird, ohne belastende Beziehungen, emotionale Entwicklungen oder komplizierte Handlungsverläufe, ohne Umwerben, ohne Flirts und ausgedehntes Vorspiel.«

In Anbetracht der männlichen Vorliebe für Gelegenheitssex ist das Ergebnis der vom *Playboy* gesponserten Umfrage wenig überraschend, in der mehr als ein Viertel der glücklich verheirateten Männer angaben, sie würden sich auf eine Affäre einlassen, wenn sie sicher sein könnten, dabei nicht erwischt zu werden. Das Verhalten eines bekannten Medienvertreters ist ein anschauliches Beispiel für die oft lockere Einstellung von Männern zu Sex und Untreue:

In punkto Sex bevorzuge ich das Ex-und-hopp-Verfahren. Ich genieße es, vielen Frauen zu begegnen und nur für ein kurzes sexuelles Abenteuer mit ihnen zusammen zu sein. In meinem Beruf begegne ich ständig attraktiven und sexuell aufgeschlossenen jungen Frauen, also kann ich mich auch jederzeit auf eine folgenlose Affäre einlassen. Ich achte zwar darauf, dass meine

Frau davon nichts mitbekommt, aber da ich ziemlich im Rampenlicht stehe, besteht immer ein gewisses Risiko. Irgendwie glaube ich schon, dass meine Frau über mein Doppelleben Bescheid weiß. Ich erkenne es daran, wie sie auf Partys manche Frauen ansieht. Frauen, mit denen ich geschlafen habe, werfen mir gern viel sagende Blicke zu, wenn wir uns irgendwo begegnen, und ich glaube, dass sie dadurch manchmal dahinter kommt.

Das Verhalten dieses Mannes verdeutlicht die klassische »Ich will alles und noch ein bisschen mehr«-Einstellung. Auch wenn er vermutet, dass seine Frau Bescheid weiß, scheint ihn dies weder sonderlich zu kümmern, noch scheint er gewillt, mit seinen Affären zurückzustecken.

Einmal Betrüger, immer Betrüger?

Eine 1994 von der Zeitschrift *New Woman* durchgeführte und veröffentlichte Umfrage mit dem Titel »Mr. One-night Stand« ergab, dass Männer, die sich auf ein flüchtiges Abenteuer einlassen, es meist nicht bei einem Mal belassen. Einmal Betrüger, immer ein Betrüger, so hat es den Anschein. Die Studie konstatierte, dass sich »Kurzzeit-Casanovas« selbst nach zehn Jahren Ehe noch wie Don Juan aufführten. Offenbar weckt ein Seitensprung die Lust auf mehr. Fünfzehn Prozent aller Frauen und fünfundzwanzig Prozent der Männer würden im Laufe ihrer Ehe vier und mehr außereheliche Verhältnisse eingehen, meint Dr. Staheli.

Sexuelle Doppelmoral: Warum Männer fremdgehen

Selbst nach dreißig Jahren Feminismus ist die sexuelle Doppelmoral so lebendig wie eh und je und in fast jedem Wohnzimmer (und Schlafzimmer!) zu Hause. Was Männer in Bezug auf sich selbst für ein völlig akzeptables Sexualleben halten, ist für ihre

Frauen oftmals ein Tabubruch. Shere Hite berichtete in ihrem *Hite-Report. Das sexuelle Erleben des Mannes,* zweiundsiebzig Prozent aller Männer, die länger als zwei Jahre verheiratet sind, hätten eine außereheliche Affäre hinter sich.

Untersuchungen und Artikel über männliche Untreue sind Hauptthemen sämtlicher Frauenzeitschriften. Frauen sollen lernen, wie sie ihre Partnerschaft verbessern können, wie sie einen Mann zum Heiraten finden; wie sie ihren Mann zur Treue anhalten, und wenn das nicht funktioniert, wie sie ihn der »Anderen« wieder abspenstig machen. In der Zwischenzeit lesen Männer Zeitschriften wie *Penthouse, Playboy* oder *Hustler,* in denen sie ermutigt werden, so viele Frauen wie möglich auszuprobieren. Auch die Medien unterstützen also sexuelle Ungleichbehandlung, indem sie untreue Männer für ihre sexuelle Vielfalt loben, während Frauen ermutigt werden, standhaft zu bleiben und das Verhalten ihres Mannes zu tolerieren oder aus Rache eine eigene Affäre einzugehen.

Auch wenn es gewisse Situationen gibt, die das Fremdgehen sowohl für Männer als auch für Frauen begünstigen, sind die Motive für solche Affären normalerweise sehr unterschiedlich. Männer möchten mehr Aufmerksamkeit durch Sex, während sich Frauen zunächst mehr Aufmerksamkeit und dann erst Sex wünschen. Im Allgemeinen ähneln sich die Qualitäten, die sich Männer und Frauen für einen Ehepartner wünschen, und doch erfüllen sie ihre emotionalen und sexuellen Bedürfnisse auf sehr unterschiedliche Weise.

Häufig genannte Gründe für Seitensprünge von Männern

Sexuelle Gründe
- sexuelle Abwechslung
- mehr und häufiger stattfindender Verkehr
- Oralverkehr

Der Reiz des Neuen
- der Reiz eines neuen Körpers
- einfach aus Spaß – ohne Komplikationen oder belastende Gefühle

- der Wunsch nach neuer Gesellschaft
- die neue Herausforderung
- der Reiz, eine neue Frau im Bett zu erleben und stöhnen zu hören

Steigerung des Selbstbewusstseins
- der Kick, für eine jüngere Frau attraktiv zu sein
- der Reiz der Gefahr, von der Ehefrau erwischt zu werden
- der Reiz des Verbotenen
- der Egotrip
- im Mittelpunkt der Aufmerksamkeit stehen wollen
- eine günstige Gelegenheit nicht verpassen wollen
- »Sie hat sich mir an den Hals geworfen«
- »Warum nicht, wenn sie sich anbietet?«

Ehefrau-bezogene Gründe
- Macht über die Ehefrau
- Langeweile in der Ehe
- die Ehefrau erscheint nicht länger körperlich/sexuell reizvoll
- Rache
- der Wunsch, sich aus der Ehe zu lösen
- der Wunsch, Intimität mit der Ehefrau zu vermeiden
- der Wunsch, die Ehefrau zu verletzen
- die Frau konzentriert sich zu sehr auf die Kinder

Phantastisch-romantische Gründe
- Lust auf ein romantisches Erlebnis
- Wunsch nach Liebe und Zuneigung
- zeitweilige Flucht aus einer unglücklichen Ehe
- Flucht in eine Phantasiewelt
- Wunsch, sich sexuell attraktiv/begehrenswert/aktiv zu fühlen

Die Gründe für das Fremdgehen von Männern sind so verschieden wie die Männer selbst. Viele, mit denen ich sprach, boten mir intime Einblicke in ihre außerehelichen Beziehungen. Sie erklärten mir die Gründe für ihr Fremdgehen und inwiefern sich diese Gründe drastisch von denen untreuer Frauen unterscheiden:

- Ein Mann, der ein unkompliziertes Angebot ablehnt, ist ein Weichei.
- Ich bin nur deshalb seit zwanzig Jahren verheiratet, weil ich ab und an nebenraus gehe.
- Oralverkehr steht bei mir und meiner Frau einfach nicht zur Debatte, dabei liebe ich es, mir ab und zu einen blasen zu lassen. Meine Frau ist eine kühle, anständige Frau. Sie ist meine beste Freundin und eine wunderbare Mutter für unsere Tochter, aber mit diesem bisschen Sex, das sie zu geben bereit ist, kann ich nicht leben.
- Ehe ist wie Ersticken.
- Ich wünsche mir solchen Wahnsinnssex, wie er im Fernsehen zu sehen ist. Mit einer Frau, mit der ich ein Kind habe, geht das nicht.
- Wie könnte ich es ablehnen, wenn sich mir eine Frau förmlich auf dem Silbertablett anbietet? Ich müsste ja verrückt sein.
- Ich lasse mir von keiner Frau vorschreiben, wie mein Sexualleben auszusehen hat.
- Es ist doch nur Sex und nicht Liebe. Was ist schon dabei? Ich verstehe nicht, warum Frauen sich so darüber aufregen.
- Ich bin zu jung, um mich in sexueller Hinsicht einengen zu lassen.
- Ich liebe und respektiere meine Frau. Aber ich brauche auch andere Frauen in meinem Leben.
- Wenn du einmal fremdgegangen bist, ohne erwischt zu werden, machst du es immer wieder.

So schockierend manche dieser Aussagen auch sein mögen, demonstrieren sie doch, was Männer dazu treibt, Ehebruch zu begehen.

Der Madonna-Huren-Komplex

Ein weit verbreiteter, aber häufig unverstandener und selten angesprochener Grund für die Seitensprünge von Männern ist der

Madonna-Huren-Komplex. Dieser kann immer dann im Spiel sein, wenn es einem Mann schwer fällt, mit einer Frau, die ihm nahe steht, auch sexuell zu verkehren. Solche Männer sehen eine Ehefrau als Mutterfigur und als »gutes Mädchen« – als Madonna. »Schlechte Frauen« (Prostituierte und One-night Stands) sind für sie Sexualobjekte oder »Huren«, und Geliebte und Freundinnen sind Frauen, bei denen sie Sex ungehemmt ausleben können.

Ein Grund dafür, dass viele Männer während der Schwangerschaft ihrer Frau oder kurz nach der Geburt eines Kindes außereheliche Affären beginnen, liegt darin, dass es ihnen schwer fällt, einer Mutter gegenüber Sexualität zum Ausdruck zu bringen. Sie finden ihre Frau seit der Geburt des Kindes sexuell nicht mehr anziehend, berichten sie, deshalb suchen sie sich für Sex lieber ein »schlechtes Mädchen«. Viele Männer haben das Gefühl, mit einer Frau, mit der sie Bett, Waschbecken, Schulden und Kinder teilen, keinen schrankenlosen Sex genießen zu können, daher suchen sie sich für die Befriedigung ihrer sexuellen Bedürfnisse andere Frauen.

Eine Reihe von Männern berichtete mir, das sexuelle Interesse an ihrer Frau verloren zu haben, weil diese nach der Heirat ihr Aussehen komplett vernachlässigt habe. Einer gab an, er habe eine Affäre begonnen, weil sich seine Frau in eine »Fressmaschine« verwandelt habe und sich weigere, wieder abzunehmen. Es war ihm peinlich, sich mit ihr zu zeigen; und da er sie nicht länger attraktiv fand, suchte er sich anderweitig Sex und Gesellschaft.

Nicht wenige Männer klagen, ihre Frau habe sich nach wenigen Ehejahren verwandelt und sei nicht mehr so wie früher. Und einer meinte, »meine Frau hat kein Interesse mehr an Sex, also habe ich mir jemanden gesucht, dem das nicht so geht«.

Auch wenn manche Männer versuchen die Gründe für ihr Fremdgehen auf ihre Frau abzuwälzen, auf ihr Aussehen oder ihr starkes Interesse an Haus und Familie, sieht die Wirklichkeit ganz anders aus. Wenn ein Mann fremdgeht, dann deshalb, weil er es will. Keine Frau treibt ihren Mann dazu, auch wenn viele Männer mit dieser Ausrede ihr eigenes Verschulden zu übertünchen versuchen. Eine Frau ist nicht verantwortlich für das unverantwortliche Herumstreunen ihres Mannes.

Angst vor Nähe

Ein weiterer Grund für das Fremdgehen vieler Männer ist ihre allgemeine Angst beziehungsweise ihr Misstrauen vor »zu viel« Nähe zu einer einzigen Frau. »Bindungsangst« ist ein häufig gebrauchter Begriff, um jemanden zu beschreiben, den die Angst vor Nähe davon abhält zu heiraten. Wenn ein Mann mit Bindungsangst schließlich doch heiratet, dann verschwindet seine Angst vor Nähe nicht automatisch, sie manifestiert sich lediglich anders. Männer, denen es Probleme bereitet, sich zur Ehe zu bekennen und eine enge Beziehung zu ihrer Frau zu erleben, werden häufig zu Ehebrechern. Indem sie sich in sexueller Hinsicht »ausbreiten«, mildern sie das Gefühl emotionaler Klaustrophobie. So wenig wahrscheinlich ein bindungsscheuer Freund einen viel versprechenden Ehemann abgibt, so unwahrscheinlich ist es, dass ein bindungsscheuer Ehemann seiner Frau treu bleibt.

> **Merke!**
> - »Erfolgreiche«, gut verdienende Ehemänner neigen eher zum Fremdgehen als ihre schlechter verdienenden Artgenossen.
> - Bei Geschäftsreisenden ist die Wahrscheinlichkeit, dass sie unterwegs fremdgehen, doppelt so hoch wie bei Ferienreisenden.
> - Nach zwei Jahren Ehe gehen siebzig Prozent aller Männer fremd.
> - Wer einmal eine Affäre hatte, wird höchstwahrscheinlich wieder eine eingehen.
> - Fünfundachtzig Prozent aller untreuen Ehemänner bleiben bei ihrer Frau.

Die unterschiedlichen Bedürfnisse von Männern und Frauen

Es gibt einige grundlegende Unterschiede in der Art und Weise, wie Männer und Frauen über Sex denken und – was noch wichtiger ist – darin, wie sie sich nach der Eheschließung sexuell verhalten. Wesentlich mehr Männer als Frauen betrachten Sex als Zerstreuung und Entspannung. Frauen dagegen sehen in Sex eher die Fortführung einer liebevollen, emotionalen Beziehung. Diese Unterschiede legen den Grundstein für viele Eheprobleme und sie erklären auch, warum so viele Frauen die Affären eines Mannes tolerieren, während Männer dazu neigen, ihre untreue Frau zu verlassen.

Im Grunde genommen gehen Männer fremd, weil sie es können. In ihren Augen ist es ein Geburtsrecht. Sie glauben einen Anspruch darauf zu haben, mit möglichst vielen Frauen zu schlafen, und tun es häufig, ohne die Konsequenzen ihres Tuns zu bedenken. Auf den Punkt gebracht wird dies durch die Aussage eines Mannes, der meinte, er wolle eben »das gesamte Büfett probieren, ohne sich dabei Bauchschmerzen zu holen«. Er will den Hummer und das Filet gleichzeitig!

Was Männer wollen... Was Frauen wollen...*

- Die Lieblingsbeschäftigung von Männern im Bett außer Schlafen: Sex.
- Die Lieblingsbeschäftigung von Frauen im Bett außer Schlafen: Lesen.
- Die Mehrzahl aller Partner küssen sich nur eine Minute lang, ehe sie sich abwenden.
- Eine Frau braucht durchschnittlich dreizehn Minuten, um einen sexuellen Höhepunkt zu erreichen, ein Mann nur zweieinhalb Minuten.
- Achtundneunzig Prozent der Frauen meinen, Liebe sei für sie wichtiger als Sex, Macht oder Reichtum.

* Quellen: Shere Hite; Lana Staheli; Janus und Janus; Jan Halper; Zeitschrift *Glamour*

- Fünfundsechzig Prozent der Männer meinen, Liebe sei für sie wichtiger als Sex, Macht oder Reichtum.
- Achtundsechzig Prozent der Männer träumen davon, mit zwei Frauen gleichzeitig zu schlafen.
- Fünfundsiebzig Prozent der Männer hatten schon einmal in Gegenwart anderer Geschlechtsverkehr.
- Achtundzwanzig Prozent aller Männer hatten schon einmal Sex mit einer Prostituierten.
- Wie oft denken Menschen an Sex? Männer: im Schnitt zweihundertdreimal am Tag.
- Die sexuelle Lieblingsphantasie von Frauen ist Sex an einem öffentlichen Ort.
- Die sexuelle Lieblingsphantasie von Männern ist Sex mit einer Fremden. An zweiter Stelle steht: Sex mit zwei Frauen gleichzeitig.

Viele Männer sind der Ansicht, das Leben sei zu kurz, um monogam zu leben. Außereheliche Affären bieten ihnen Spannung, während sie in der Ehe einen sicheren Hafen finden. Zwischen diesen Bedürfnissen schwanken viele Menschen: Spannung und Abenteuer auf der einen Seite, Sicherheit und Stabilität auf der anderen. Immer abwechselnd streben sie nach Bindung und nach Freiheit. Männer erfüllen sich diese Bedürfnisse, indem sie heiraten und dann fremdgehen.

Manche Männer brauchen keinen Grund, um fremdzugehen; sie brauchen lediglich einen Ort zum »Vollzug«. Für den Schauspieler Hugh Grant war dieser Ort ein am berühmten Sunset Strip in Los Angeles geparkter BMW. Nachdem man den Schauspieler im Juni 1995 wegen »Erregung öffentlichen Ärgernisses« zusammen mit der Prostituierten Divine Brown verhaftet hatte, erschien der Star wenig später in Jay Lenos »Tonight Show«, wo er gefragt wurde, was, um Himmels willen, er sich dabei gedacht habe? Grant entschuldigte sich vielmals bei seiner langjährigen Freundin Elizabeth Hurley und sagte vor laufender Kamera: »Also bitte schön, ich habe etwas sehr Schlimmes gemacht.«

Die Menschen haben Hugh Grant nicht nur vergeben, die meisten Männer waren sogar der Ansicht, das einzig Dumme an der

Geschichte sei, dass er sich habe erwischen lassen! Der Aufruhr nach dem Vorfall drehte sich einzig um den Gedanken: »Das hätte genauso gut ich sein können.« Nicht wenige Menschen fragten sich, wofür Grant eine Prostituierte braucht, wenn er doch jede der in der Bar seines Fünf-Sterne-Hotels verkehrenden Schönheiten hätte haben können. Zeitungen befragten ihre Leser, ob Elizabeth Hurley bei ihm bleiben oder ihn lieber vor die Tür setzen sollte. In diversen Zeitschriften wurde in den Editorials das »Bleib-bei-ihm-Mantra« gesungen, während andere ihr rieten, so schnell wie möglich die Koffer zu packen.

Wenn eine Frau bei ihrem untreuen Mann bleibt, wie Elizabeth Hurley es noch eine ganze Weile lang getan hat, ist das für ihren Mann eventuell ein Beleg dafür, dass sie auch zukünftige Eskapaden in Kauf nehmen wird. Und warum sollte ein Mann sein Verhalten ändern, wenn er nichts zu befürchten hat? Männer, deren Affären keine negativen Folgen haben, gehen in vielen Fällen weiter fremd.

Sie tun es, weil es ihnen leicht gemacht wird und weil sie damit durchkommen. Und die Gelegenheiten für außereheliche Sex sind selbst für ganz normale Durchschnittsmänner mannigfaltig, wesentlich häufiger jedenfalls als für verheiratete Frauen.

Warum Frauen fremdgehen

Viele Frauen, die ein außereheliches Verhältnis haben, geben an, dass sie sich in Gegenwart ihres Liebhabers mit sich selbst zufriedener fühlen. Ihre Beziehung drehe sich ebenso sehr um das, was sie darstellen, wenn sie mit ihrem Geliebten zusammen sind, wie um den Geliebten selbst.

Der Wunsch nach mehr Selbstbestätigung ist der Hauptgrund für weibliche Affären; Frauen wollen die Selbstsicherheit und Selbstachtung zurückgewinnen, die im Laufe ihrer Ehe verschlissen wurden. Weitere Motive für Seitensprünge von Frauen sind Rache an einem untreuen Ehemann und der Wunsch nach sexueller Abwechslung. Wissenschaftliche Studien und Befragungen bestätigen jedoch die These, dass die meisten Frauen

Affären eingehen, weil sie ein besseres Selbstwertgefühl entwickeln wollen und sie sich nach einer liebevollen, intensiven Beziehung sehnen. Während Männer ihre Ehe durch außereheliche Sex »ergänzen«, geht es Frauen darum, ihre Ehe »aufzubessern« durch eine Art Gefühlspflege, die Sex mit einschließt.

Männer sind viel häufiger als Frauen der Ansicht, eine glückliche Ehe zu führen und lediglich wegen eines kleinen Extravergnügens fremdzugehen. Den folgenden Standpunkt vertreten viele von ihnen: »Zwischen meinem Familienleben und meinen Affären gibt es eine Art ›Brandmauer‹. Die eine Seite hat nicht das Geringste mit der anderen zu tun. Und ich kann nur hoffen, dass sie sich auch wirklich nie begegnen.« Die meisten Frauen würden diese Sichtweise nicht teilen, und nur allzu häufig prallen die völlig getrennten Leben unerwartet aufeinander.

Immer und immer wieder haben mir Frauen von ihrem Wunsch nach mehr Nähe und Wärme berichtet. Es fehlt ihnen in ihrer Ehe an emotionaler Zuwendung – dem Gefühl, respektiert und umsorgt zu werden und »diejenige, welche« zu sein. Ich habe Berichte über völlig verschlossene Männer gehört, die außer mechanischem Sex keinerlei Zuneigung und Zärtlichkeit zu geben wissen, und Geschichten über Einsamkeit und emotionale Leere in Ehen. Kommt in einer solchen Situation auch noch die Untreue des Mannes hinzu, so kann man sich nur wundern, wie eine Frau mit einer derartigen Belastung überhaupt fertig wird.

Viele Frauen klagen darüber, dass ihr Ehemann sich für das Vorspiel und den eigentlichen Liebesakt nur wenig Zeit nehme, während Männer, mit denen sie Affären haben, sie mit Aufmerksamkeit und Zärtlichkeit regelrecht überschütten. »Von einem Kompliment meines Geliebten kann ich eine ganze Woche lang zehren«, erklärte mir eine Frau. Man mag über solche Stereotypen lachen, aber wie in allen Stereotypen steckt auch in ihnen ein Körnchen Wahrheit. Stellvertretend dafür steht die Beschreibung eines Mannes durch seine Frau: »Seine Fähigkeiten im Bett sind dermaßen kümmerlich, dass man sein gesamtes Repertoire mit einem Satz zusammenfassen kann: Er ist rein, raus und fertig, ehe ich weiß, wie mir geschieht. Der Punkt ist, dass für mich eben nie etwas geschieht.«

Doch es gibt auch Bedingungen, unter denen sich Frauen ebenso ehebrecherisch verhalten wie Männer. Frauen, die finanziell unabhängig sind, haben häufig ein ebenso starkes Interesse an einem abwechslungsreichen Sexualleben wie Männer. Sowohl Shere Hite als auch die Psychologin Carol Travis berichten, dass die Ehebruchrate bei Vollzeit arbeitenden Ehefrauen doppelt so hoch ist wie bei Hausfrauen. Eine Frau mit eigenen finanziellen Mitteln kann ihr Leben selbst gestalten, sie ist nicht von ihrem Mann abhängig und muss daher auch nicht befürchten, mit ihrem Partner auch den Ernährer zu verlieren.

Auch vielen Berichten ist zu entnehmen, dass berufstätige Frauen, und besonders jene in hohen Positionen, wesentlich eher dazu neigen, außereheliche Affären einzugehen, als ihre nicht berufstätigen Geschlechtsgenossinnen. Wenn Frauen regelmäßig mit attraktiven, begehrenswerten Männern verkehren, haben sie also sowohl die Gelegenheit als auch den Antrieb fremdzugehen.

Verheiratete Frauen, die berufstätig und finanziell unabhängig sind und Umgang mit begehrenswerten und empfänglichen Männern haben, sind also ebenso untreu wie Männer. Im Klartext bedeutet das, dass viele Frauen lediglich aus Angst treu sind – Angst davor, im Falle eines Seitensprungs den Mann zu verlieren, von dem sie finanziell abhängig sind. Eine Frau, die alles zu verlieren hat – ihren Mann und ihren Lebensstil –, wird kaum geneigt sein, aus sexuellen oder emotionalen Gründen alles aufs Spiel zu setzen.

In der Mehrzahl aller Ehen herrscht in Bezug auf Sexualität und Treue eine Doppelmoral, die weibliche Untreue härter bestraft als männliche und so bewirkt, dass sich Frauen an ihr Eheversprechen fester gebunden fühlen als Männer.

Die Wahrheit über offene Beziehungen

Offene Partnerschaften, Gruppensex oder Partnertausch waren in den sexuell experimentierfreudigen 60-er und 70-er Jahren sehr beliebt. Dennoch haben sich diese Lebensweisen nie durchsetzen können, da auch die offen ausgelebte Untreue vielen Menschen Probleme bereitet. Nur die wenigsten kommen mit Ehebruch zurecht, egal, ob er offen oder heimlich vor sich geht. Die Wunschvorstellung von einer offenen Partnerschaft mag weiterhin gedeihen, aber in der Wirklichkeit funktionieren solche Beziehungen nur selten und sie vermögen die beteiligten Personen nur selten zufrieden zu stellen.

Die meisten Menschen ziehen es vor, über ihre außerehelichen Aktivitäten zu lügen, statt die Zustimmung ihres Partners oder ihrer Partnerin einzuholen. Von welcher Seite man es auch betrachtet – ob offene Beziehungen oder heimliche Affären –, mehrere Sexualpartner bedeuten für eine Ehe fast immer ein Problem.

Die Zukunft der Untreue

Wenn Mann und Frau sich als Paar zusammentun, werden sie nicht automatisch immun gegenüber allen Vertretern des anderen Geschlechts. Unser Bedürfnis zu flirten, der Wunsch nach sexueller Anziehung, Aufmerksamkeit und Leidenschaft lebt weiter – und deshalb wird auch die Untreue bestehen bleiben. Ich höre die Menschen oft sagen: »Männer sind nun einmal Männern und Frauen sind Frauen.« Basierend auf allen möglichen wissenschaftlichen Studien heißt dies nichts anderes, als dass Männer auch weiterhin ihre Frauen betrügen werden und diese auch weiterhin zu ihren untreuen Männern halten beziehungsweise eigene Affären haben werden.

Merke!

- Mehr Männer als Frauen gehen fremd.
- Berufstätige Frauen haben häufiger Affären als Hausfrauen.
- Männer suchen in außerehelichen Affären sexuelle Abwechslung – sie möchten ihre Ehe ergänzen, nicht ersetzen.
- Frauen suchen in Affären eher Nähe und Wärme als eine rein sexuelle Beziehung.
- Ehebrecherische sexuelle Aktivitäten finden häufig im Ehebett statt.
- Statistiken über Ehebruch sind wenig aussagekräftig. Wichtig sind die Auswirkungen, die ein Seitensprung auf eine Ehe hat.
- Ein Mann geht fremd, weil er es so will. Und er hört auch nur damit auf, wenn er es will.
- Untreue ist weit verbreitet, aber: Nicht alle Männer gehen fremd!

2. Kapitel
Die zwei Seiten einer Ehe: Seine und ihre

Es spricht zwar keiner darüber, aber die Ehe ist für Frauen nicht der gleiche Hafen wie für Männer.
Dalmy Heyn, Autorin

Die Doppelmoral der Ehe

Frauen werden noch immer in dem Glauben erzogen, die Heirat sei der wichtigste Schritt in ihrem Leben. Für Männer gilt das nicht. Daher ist es für Frauen wahrscheinlich eine größere Enttäuschung als für Männer, wenn die Ehe nicht perfekt funktioniert.
Der Soziologe Gary Lee

Selbst die Ehe ist eine Enttäuschung.
Der Psychiater und Autor Dr. Frank Pittman

Die zwischen den Geschlechtern vorherrschende Doppelmoral ist wahrscheinlich nirgends so offensichtlich wie in der Ehe. Kleine Mädchen spielen mit Barbie und Ken Hochzeiten nach; wenn sie größer werden, verkleiden sie sich als Braut; und ehe man sich's versieht, lesen sie Brautzeitschriften. Unsere Gesellschaft kultiviert die Vorstellung, die Ehe sei für die Identität einer erwachsenen Frau ungeheuer wichtig. Selbst die berufsorientiertesten Frauen geben zu, irgendwann heiraten zu wollen, und sie tun es auch.

Obwohl die Heiratsrate in den letzten Jahren leicht gesunken und das durchschnittliche Heiratsalter gestiegen ist, heiraten nach wie vor etwa fünfundneunzig Prozent aller Menschen irgendwann im Laufe ihres Lebens. Doch in jedem geschlossenen Bund gibt es in Wirklichkeit zwei Ehen, nämlich seine und ihre. Die Soziologin Jessie Bernard weist in ihrem Werk *The Future of Marriage* nach, dass Ehefrauen in der Regel depressiver, frustrierter und mit ihrer Ehe unzufriedener sind als Ehemänner. Frauen tragen, selbst wenn sie ganztägig berufstätig sind, die Hauptverantwortung für Kindererziehung und Haushalt, und viele äußern eine sehr negative Einstellung gegenüber ihrem Eheleben. Im Gegensatz dazu beklagen sich verheiratete Männer zwar gern darüber, zur Ehe gezwungen worden zu sein, doch beim Vergleich der Gruppen »verheiratete Männer«, »unverheiratete Männer«, »verheiratete Frauen« und »unverheiratete Frauen« erfreuen sich die Ehemänner der stabilsten psychischen Gesundheit. Verheiratete Männer sind von allen am glücklichsten und gesündesten. Auch Regina Barreca weist in ihrem humorvollen Buch *Perfect Husband (And Other Fairy Tales)* auf diesen gravierenden Unterschied zwischen Ehemännern und Ehefrauen hin.

»Frauen müssen, Männer sollten« ist auch zu Beginn des neuen Jahrtausends die vorherrschende Einstellung zum Thema Ehe. Die Gesellschaft belohnt jene Frauen, die im Besitz der ultimativen weiblichen Statussymbole sind: einen Mann am Arm und einen Ring am Finger. Ist der Mann auch noch erfolgreich – umso besser.

Bis zum heutigen Tag ist die Ehe eine anerkannte Möglichkeit für Frauen, gesellschaftliche Anerkennung, Status und finanzielle Sicherheit zu erlangen. Dementsprechend groß ist für sie der Druck, zu heiraten und verheiratet zu bleiben. Der Psychiater Julian Hafner führt in seinem Werk *The End of Marriage: Why Monogamy Isn't Working* aus, dass es in Wirklichkeit der Wunsch nach Kindern ist, der viele Frauen in die Ehe treibt, und dass der weibliche Kinderwunsch häufig deutlich stärker sei als das Bedürfnis nach einem Gefährten mit sozialem Status und Vermögen. Dabei sinken die Chancen einer Frau auf berufliches Fortkommen und andere Entwicklungsmöglichkeiten mit der Heirat dramatisch. Durch diesen Umstand wird ein fremdgehender Ehemann für eine Frau also zum absoluten Risikofaktor.

In vielen Fällen heiratet eine Frau nicht nur einen Mann, sondern auch einen Lebensstil, seinen Lebensstil, denn selbst bei berufsorientierten Frauen überwiegen oft die Prioritäten des

Mannes die der Ehefrau. So folgen beispielsweise deutlich mehr Frauen ihren Männern an andere Wohnorte, um seine Karriere voranzutreiben, als umgekehrt.

Bei vielen Paaren sind heutzutage zum Zeitpunkt der Eheschließung beide Partner berufstätig. Normalerweise kommen wenige Jahre nach der Heirat die Kinder, und die Frau kehrt entweder auf Teilzeitbasis an den Arbeitsplatz zurück oder bleibt ganz zu Hause, um sich um die Kinder zu kümmern, bis diese in den Kindergarten oder in die Schule kommen. Selbst für beruflich engagierte Frauen ist dieses Schema nicht selten, auch wenn die Zahl der Frauen mit kleinen Kindern, die Kinderbetreuung in Anspruch nehmen und Vollzeit arbeiten gehen, steigt.

Zahlreiche Untersuchungen belegen, dass selbst bei ganztags berufstätigen Paaren die Frau doppelt so viel Zeit in Haushaltstätigkeiten investiert wie der Mann. Es scheint, als höre für eine Frau die Arbeit nie auf. Sie mag die Brötchen inzwischen selbst verdienen, trotzdem kauft sie diese auch weiter höchst persönlich ein, backt sie zu Hause auf und erledigt hinterher noch den Abwasch.

Mit der Ankunft von Kindern nimmt das Eheleben für sie und ihn dann völlig unterschiedliche Gesichter an. Während die Frau sich selbst bei gleichzeitiger Berufstätigkeit mehr und mehr nach innen orientiert, bleibt der Mann durch seine Berufstätigkeit und die gesellschaftlichen Möglichkeiten, die das Berufsleben ihm eröffnet, weiter nach außen orientiert. Männer können es sich leisten, Überstunden zu machen und sich hinterher mit Freunden – und auch anderen Frauen – zu treffen, während die meisten Ehefrauen nach Hause eilen, um sich um Haushalt und Familie zu kümmern. Da bleibt wenig Zeit, um Netzwerke zu knüpfen oder Männer zu treffen, mit denen sie eine Affäre eingehen könnten.

Ehe und Karriere: Er gegen Sie

Wenn Mann und Frau anfangen verschiedene Leben zu leben, lassen Probleme meist nicht lange auf sich warten. Während sich die Frau um die Erziehung der Kinder kümmert, vergrößert der Mann seine finanzielle Macht, beschäftigt sich mit neuen Menschen, Orten und Ideen. Und er begegnet attraktiven Frauen. Eine günstige Zeit für den Beginn von Affären. Nach zwei Jahren Ehe gehen siebzig Prozent aller Männer fremd, hat Shere Hite festgestellt.

An diesem Punkt besteht die Herausforderung für die Partnerschaft darin, dass Mann und Frau sich sowohl als Individuen weiterentwickeln, gleichzeitig aber auch als Paar fester zusammenwachsen. Und das kann schwierig werden. Immer noch erfüllen Frauen das, was die Gesellschaft von ihnen erwartet und was sie selbst als Wert für sich akzeptiert haben: die Rolle als Frau und Mutter. Doch das Leben als Ehefrau und Mutter erweist sich nur allzu oft als große Belastung und hält nur wenige Gegenleistungen bereit, sollte die Ehe schief gehen.

Auf der ganzen Welt halten die meisten Frauen Heim und Familie nach wie vor für das Wichtigste, unabhängig davon, ob sie eher karriereorientiert sind oder Teilzeit arbeiten. Frauen gelten eben immer noch als die Hüterinnen von Beziehungen und Familie. Diese Sicht vertreten Männer und die große Mehrzahl aller Frauen. Leider halten diese Zuschreibungen für Frauen eine ganze Phalanx an emotionalen und finanziellen Problemen bereit, angefangen bei Depressionen bis hin zu einem untreuen Ehemann.

Auch wenn die Entscheidung für Ehe und Mutterschaft gesellschaftlich fociert wird, sind es oft die Frauen selbst, die Ehe und Mutterschaft höchste Priorität einräumen, um dann buchstäblich im Regen zu stehen, wenn der Mann sie im Stich lässt. Sie verfügen meist über zu wenig Geld und berufliche Kenntnisse, um sich und die Kinder allein über Wasser zu halten. Männer dagegen stufen ihre Arbeit in der Regel höher ein als das Familienleben, was sich sowohl auf die Frau an ihrer Seite als auch auf ihre Einstellung zur ehelichen Treue auswirkt.

Die meisten Frauen legen auf eine glückliche Beziehung ebenso großen Wert wie auf beruflichen Erfolg und begnügen sich häufig mit eingeschränkten beruflichen und finanziellen

Erfolgen. Das mag nicht tragisch sein, solange eine Ehe funktioniert, doch die Abhängigkeit vieler Frauen vom Einkommen ihres Mannes hat automatisch Auswirkungen auf ihre Unabhängigkeit. Und wer über kein eigenes Geld verfügt, für den wird der Entschluss, eine Ehe aus bestimmten Gründen aufzukündigen, sehr, sehr schwer.

Der Druck zu heiraten – und verheiratet zu bleiben

Trotz aller Fortschritte, die Frauen in den letzten Jahrzehnten in bildungspolitischer und beruflicher Hinsicht erzielt haben, stehen sie weiter unter dem Druck, heiraten zu müssen, um wirklich als »ganze Frau« zu gelten. Die mehr oder weniger unauffällig vorherrschende Erwartung, eine Frau möge endlich heiraten und Kinder kriegen, verursacht vielen, die ihr unabhängiges Leben genießen wollen, unnötigen Stress. Auch die große Anzahl Ratgeber rund um das Thema Ehe, die in den letzten Jahren auf den Markt gekommen sind, ist ein untrüglicher Beweis für die Annahme, Frauen sollten unbedingt vor Ablauf eines imaginären »Haltbarkeitsdatums« heiraten.

In einer Umfrage der Zeitschrift *Glamour* vom April 1997 gaben achtzig Prozent der Befragten an, sie glaubten, die Gesellschaft sei unverheirateten Frauen gegenüber voreingenommen. Die Umfrage mit dem Titel »Vorurteile gegenüber Single-Frauen?« ergab außerdem, dass kaum jemand glaubte, das Single-Dasein könne eine selbst gewählte Lebensform sein. Die Mehrzahl der Teilnehmer äußerte sich überzeugt, dass es für einen Mann einfacher sei, allein stehend zu bleiben, als für eine Frau. Und eine Teilnehmerin fand, es sei besser geschieden zu sein als nie geheiratet zu haben. »Geschieden zu sein bedeutet wenigstens, dass ein Mann einen irgendwann einmal heiraten wollte – dass man wenigstens einmal ausgewählt wurde«, erklärte sie.

Zweiundsiebzig Prozent der Leute waren der Ansicht, die akzeptable Altersgrenze für Alleinstehende sei inzwischen angestiegen – auf dreißig Jahre. Dennoch ging die Mehrheit weiter von der gesellschaftlichen Erwartung aus, Frauen wären grundsätzlich lieber verheiratet. Die Umfrage scheint die weit verbreitete Annahme zu bestätigen, Frauen, die über ein bestimmtes Alter hinaus allein stehend sind, seien ein wenig dubios. Für Männer existiert dieses Stigma nicht. Die Doppelmoral in Bezug auf Sex und Ehe besteht leider in vielerlei Hinsicht fort.

Trotz gestiegenen Heiratsalters, Ehen ohne Trauschein und einigen überzeugten Dauer-Singles hält die Mehrzahl der Menschen nach wie vor an der Ehe als der besten Lebensform fest und schaut ein wenig arrogant auf Alleinstehende herab – allen voran allein stehende Frauen jenseits eines »bestimmten Alters«. Jeder von uns kennt diskriminierende Bezeichnungen für allein stehende Frauen wie »Alte Jungfer« oder »Spinster« etc. Allein stehende Männer werden dagegen ganz anders beschrieben: »Junggesellen sind für Frauen so etwas wie Feldherren, die noch keine Schlacht verloren haben«, lautet eine Redewendung.

Selbst beruflich erfolgreiche und finanziell unabhängige Frauen möchten ihr Leben mit einem Mann teilen. So erzählte die Schauspielerin Frances Fisher der Zeitung *USA Today* im August 1998: »Das Wort mit H – Heiraten... will das nicht jede Frau?« Welche Erfolge im Beruf oder anderswo Frauen auch erzielen mögen, die meisten wünschen sich auch einen Lebensgefährten, mit dem sie eine Familie gründen können.

Geschieden zu sein, so scheint es, ist heute weniger anrüchig als das Single-Dasein. Aufgrund einer fehlgeschlagenen Ehe allein zu leben ist gesellschaftlich akzeptabler als niemals verheiratet gewesen zu sein. Die Vorstellung vom »Erwählt werden« sitzt fest in den Köpfen von Frauen, da sie ihnen gesellschaftliche Akzeptanz verheißt. Doch auch auf verheiratete Frauen hat diese Vorstellung Auswirkungen, denn eine Frau, die bereits mit »Torschlusspanik« in eine Ehe gegangen ist, wird deutlich mehr Angst davor haben, ihren Mann an eine »Andere« zu verlieren.

Je mehr Erfolg eine Frau bei Männern hat und je mehr Heiratsinteressenten sie aufweisen kann, desto sicherer ist sie sich ihrer sexuellen Anziehungskraft. Eine Frau, die vor ihrer Heirat kaum Erfahrungen sammeln konnte, mag sich mehr als andere vor Seitensprüngen ihres Mannes fürchten. Da sie glaubt, ihn nur »mit knapper Not abbekommen« zu haben, fürchtet sie, mit Sicherheit keinen zweiten Ehemann mehr zu finden. Solche Gedanken verstärken die Vorstellung von Frauen, um jeden Preis verheiratet bleiben zu müssen – auch wenn dies bedeutet, die Untreue ihres Mannes hinzunehmen.

Für manche Menschen ist eine Frau erst dann erfolgreich, wenn sie einen Ehering am Finger trägt. Allerdings zeigen gut verdienende, berufstätige Frauen eher weniger Interesse an Ehe und Kindern, auch wenn sich viele weiterhin einen Partner und Lebensgefährten wünschen. Die meisten Erfolgsfrauen heiraten irgendwann, allerdings deutlich später als ihre weniger qualifizierten Geschlechtsgenossinnen.

Die jüngsten Zahlen belegen, dass Frauen nach wie vor schlechter verdienen als Männer, und das unabhängig von ihrem Bildungsgrad. Die Mehrzahl der berufstätigen Frauen ist finanziell nicht unabhängig und verdient in Deutschland allenfalls siebzig Pfennig von jeder Mark, die ein Mann für die gleiche Tätigkeit bekommt. Und da die wenigsten Frauen so viel verdienen wie ein Mann, suchen sie in der Ehe nicht nur Liebe und Geborgenheit, sondern auch finanzielle Sicherheit.

Die fortgesetzte Ungleichheit am Arbeitsplatz wie in der Ehe bietet Männern in fast allen Lebensbereichen mehr Möglichkeiten als ihren Frauen. Männer verfügen im Allgemeinen über mehr Geld als Frauen und können deshalb auch leichter fremdgehen. Sie können es sich leisten, für zwei Frauen zu bezahlen, Hotelzimmer und häufigere Reisen zu finanzieren, um ihr Tun auf diese Weise geheim zu halten.

Der »Heiratszwang« lastet auf Frauen wie auf Männern. Ob durch die Gesellschaft, Eltern oder eine religiöse Gemeinschaft, die meisten Menschen fühlen sich mehr oder weniger zur Ehe gedrängt. In den 50-er Jahren war die Ehe für Frauen noch die einzige Möglichkeit, sich einen vernünftigen Lebensstandard zuzulegen. Heute ist es in vielen Fällen erforderlich, dass beide Partner berufstätig sind, um überhaupt einen normalen Mittelklasse-Standard aufrechtzuerhalten. Doch Frauen wünschen sich heute nicht mehr nur einen Ehemann, mit dem sie eine Familie gründen können; sie möchten auch einen Partner, von dem sie sich emotionale und sexuelle Erfüllung versprechen.

Die im Hinblick auf Aussehen und Alter vorherrschende Ungleichbehandlung von Männern und Frauen macht es gerade älteren Frauen zunehmend schwerer, einen passenden Partner zu finden. Bei Männern spielt es keine Rolle, ob sie bei der Partnersuche achtzehn oder achtzig Jahre alt sind. Da sie normalerweise Frauen heiraten, die jünger sind als sie selbst, ist die Auswahl sehr groß. Frauen hingegen heiraten normalerweise Männer, die ihnen nicht nur im Alter voraus sind, sondern auch in Status und Einkommen, was bei steigendem Alter der Frauen immer schwieriger wird. Für eine fünfzigjährige Frau gibt es nur wenige verfügbare Männer im gleichen Alter, und diese ziehen häufig eine jüngere Partnerin vor.

Hinzu kommt, dass viele Männer lieber eine Frau heiraten, die ihnen in Bildungsstand und beruflichem Status unterlegen ist, weil sie sich nicht von einer ehrgeizigen und erfolgreichen Frau in den Schatten stellen lassen oder gar in ihrer Männlichkeit bedroht fühlen wollen. So wird ein Bankmanager beispielsweise eher eine Sekretärin heiraten als eine Managerin, was die Auswahl für Letztere erheblich einschränkt, da die ihr zur Verfügung stehenden Männer mit gleichem Status lieber statusniedrigere Frauen heiraten.

Auch die große Diskrepanz an potenziellen Lebensgefährten und -gefährtinnen für Frauen und Männer beeinflusst die Haltung einer Frau zu männlicher Untreue und dem Thema Scheidung. Vielen Frauen ist bewusst, dass ihre »Aktien« auf dem Heiratsmarkt nicht gerade günstig stehen. Und da die Chancen, einen anderen Mann zu finden, noch dazu einen, der besser ist als der vorherige, denkbar gering sind, entschließen sie sich vielleicht, trotz einer unglücklichen Ehe bei ihrem Mann zu bleiben.

Der »Heiratszwang« beeinflusst allein stehende Frauen und die gegen sie konkurrierenden Ehefrauen gleichermaßen. Verheiratete Frauen wissen, wie gefragt attraktive Männer sind, und nicht selten verbleiben sie in einer unglücklichen Ehe mit einem untreuen Mann, weil sie froh sind, überhaupt einen Mann zu haben. Andere leben weiter mit ihm zusammen, weil sie nicht mehr in das Haifischbecken der Partnersuchenden zurückwollen, besonders dann, wenn sie nicht mehr zu den Jüngsten zählen.

Ihre realistischen Porträts moderner Single-Frauen haben in letzter Zeit einigen Büchern zu großem Erfolg verholfen. Ein Beispiel dafür ist Helen Fieldings Roman *Schokolade zum Frühstück: das Tagebuch der Bridget Jones*. Die anschauliche Beschreibung von Bridgets Männerbekanntschaften und ihrer Kalorienobsession, aber auch die amüsante Gegenüberstellung von Singles und »selbstgefälligen Ehepaaren« scheint bei vielen Frauen den Nerv getroffen zu haben. Ähnlich wird in Candace Bushnells Roman *Sex and the City* das Leben von vier allein stehenden Frauen in Manhattan beschrieben. Beide Werke porträtieren auf höchst unterhaltsame Weise Freud und Leid moderner Frauen auf der Suche nach dem Mann fürs Leben.

Der Hochzeitsglocken-Blues

Viele Frauen erleben die Ehe als ganz unerwartete Enttäuschung und Ernüchterung. In Anbetracht der Mühen, die manche auf der Suche nach einem passenden Partner auf sich genommen haben, sind sie schockiert über die tief greifenden Veränderungen, die das Eheleben für sie mit sich bringt. Eine Frau erzählte mir, sie habe das Gefühl, in einem Glasbehälter mit zugeschraubtem Deckel zu leben. Sie könne die Welt zwar noch sehen, aber nicht mehr daran teilhaben, wie sie es früher getan hat. Eine andere meinte, sie könne das ganze Tamtam überhaupt nicht mehr nachvollziehen. Sie sei seit vier Jahren verheiratet und wünsche sich nichts sehnlicher, als wieder allein zu sein. Im Grunde genommen lebt sie ohnehin allein, da ihr Mann kaum Notiz von ihr nimmt. Sie fühlt sich entsetzlich einsam, weil sie als verheiratete Frau für andere Männer nicht mehr interessant ist.

Die Ehe ist längst nicht so rosarot wie immer behauptet wird. Das ist der größte Schwindel überhaupt. Frauen ziehen dabei jedenfalls immer den Kürzeren. Sie sind die Dummen. Wacht auf, ihr Single-Frauen, bevor es zu spät ist, und genießt euer Leben.

Eine andere attraktive und gebildete Frau meinte:
Ich war nie besonders erpicht darauf zu heiraten, aber die Ehe ist sogar noch schlimmer, als ich es mir vorgestellt habe. Ich habe meine eigene Wohnung sehr geliebt. Und was ist mir geblieben? Eine halbe Wohnung und ein halbes Bett – und für was? Für regelmäßigen Sex? Fehlanzeige! Ich hatte mehr regelmäßigen Sex, als ich noch Single war. Nichts, absolut gar nichts kann schlimmer sein, als abends mit einem Mann ins Bett zu gehen, der augenblicklich so weit abrückt, dass er auf der anderen Seite fast aus dem Bett fällt. Manchmal stopft er sogar das Kissen zwischen uns, damit wir uns nicht zu nahe kommen. Ich kann kaum glauben, dass ich mein schönes Single-Leben für dieses langweilige, stumpfsinnige Dasein aufgegeben habe.

Nach all den vielen Barbiespielen, dem Durchforsten der Brautzeitschriften und der endlosen Träume vom Märchenprinzen empfinden viele Frauen die Ehe weit weniger erhebend, als sie es sich vorgestellt haben. Und das noch vor der Ankunft von Kindern und ehe ihr Mann sie an der Nase herumzuführen beginnt!

Der Ehering – Geschenk oder Brandzeichen?

Beim Thema Eheringe wird die Doppelmoral der Ehe besonders deutlich. Fast alle Frauen tragen einen Verlobungs- oder Ehering, während Männer dies heutzutage immer seltener tun. Ein Ehering signalisiert der Umwelt unmittelbar, dass eine Frau einem anderen »gehört«. Frauen sind gezeichnet; Männer dagegen erscheinen weiter als Junggesellen. Für manche Frauen ist ein Mann mit Ehering allerdings noch attraktiver, weil es für sie die ultimative Herausforderung darstellt, ihn einer anderen Frau abnehmen zu können.

Stellen Sie sich vor, Sie wären ein Mann in einer Bar und

sähen eine attraktive Frau. Wahrscheinlich würden Sie sofort überprüfen, ob sie einen Ring am Finger trägt, um festzustellen, ob sie verheiratet ist. Falls nicht, wäre sie eventuell einen Annäherungsversuch wert. Wenn Ihnen dagegen als Frau ein attraktiver Mann über den Weg läuft, besagt ein fehlender Ehering überhaupt nichts.

Frauen können es häufig kaum abwarten, »den Ring« zu tragen, und sind sich nicht bewusst, dass gerade ein Ehering potenzielle männliche Freunde abschreckt. Verheiratete Frauen gelten als »tabu« – ein so offensichtliches Symbol wie der Ehering sendet in diesem Zusammenhang ein deutliches negatives Signal aus. Es verhindert, dass Frauen auch nur auf freundschaftlicher Basis anderen Männern begegnen können, während diese Restriktionen für Männer nicht gelten.

Was bedeutet schon ein Name?

Manche Menschen glauben, eine Frau, die nach der Heirat ihren eigenen Namen behält, messe ihrer Ehe weniger Bedeutung bei. Dabei ergab eine 1996 von der American Sociological Association durchgeführte Studie, dass Frauen, die ihren Namen behalten, ebenso glücklich verheiratet sind wie Frauen, die den Namen ihres Mannes annehmen. Allerdings verfügen Erstere meist über eine bessere Ausbildung und einen qualifizierten Beruf, sie vertreten liberale sexuelle Standpunkte und sind meist zum ersten Mal verheiratet. Geschiedene Frauen neigen bei einer erneuten Eheschließung eher dazu, den Namen ihres neuen Mannes anzunehmen.

Vielen Menschen fällt es schwer nachzuvollziehen, warum Frauen bei der Eheschließung den eigenen Namen behalten. Sie vermuten, dass die Frau für ihren Mann weniger aufrichtige Gefühle hegt, denn wenn sie ihn wirklich liebte, würde sie bestimmt seinen Namen tragen wollen. Doch das ist falsch! Es ist für Frauen ungeheuer wichtig, in der Ehe die eigene Identität zu bewahren, und die Beibehaltung des eigenen Namens hat diesbezüglich große Symbolkraft.

Auch wenn heute mehr Frauen als früher ihren Namen behalten, begrenzt sich dies in der Regel auf beruflich stark engagierte Frauen. Dabei könnten gerade jene, die nicht berufsorientiert sind, am meisten davon profitieren, weil sie mit ihrem Namen einen deutlich sichtbaren Teil ihrer Identität bewahren. Nur allzu leicht werden Frauen in einer Ehe förmlich verschluckt und in den Schatten gestellt; je mehr Wege sie finden, ihr altes Selbst zu bewahren, desto besser werden sie sich fühlen.

Durch die Beibehaltung ihres Namens signalisiert eine Frau, dass ihre Identität und ihre Anteile an der Ehe genauso wichtig sind wie die ihres Mannes. Frauen haben ihr eigenes Leben und sie haben eine eigene Identität, die sich mit der Heirat nicht automatisch verändert. Schließlich besagt die Tatsache, dass eine Frau verheiratet ist, nicht, dass sie ihr Wesen grundsätzlich verändert hat, es bedeutet lediglich, dass sie nun einen Mann in ihr Leben mit aufgenommen haben. Allerdings werden Frauen nur allzu oft als eine Art »Wurmfortsatz« ihres Mannes angesehen. Doch gerade Frauen mit einer eigenen beruflichen Laufbahn verwahren sich dagegen, als Anhängsel ihres Mannes behandelt zu werden. »Wie können die Medien es wagen, mich als die ›Frau von Herrn Soundso‹ zu bezeichnen«, empörte sich eine von ihnen.

In guten wie in schlechten Tagen ...

Über siebenundfünfzig Prozent aller verheirateten Menschen leiden an chronischem Sodbrennen, berichtete ein amerikanisches Meinungsforschungsinstitut. Dabei ist es wenig überraschend, dass das Eheleben auch körperliche Symptome hervorruft. Die meisten Menschen gehen davon aus, dass eine Ehe den Frauen nütze und den Männern schade. Doch das ist ein Irrtum. »Männer profitieren von der Ehe mehr als Frauen«, stellte der Soziologe Gary Lee von der Bowling Green University in der Zeitung *USA Today* 1997 fest.

Im Laufe der letzten Jahre haben verschiedene andere Untersuchungen bewiesen, dass verheiratete Frauen den schlechtesten psychischen Gesundheitszustand überhaupt aufweisen und doppelt so häufig unter Depressionen leiden wie Männer. Ein von der American Psychological Association veröffentlichter Bericht zum Thema »Frauen und Depression« macht sozioökonomische, biologische und emotionale Faktoren für die hohen Erkrankungszahlen verantwortlich. Danach leiden verheiratete Frauen am häufigsten unter Depressionen, und je mehr Kinder in einer Familie sind, desto häufiger treten sie auf. Aber auch schlechte finanzielle Verhältnisse von Frauen stehen mit Depressionen in engem Zusammenhang.

Die Psychologin und Autorin Dr. Susan Nolen-Hoeksema berechnet das Verhältnis auftretender Depressionen bei Frauen und Männern auf 2:1. Seit mindestens dreißig Jahren leiden Frauen in den USA und in anderen Ländern also doppelt so häufig unter Depressionen wie Männer. Andere Wissenschaftler sprechen sogar von einem Verhältnis von 3:1. In jedem Fall aber weisen verheiratete Frauen die größte Zahl an depressiven Symptomen auf, ergab eine landesweite Studie von Ellen McGrath und ihren Kollegen, die 1990 von der American Psychological Association veröffentlicht wurde.

Die Ehe schützt Männer vor Depressionen und macht Frauen anfälliger.
Der Psychologe und Eheexperte Dr. Neil Jacobson

Auch Armut hängt mit Depressionen zusammen. Da Frauen in der Regel weniger Geld verdienen als Männer, stehen Arbeitslosigkeit und minderwertige Tätigkeiten von Frauen in direktem Zusammenhang mit ihren hohen Depressionsraten. Berufstätige Frauen werden überall schlechter bezahlt als ihre männlichen Kollegen und tragen, da sie im Haushalt und bei der Kinderbetreuung durch den Mann meist wenig Unterstützung erfahren, die Doppelbelastung von Beruf und Familie.

In einem Artikel des *Journal of the American Medical Association* von 1989 stellten die Wissenschaftler G. Klerman und M. M. Weissman nach eingehender Analyse zahlreicher Studien zum Thema Depressionen fest, dass die primären Faktoren für das Auftreten von Depressionen bei Frauen ein niedriger sozialer Status und die Ehe seien. Ein niedriger sozialer Status beinhaltet geringe finanzielle Mittel, was zu Problemen führt; und auch die Ehe bringt Spannungen und Stress mit sich und wenig Möglichkeiten, von der Kindererziehung auszuspannen.

Dalma Hayn berichtet in ihrem Buch *Die Heiratsfalle. Wie Frauen zu Ehefrauen werden*, dass selbst unabhängige, selbstbewusste Frauen nach der Eheschließung ihre Meinung weniger offensiv vertreten und zurückhaltender werden. Übereinstimmend stellten die verheirateten Frauen, die sie interviewte, fest, dass die Ehe sie eines wesentlichen Aspektes ihrer eigenen Identität beraubt habe.

Am häufigsten leiden Ehefrauen unter Depressionen, wenn sie nicht berufstätig sind, weil sie sich von ihrem Ehemann abhängig fühlen und darauf angewiesen sind, dass die Ehe all ihre emotionalen, finanziellen und sozialen Bedürfnisse erfüllt. Das sind hohe Ansprüche, besonders für jene Frauen, die mit einem gleichgültigen, distanzierten Mann verheiratet sind. Eine gemeinsame Umfrage von *CNN* und *USA Today* zum Thema »Familienwerte« vom März 1997 ergab, dass ein Drittel aller Frauen sich von ihrem Mann dominiert und kontrolliert fühlt. Das Gefühl, nicht Herrin über die eigenen Empfindungen oder die eigene Umgebung zu sein, gilt schon lange als einer der Hauptgründe für Depressionen.

Weibliche Lebensziele als Hemmschuh im Umgang mit einem untreuen Mann

Um zu verstehen, worin sich die Lebenserfahrungen von Frauen und Männern unterscheiden, ist es notwendig, die Prioritäten von Frauen in Bezug auf Ehe, Beruf und Karriere näher zu betrachten. Bei vielen Paaren verläuft das Leben für Mann und Frau auf grundsätzlich anderen Gleisen. Während verheiratete Männer sich nach außen orientieren, sind die meisten Frauen auf die Familie konzentriert. Dieser Unterschied wirkt sich sowohl auf die Motivation wie auf die Möglichkeit zu außerehelichen Affären aus. Und sie haben großen Einfluss darauf, wie eine Frau auf die Untreue ihres Mannes reagiert.

Frauen, denen es an Selbstbewusstsein mangelt und die von ihrem Mann finanziell abhängig sind, neigen seltener dazu, einen untreuen Ehemann zu verlassen. Sie sollten jedoch begreifen lernen, dass mehrere Rollen zu haben – Ehefrau, Mutter und Berufstätige zu sein – sie vor Depressionen bewahrt und ihnen bessere Perspektiven bieten kann, falls ihr Ehemann untreu werden sollte. So sagte die Fotografin Margaret Bourke-White einmal: »Auf die Arbeit ist immer Verlass, sie ist eine treue, lebenslange Freundin, die einen nie im Stich lässt.«

Ohne eigenes Geld und häufig auch ohne eine qualifizierte Ausbildung und/oder aktuelle berufliche Kenntnisse steht eine Frau vor einem großen Dilemma, wenn sie feststellen sollte, dass ihr Mann fremdgeht. Ihre Möglichkeiten sind äußerst begrenzt, denn sie hat weder Gelegenheit, mit anderen Männern zusammenzutreffen, noch hat sie ein eigenes Betätigungsfeld, um auf diese Weise ihr Selbstwertgefühl zu stärken und Depressionen abzuwehren.

Mit der Entscheidung zu heiraten, Kinder zu bekommen und sich ganz deren Erziehung zu widmen, schaffen sich Frauen eine Lebenssituation, in der nur der eigene Ehemann zwischen ihnen und der Armut steht – vorausgesetzt, er geht nicht fremd. Für Frauen mit eigenen Interessen, Freunden und Geldmitteln hingegen wirkt sich die Untreue des Mannes weit weniger zerstörerisch aus. Und sie haben unendlich mehr Handlungsspielraum, falls sie nicht länger mit einem Ehebrecher zusammenleben möchten.

Während viele Frauen bei ihrem untreuen Ehemann bleiben, sind Männer generell weniger geneigt, zu ihrer fremdgehenden Frau zu halten. Wenn eine Frau fremdgeht und nicht der Mann, enden Ehen wesentlich häufiger mit Scheidung. Männer ertragen die Untreue ihrer Frau nicht und beenden die Ehe. Da sie sich auf dem Heiratsmarkt auch weiterhin einer relativ großen Auswahl sicher sein können, sind sie vielleicht auch weniger geneigt, an ihrer Beziehung zu arbeiten, nachdem ihre Frau sie betrogen hat. Die gleichen Männer würden ohne zu zögern behaupten, dass es zwar in Ordnung ist, wenn sie fremdgehen, aber nicht, wenn ihre Frau das Gleiche tut. Einer von ihnen erzählte mir: »Ich habe Geliebte. Aber wenn meine Frau andere Männer hätte, dann wäre sie nicht länger meine Frau.«

Viele Frauen finden sich mit der Untreue ihres Mannes ab, weil sie nicht auch zu den vielen geschiedenen, verlassenen Frauen zählen wollen. So erklärte mir eine 50-jährige: »Ich lasse nicht zu, dass diese kleine Schlampe einfach hier hereinschneit und mir mein Leben wegnimmt.« Also bleiben sie lieber und bekämpfen ihre Geschlechtsgenossinnen. Die Botschaft an die Ehefrauen ist klar: Tanzt nicht aus der Reihe und beschwert euch nicht, sonst wird es euch irgendwann bitter Leid tun, wenn ihr alleine dasteht.

Die Wahrheit über Scheidung und Wiederverheiratung

Auch wenn die Scheidungsrate in den USA sich in den letzten Jahren bei etwas unter fünfzig Prozent eingependelt hat, ist es eine häufig übersehene Tatsache, dass die Mehrzahl der Scheidungen von Frauen eingereicht werden. Frauen lassen sich mit dem Heiraten heutzutage nicht nur länger Zeit, sie fangen auch eher mit eigenen Affären an und sie entschließen sich früher als je zuvor, eine kaputte Ehe aufzulösen. Hoch qualifizierte, berufstätige und finanziell unabhängige Frauen haben schon immer später geheiratet als andere – oder überhaupt nicht. Nun haben sie auch die höchsten Scheidungsraten und beschließen häufig, nicht wieder zu heiraten. Wenn Frauen erst einmal Gefallen an der Unabhängigkeit gefunden haben, zögern viele, noch einmal zu heiraten und sich an einen Mann zu binden, der für ihr Leben mehr negative als positive Veränderungen bedeutet. Da ist es kein Wunder, dass unabhängige, nicht verheiratete Frauen die größte innere Stabilität und die niedrigste Depressionsrate aufweisen. Die Kontrolle über die eigenen Entscheidungen und das eigene Leben scheint der dafür wesentliche Faktor zu sein.

Ich will einen Mann in meinem Leben, aber nicht in meinem Haus.
Die Komikerin Joy Behar in der Zeitschrift *More* im Oktober 1998

Auch wenn die vorherrschende gesellschaftliche Meinung davon ausgeht, dass geschiedene Frauen sogar noch erpichter aufs Heiraten seien als Single-Frauen um die Vierzig, denken viele geschiedene Frauen gar nicht daran, wieder zu heiraten. »Warum sollte ich wieder heiraten?«, fragte mich eine. »Ich habe einen guten Beruf, ein schönes Zuhause, Freunde beiderlei Geschlechts und zwei wunderbare Kinder. Alles, was ich durch eine Wiederheirat gewinnen könnte, ist ein Mann, der mir vorzuschreiben versucht, was ich zu tun und zu lassen habe. Das ist die Sache nicht wert.« Und eine andere erklärte: »Ich habe acht Jahre lang mit einem untreuen Ehemann zusammengelebt. Es war die Hölle. Nichts in der Welt könnte mich dazu bringen, noch einmal mit einem Mann zusammenzuleben. Mit ihnen ausgehen und flirten? Klar. Sie heiraten? Vielleicht. Aber nur, wenn er weiterhin auf der anderen Straßenseite wohnt!«

Auch die Zahlen über Wiederverheiratungen sind interessant. Geschiedene Männer treibt es nicht nur schneller wieder auf das Standesamt, sie heiraten im Schnitt auch Frauen, die etwa zehn Jahre jünger sind als sie selbst. Geschiedene Frauen und Alleinerziehende dagegen sind deutlich seltener geneigt, ein zweites Mal zu heiraten.

In seinem Buch *Cutting Loose: Why Women Who End Their Marriages Do So Well* beschreibt Ashton Applewhite, dass viele geschiedene Frauen nach der Trennung förmlich aufblühen und eine erneute Eheschließung weder schnell noch bereitwillig in Erwägung ziehen. Wenn sie sich erst einmal an die neue Freiheit und Unabhängigkeit in ihrem Leben gewöhnt haben, beschließen viele, dass sie auch weiterhin die Zügel in der Hand behalten und sich keinem Mann mehr unterordnen möchten. Anders als gemeinhin angenommen wird, überleben Frauen ihre Scheidung nicht nur, sie genießen ihr neues Leben auch.

Männer und Frauen sind wirklich verschieden

Männer und Frauen machen im Laufe ihres Lebens völlig unterschiedliche Erfahrungen mit der Ehe – und mit ehelicher Untreue. Frauen sind einem wesentlich größeren gesellschaftlichen Druck ausgesetzt, zu heiraten und um jeden Preis verheiratet zu bleiben, und werden darin bestärkt, sich auch mit inakzeptablem Verhalten, wie der Untreue des Ehemannes, abzufinden. Viele Frauen glauben daher, dass es immer noch besser sei, mit einem untreuen Mann verheiratet als geschieden zu sein.

Frauen müssen lernen, die Ehe als eine Wahlmöglichkeit zu betrachten und nicht als etwas, das sie unbedingt tun müssen. Die Ehe ist keine Notwendigkeit, und für viele Frauen ist ein Single-Dasein das reinste Vergnügen im Vergleich zu einer schlechten Ehe, in der sie mit einem gefühlskalten Mann oder mit einem notorischen Ehebrecher zusammenleben.

Es ist völlig in Ordnung, wenn eine Frau sich auf ihren Beruf konzentriert und Ehe und Familie als Nebenoptionen betrachtet. Genauso akzeptabel ist es, sich auf die Familie zu konzentrieren und den Beruf nur als Zubrot anzusehen. Jede Frau muss selbst entscheiden, welche Ziele sie sich in ihrem Leben stecken möchte, und sich dann daranmachen, diese zu erreichen. Es ist einzig und allein ihre Entscheidung, ob sie die Ehe mit einem untreuen Mann aufrechterhalten will und kann. Eines jedoch sollte sich jede Frau klarmachen: Eine Ehe allein ist keine daseinsfüllende Aufgabe!

Wenn sich eine Frau zu sehr auf ihre Ehe konzentriert und dabei sich selbst und ihre Identität aus den Augen verliert, kann sich schnell das Gefühl einstellen, keine Alternative zu haben, wenn sie feststellt, dass ihr Mann fremdgeht. Aus der Befürchtung heraus, keinen anderen Mann mehr zu finden, gibt sie sich mit dem zufrieden, was sie hat, oder – was noch schlimmer ist – sie glaubt, da alle Männer fremdgehen, sei der eigene Mann immer noch das kleinere Übel.

Selbst die attraktivsten, reichsten und talentiertesten Frauen müssen feststellen, dass die Gesellschaft Männer in allen Bereichen begünstigt. Die Erfahrungen, die viele Frauen in der Ehe machen, hindern sie daran, sich im Leben voll zu entfalten. Viele von ihnen meinen, bei ihrem untreuen Ehemann bleiben zu müssen, auch wenn ihnen sein Verhalten zutiefst zuwider ist. Ob in der Gesellschaft, im Beruf oder in finanzieller Hinsicht – auf allen Gebieten eröffnen sich Männern weit mehr Möglichkeiten als Frauen; und genau aus diesem Grund gehen Männer weiter fremd, während ihre Frauen den Mund halten und bleiben.

Wer sich jedoch dafür entscheidet, auszubrechen und auf eigenen Füße zu stehen, kann sich den Herausforderungen stellen und sie meistern. Ivana Trump ist ein lebendes Beispiel für eine betrogene Ehefrau, die nach der Scheidung regelrecht aufblühte. Auch wenn die glamouröse Ivana sicherlich reicher und schöner ist als die meisten von uns, war es ihre Entschlossenheit, die sie alle Schwierigkeiten meistern ließ. Sie hat auch während der Scheidung den Kopf nicht hängen lassen und aus ihrem Leben das Beste gemacht. In ihrem Buch *The Best Is Yet to Come: Coping with Divorce and Enjoying Life Again* verrät sie, wie sie die Schrecken ihrer Ehe und der Scheidung überstand.

Nicht wenige Frauen fühlen sich nach der Scheidung stärker und haben mehr Selbstbewusstsein als zuvor, berichten Dr. Christopher Hayes, Deborah Anderson und Melinda Blau in ihrem Werk *Our Turn: The Good News About Women and Divorce*. Die Ehe kann eine Frau weder vor den Widrigkeiten des Lebens beschützen noch ist sie eine Garantie für Selbstvertrauen; im Gegenteil, viele Frauen berichten, erst zu sich selbst gefunden zu haben, als sie sich entschieden, ihren untreuen Ehemann zu verlassen.

Merke!

- Männer haben mehr Möglichkeiten fremdzugehen als Frauen und neigen auch eher dazu, diese zu nutzen.
- Die Depressionsrate bei verheirateten Frauen ist doppelt so hoch wie bei Männern.
- Die Mehrzahl aller Frauen verdient noch immer weniger Geld als ihr Ehemann. Die Ehe bietet Frauen zwar den Vorteil der finanziellen Sicherheit, doch sie zahlen einen hohen emotionalen Preis, wenn sie sich finanziell völlig von ihrem Mann abhängig machen.
- Bis heute lastet die gesellschaftliche Erwartung zu heiraten auf Frauen wesentlich stärker als auf Männern.
- Sich ausschließlich auf die Rolle der Ehefrau und Mutter zu konzentrieren ist keine daseinsfüllende Aufgabe.
- Jede Frau braucht ein von der Ehe unabhängiges Leben.

3. Kapitel
Ein untreuer Partner: Der schlimmste Albtraum jeder Frau

Es hatte nichts zu bedeuten. Es ging nur um Sex.
Übliche Ausrede eines fremdgehenden Ehemanns

Es geht um Sex

Wenn Männer sich auf außereheliche Affären einlassen, suchen sie meist ein sexuelles Abenteuer, Spannung, Abwechslung, etwas Neues, eben ein unverbindliches, komplikationsloses Vergnügen. Bei mehr als siebenundachtzig Prozent aller Affären geht es vor allem um zusätzlichen Sex, behaupten die bekannten Sexualforscher Masters und Johnson. Und das »zusätzlich« ist hierbei wörtlich zu nehmen, denn es geht nicht um Sex an Stelle der Ehe, sondern um Sex ergänzend zur Ehe.

Die meisten Affären von Männern lassen sich unter dem Aspekt »Vergnügen« einordnen; denn sie suchen eher sexuelle Abwechslung als eine emotionale Bindung. Dagegen ist die Mehrzahl der weiblichen Affären eher »liebesorientiert«, meinen die Psychologen Shirley Glass und Tom Wright. Frauen gehen eher aus emotionalen Gründen fremd, und Sex gehört für sie lediglich dazu. Auch wenn jede Frau ihre eigenen Gründe für eine außereheliche Affäre hat, drehen sich die Liebschaften von Frauen generell eher um Gefühle als um Sex. Kurz gesagt möchten Frauen sich umworben und ihrem Geliebten inniglich verbunden fühlen, *ehe* sie mit ihm schlafen.

Affären sollten einen Warnhinweis tragen:
Diese Liaison gefährdet Ihre eheliche Gesundheit!

Nur selten suchen Männer in außerehelichen Affären etwas anderes als Sex oder Aufmerksamkeit, die ihrem Stolz schmeichelt, zumindest anfänglich. Eine neue Sexualpartnerin ist für die meisten der ultimative Kick für das Selbstbewusstsein, besonders wenn es sich um eine junge, hübsche Frau handelt, die ihren Geliebten bereitwillig anhimmelt. Doch wer außerhalb seiner Ehe häufig mit wechselnden Partnerinnen oder auch mit ein und derselben Frau schläft, entwickelt meist irgendwann auch eine emotionale Beziehung zu dieser/n Frau/en. Vertrautheit führt irgendwann auch zur Freundschaft; also ziehen wiederholte positive Erlebnisse mit einer Sexualpartnerin in den meisten Fällen immer häufigere Treffen nach sich, und nicht selten entwickelt sich eine enge und starke Bindung zwischen dem verheirateten Mann und seiner/n Geliebten.

Eine der sehr realen Gefahren von Seitensprüngen ist »das Unerwartete«. Auch wenn ein Mann sich einreden mag, es gehe ihm »nur um Sex«, gibt es keine Garantie dafür, dass er sich nicht doch bis über beide Ohren in seine Geliebte verliebt. Auch wenn er noch so vorsichtig ist, liegt es nicht in seiner Macht, seine Gefühle zu kontrollieren. Ehen lassen sich ebenso wenig gegen außereheliche Liebe absichern wie gegen außereheliche Affären. Wer fremdgehen will, tut es. Und wer seiner Partnerin treu bleiben will, tut dies ebenfalls, selbst wenn die Versuchung noch so groß sein mag. Schließlich zeigt sich echte Treue ohnehin erst dann, wenn sie auf die Probe gestellt wird. Wer nie aus dem Haus kommt und keine Gelegenheit zum Fremdgehen hat, kann leicht treu sein. Erst wenn sich einem Menschen zahlreiche Verlockungen bieten, zeigt sich seine wahre Größe. Ein 40-jähriger geschiedener Mann fasst dies so zusammen: »Wenn man genug flirtet, geht man irgendwann auch fremd. Und wenn man zu viel fremdgeht, ist irgendwann die Ehe kaputt.«

Diese lockere Einstellung gegenüber außerehelichen Affären hat häufig drastische Auswirkungen, denn nicht selten werden aus vermeintlich unverbindlichen sexuellen Abenteuern jahrzehntelange Liebesbeziehungen. So berichtete mir ein Mann: »Ich habe Affären angefangen, weil ich ein wenig Pepp in mein ach-so-berechenbares Leben bringen wollte. Aber es war, als ginge man hungrig in den Supermarkt – am Ende habe ich dann den ganzen Laden gekauft.«

Guten Sex gibt es auch in schlechten Ehen.
Schlechten Sex gibt es auch in guten Ehen.
Tolle Affären finden durch schlechten Sex ein Ende.
Unbekannt

Ginge es Männern bei Affären grundsätzlich nur um Sex, würde das Flair solcher Beziehungen sicher bald verpuffen. Doch allzu oft geht es in Wirklichkeit um viel mehr als »nur um Sex«. Ob bewusst oder unbewusst suchen Männer in außerehelichen Beziehungen häufig nicht nur Sex, sondern auch Aufmerksamkeit, Bewunderung und bedingungslose Liebe, allerdings ohne die Komplikationen und/oder die Notwendigkeit, das Gleiche zurückgeben zu müssen.

Viele regelmäßig untreue Männer beklagen sich über das mangelnde sexuelle Interesse ihrer Frau. Nach der Heirat und ganz und gar nach der Geburt von Kindern zögen sich viele Frauen von ihren Männern zurück, berichten sie. Die Frauen konzentrierten sich fast ausschließlich auf die Kinder, und das häufig auf Kosten der Ehe. Die Männer fühlen sich zurückgestellt und sehnen sich nach einer sinnlichen Gefährtin.

Sex ist für viele Männer eine Möglichkeit, ihre Gefühle auszudrücken. Statt einer Frau leise Zärtlichkeiten ins Ohr zu flüstern, versuchen sie ihre Liebe zum Ausdruck zu bringen, indem sie mit einer Frau schlafen. Für Frauen ist das verwirrend, schließlich bringen Männer es auch fertig, mit einer Fremden zu schlafen, die sie nicht einmal besonders mögen.

Es lebe das schlechte Gewissen

Während es einigen Menschen große Schuldgefühle bereitet, den Partner oder die Partnerin zu belügen – was bei Affären zwangsläufig ist –, folgen andere einem regelrechten »Fremdgehkodex«: »Mund halten, nicht auffallen, nicht erwischen lassen und alles abstreiten, wenn man ertappt wird.«

Aus einer Untersuchung des Psychologen Roy Baumeister von der Case Western Reserve University aus dem Jahr 1995 geht hervor, dass Schuldgefühle durchaus positiv sein können. So kann ein schlechtes Gewissen angesichts einer außerehelichen Affäre beispielsweise dazu beitragen, einem Menschen ein längeres Leben und eine bessere Ehe zu bescheren. Ein gewisses Maß an Schuldgefühlen hält Menschen davon ab, zu einem »skrupellosen Raubtier« zu werden und andere zu verletzen. Der Mehrzahl aller untreuen Männer jedoch fehlen diese Schuldgefühle. Sie verdrängen und rechtfertigen ihre Affären, um sich für den Schmerz, den sie ihrer Frau zufügen, nicht verantwortlich fühlen zu müssen.

Viele Männer sind im Hinblick auf Schuldgefühle nicht nur unterversorgt, einige von ihnen sind sogar regelrecht stolz auf ihre diversen Seitensprünge. Ein schlechtes Gewissen ist nur selten der Grund dafür, dass ein Mann eine Affäre beendet. Weit häufiger ist es die Befürchtung, erwischt zu werden, oder die Drohung der Ehefrau, sich scheiden zu lassen, oder einfach die Tatsache, dass die sexuelle Anziehung zwischen den Partnern nachgelassen hat.

Es gibt Männer, die Affären gerade deshalb schätzen, weil sie bei einer Geliebten, anders als bei der eigenen Frau, nicht einmal mehr vorgeben müssen, die Frau zu lieben. Einer erzählte mir, er hasse es, so zu tun, als habe er auch nur das geringste Interesse an Romantik. Alles, was er will, ist guter Sex – kein Smalltalk, keine Zärtlichkeiten. Seine sexuellen Eskapaden verursachten ihm keine Gewissensbisse, meint er. Im Gegenteil! Er habe sogar das Gefühl, im Recht zu sein, da seine Frau kein Verständnis habe für sein Verlangen nach »unkompliziertem Sex ohne lästige Gefühlsduselei«. Und dieser Mann wundert sich tatsächlich darüber, dass seine Frau nicht mit ihm schlafen will!

Für viele untreue Ehemänner sind Schuldgefühle einfach kein Thema. Sie reden sich ein, ein Recht darauf zu haben, so viele Frauen wie möglich »flachzulegen«, und tun es damit ab, »sich die Hörner abstoßen« zu wollen. Manche müssen sich nicht einmal groß anstrengen beim Lügen, um ihre Affären zu vertuschen. Sie tarnen ihre Besuche bei anderen Frauen einfach als Geschäftsreisen, Arbeitsessen, Abstecher zur Reinigung oder ins Fitness-Studio oder, ganz klassisch, als Überstunden. Vielleicht liegt es an der Erkenntnis, dass sie, falls sie erwischt werden, mehr zu verlieren haben, oder auch an ihrem stärker ausgeprägten Einfühlungsvermögen, jedenfalls werden Frauen, die außereheliche Affären haben, meist von großen Schuldgefühlen gebeutelt. Nicht wenigen bereitet es sogar ein schlechtes Gewissen, dass sie ihre Affäre genießen.

Verschiedene Arten von Affären

Eine außereheliche Affäre kann viele verschiedene Formen annehmen. Egal, ob es sich um einen »kleinen« Flirt handelt oder um eine jahrzehntelange Liebesbeziehung, so etwas wie einen »kleinen Ehebruch« gibt es nicht. Unter all den verschiedenen Varianten außerehelicher Beziehungen sind es vor allem dauerhafte Liebesbeziehungen zwischen einem verheirateten Mann und einer anderen Frau, mit denen betroffene Ehefrauen am schlechtesten fertig werden und umgehen können.

Sex als Transaktion

Sex als Transaktion bezieht sich auf kurzfristige sexuelle Begegnungen, bei denen nur wenige oder gar keine Gefühle im Spiel sind. Transaktionssex unterscheidet sich von »gekauftem Sex«, da hier weder Geld noch emotionale Zuwendung ausgetauscht werden. Der Reiz dieser Art von Affäre liegt in ihrer klaren zeitlichen Begrenzung, der geringen Gefahr, entdeckt zu werden, und der Tatsache, dass sie meist zwischen zwei Fremden stattfindet, denen beiden bewusst ist, dass die Begegnung keinen weiteren Kontakt nach sich ziehen wird. Beispiele sind:
- One-night Stands
- Wochenendabenteuer
- Urlaubsflirts
- Saison-Affären

Auch wenn niemand sicher sein kann, sich nicht doch zu verlieben, liegt der größte Reiz einer Transaktionsaffäre für Männer und für Frauen in der Aussicht auf folgen- und komplikationslosen Sex. »Warum nicht? Schließlich erfährt keiner davon« ist das allgemeine Motto dieser »Quickies«, die von Erica Jongs Roman *Angst vorm Fliegen* inspiriert wurden.

Männer wie Frauen nutzen Transaktionsaffären für sexuelle Abenteuer, um ihre Einsamkeit zu bekämpfen, ihre sexuelle Anziehungskraft zu bestätigen und häufig auch, um sich an einem untreuen Partner zu rächen. Ein Mann erzählte mir von einem Wochenendabenteuer während eines Golfturniers. Er hatte nicht die geringste Absicht, die Frau wieder zu sehen, die er mir als »engelhaft« beschrieb. Doch am Ende des Wochenendes hatte es ihn erwischt. Sie war sexuell genauso begeistert wie er, schlanker und experimentierfreudiger als seine Frau. Seine neue Liebe wecke seine Lebensgeister, berichtete er, und obwohl sie fünfhundert Kilometer entfernt wohnte, traf er sie immer wieder. Jedes Mal, wenn er auf einer seiner zahlreichen Geschäftsreisen war, passierte er ihre Stadt und verbrachte dort eine Nacht oder ein Wochenende. Zwei Jahre später ist die Affäre immer noch in vollem Gange, und seine Frau hat nach wie vor keine Ahnung (glaubt er zumindest). Er hat nicht die geringste Absicht, seine Frau zu verlassen, und vermutet, dass seine Geliebte ihn irgendwann vor die Wahl stellen wird, was das Ende der Beziehung bedeuten würde.

Auch wenn viele Männer glauben, eine Affäre sei nur eine kleine Affäre, ist schon der Ausdruck »nur eine kleine Affäre« in Wirklichkeit ein Widerspruch in sich. Ein Mann beschrieb mir seine Vorstellung von einer kleinen Affäre: »Für mich müsste eine Frau sein wie die ›Bezaubernde Genie‹. Mein Wunsch ist ihr Befehl, und wenn ich sie nicht mehr will, zieht sie sich in ihre Flasche zurück und verschwindet.«

Echte Zuneigung oder Eine verhängnisvolle Affäre?

Wenn Sie glauben, ein One-night Stand sei ungefährlich, dann schauen Sie sich den Film *Eine verhängnisvolle Affäre* an und erleben Sie, was passieren kann, wenn ein nächtliches Abenteuer schief geht. Eine attraktive Ehefrau, ein erfolgreicher Mann, ein Kind wie aus dem Bilderbuch: die perfekte Familie – die Filmversion häuslicher Glückseligkeit. Bis die Frau übers Wochenende verreist und der Mann sich für eine Nacht mit einer allein stehenden Frau einlässt, die er eigentlich niemals wieder sehen möchte.

Der Film wurde zum Kassenschlager, als er 1987 in die Kinos kam, und gilt heute als klassische Moralgeschichte in Bezug auf außereheliche Affären. Rund um den Globus hoben Frauen in den Kinos mahnend den Zeigefinger und warnten ihre Männer vor Verführerinnen mit einem heimlichen Hang zu gekochten Stallhasen. Und die Männer schrien dem Hauptdarsteller zu: »Bring sie um! Bring sie um!«, als die von Glenn Close gespielte Singlefrau Alex der perfekten Ehefrau das dreckige kleine Geheimnis ihres Mannes zu enthüllen versuchte.

Zu den bedeutsamsten Momenten dieses Films gehört die Szene, in der Alex laut darüber nachdenkt, warum ein verheirateter Mann seine Zeit wohl mit ihr verbringt, wenn er wirklich so glücklich verheiratet ist. Ein Mann, der fremdgeht, kann zu Hause nicht völlig glücklich sein, folgert die heimliche Geliebte. Doch das ist nicht immer so. Auch glücklich verheiratete Männer gehen fremd, weil auch sie sich nach einem kleinen »Extravergnügen« sehnen. Es sind nicht nur Menschen in wackligen Beziehungen, die fremdgehen. Auf jeden Fall aber können durch Untreue auch in gefestigten Beziehungen große Konflikte entstehen. Die permanenten Lügen und anderen Unehrlichkeiten fordern mit der Zeit ihren Preis und sie unterhöhlen das Vertrauen, die Nähe, die Sexualität und die Freundschaft in einer Partnerschaft.

Auf der Durchreise

Männer, die geschäftlich viel unterwegs sind, haben häufig Affären mit Frauen in anderen Städten, nach dem Motto: »Dann bis zum nächsten Mal.« Ein Mann erzählte mir von seinen zweimal jährlich stattfindenden Reisen. Er betrachtet die Frauen, mit denen er bei diesen Gelegenheiten regelmäßig schläft, als Freundinnen, auch wenn sie keine persönlichen Informationen austauschen, sondern lediglich viel Körperflüssigkeit, wie er sagt. Einen Reiseplan händigt er seiner Frau nicht aus, obwohl er mitunter wochenlang unterwegs ist. Er ruft sie lieber regelmäßig an, um sich nach dem Rechten zu erkundigen, genießt jedoch die Sicherheit, dass sie ihn nicht erreichen und auch nichts über seine kleinen »Reiseandenken« herausfinden kann.

Konferenzhöhepunkte

Eine Umfrage der New Yorker Hotelkette Novotel aus dem Jahr 1996 ergab, dass nur elf Prozent aller männlichen Geschäftsreisenden vom Zimmerservice Gebrauch machen, während Frauen diesen Service dreimal häufiger in Anspruch nehmen. Das legt die Vermutung nahe, dass Männer sich lieber in Hotelbars und Restaurants aufhalten, wenn sie allein reisen. Auf der Suche nach interessanten Frauen vielleicht? Eine vom Hotelunternehmen Hyatt in Auftrag gegebene Studie befragte Geschäftsmänner in gehobener Stellung, welches Kriterium für sie den Ausschlag gebe, eine Konferenz als erfolgreich einzustufen. Neun Prozent der Befragten gaben zur Antwort: »Ein romantisches Interesse befriedigen zu können.«

Urlaubsflirts

Die Urlaubsromanze ist Gegenstand vieler romantischer Phantasien. Vielleicht ist der Zauber von Sommer, Sand und Sex der Grund, warum nur wenige Paare getrennt in den sonnigen

Süden in Urlaub fahren. Und wer von uns hat noch nie davon geträumt, in einer abgeschiedenen Hütte im Schnee eine/n Fremden zu lieben? Den Traum von der romantischen Urlaubsliebe hegen Millionen Menschen und viele leben diesen Traum auch aus.

Die Umstände mögen etwas anders sein und der tatsächliche Kontakt länger, aber die unausgesprochene Regel aller Urlaubsbekanntschaften lautet, dass man miteinander schläft und dann auseinander geht, um sich nie mehr wieder zu sehen, nachdem man ins »wirkliche Leben« zurückgekehrt ist. Zumindest ist dies die Theorie, denn die Wirklichkeit sieht häufig anders aus. Wenn einer von beiden mehr erhofft, als der andere zu geben bereit ist, sind Nachstellungen und andere Dramen keine Seltenheit.

Saison-Affären und Sommer-Strohwitwer

Achtzig Prozent der Männer gehen in Amerika fremd.
Der Rest in Europa.
Der Komödiant Jackie Mason

Die Hamptons, eine exklusive Badegegend an der östlichen Spitze von Long Island, ist die bevorzugte Sommerfrische erfolgreicher New Yorker Geschäftsleute. Viele Männer bleiben im Sommer allein in der Stadt zurück, während sich Frauen und Kinder auf die üppig ausgestatteten Landsitze am Meer zurückziehen. Ist ein solches Arrangement ein Freibrief zum Fremdgehen? Für manche Männer und auch einige wenige Frauen schon. Viele Männer sehen in diesem Sommer-Arrangement mehr als nur eine Möglichkeit, ihre Familie zu unterhalten. Auch sie profitieren von der Sommerpause und nicht wenige nutzen die zusätzliche Freizeit, um während der Woche ihre Geliebte zu besuchen oder andere Frauen zu treffen.

Wenn ein Mann fremdgehen will, dann tut er es, egal, ob sich seine Frau in der Stadt oder draußen auf dem Land aufhält. Dabei bezeichnen die Männer ihre Affären, selbst wenn sie dauerhafter Natur sind, auch weiterhin als rein sexuelle Angelegenheit. Sie haben nicht die Absicht, ihre Frau zu verlassen. Aber, wer weiß, möglich ist alles.

Auch wenn Urlaubsaffären meist nicht älter werden als der Mietvertrag für das Feriendomizil, nutzen viele die neue und unbekannte Umgebung, um einen erotischeren Lebensstil auszuprobieren. Wieder zu Hause, sind vor allem Männer nur selten gewillt, ihre Urlaubsbekanntschaft in das normale Leben zu integrieren. Manche allerdings werden dazu gezwungen, da es sich nicht wenige Urlaubsgeliebte in den Kopf setzen, diesen Mann unbedingt für sich zu gewinnen. Einer, der eine solche zum Winteralbtraum gewordene Sommer-Affäre hinter sich hat, gestand mir, dass er nichts mehr fürchte, als die berüchtigten vier Worte: »Ich sag's deiner Frau.«

Manche Männer sind der Ansicht, wenn sie in anderen Städten fremdgehen und nicht am Wohnort der Familie, dann hintergingen sie ihre Frau auch nicht. Offensichtlich ist einigen eben jede Ausrede recht. Betrug ist Betrug, egal, wo er stattfindet.

Gekaufter Sex

Prostituierte glauben an die Ehe, aus ihr beziehen sie die meiste Kundschaft.
Unbekannt

In einem Sonderbericht der Zeitschrift *Marie Claire* mit dem Titel: »Warum Männer für Sex bezahlen«, vom März 1997, war zu lesen, dass annähernd siebzig Prozent aller Männer mindestens einmal im Leben Sex mit einer Prostituierten haben. Männer schätzen an gekauftem Sex vor allem den klar strukturierten Ablauf und die Möglichkeit, bestimmte sexuelle Praktiken durchzuführen, die sie meinen zu Hause nicht verwirklichen zu können. Vor allem Anal- und Oralverkehr gelten als Praktiken, die Ehefrauen oft nicht interessieren. »Es ging ausschließlich um Sex, und genau das braucht ein Mann ab und zu«, erläuterte mir ein Mann.

Neben schrankenlosem Sex schätzen viele Männer die Anonymität des Huren-Freier-Verhältnisses, weil sie sexuelle Intimität mit jemandem, der ihnen gefühlsmäßig nahe steht, als beängstigend empfinden. Nicht wenigen Männern fällt es wesentlich leichter, ihre sexuellen Phantasien mit einer Prostituierten auszuleben als mit der Frau, mit der sie ihr Leben teilen.

Verkehr mit einer »Professionellen«, wie Prostituierte auch genannt werden, fällt manchen auch deshalb leichter, weil es ist, als würden sie die Frau aus dem Warenregal nehmen, genießen und wieder zurückstellen. Sex ohne Vorspiel und ohne Kritik wegen des fehlenden Vorspiels ist etwas, was Männer an gekauftem Sex sehr schätzen, berichten sie. Es gibt keine komplizierten Verwicklungen und keine emotionsgeladenen Szenen.

Frauen fällt es schwer nachzuvollziehen warum Männer zu Prostituierten gehen. Da die meisten Frauen Sex mit Gefühlen gleichsetzen, könnten die Männer, ihrer Meinung nach, auch masturbieren, statt eine Prostituierte zu bezahlen, die sie gar nicht kennen und die im Grunde keinen anderen Zweck erfüllt als die Hand eines Mannes. Außer dass Prostituierte nicht nur den Penis eines Mannes streicheln, sondern auch sein großes, aber empfindliches Selbstbewusstsein.

Die meisten Frauen verschließen sich der Tatsache, dass ihr Mann Prostituierte oder bezahlte Begleiterinnen in Anspruch nimmt. Da nur wenige Frauen selbst für sexuelle Dienstleistungen bezahlen, können sie die Neigung ihres Mannes nur schwer nachvollziehen. Geschäftsreisende Frauen entspannen sich meist lieber im Hotel, als die Stadt nach Strip-Lokalen abzuklappern. Oder sie setzen sich in einen Whirlpool, wickeln sich in einen kuscheligen Hotelbademantel und bestellen sich Essen aufs Zimmer. Für manche Männer scheint der Gedanke an anonymen und schnellen Sex mit einer Fremden sehr verlockend zu sein, Frauen dagegen sehen darin weit seltener die beste Art, einen Abend zu verbringen.

Büroaffären

Mit der zunehmenden Zahl berufstätiger Frauen steigt auch die Zahl derer, die selbst Affären haben. Dies schlägt sich beispielsweise in der wachsenden Zahl von Büroaffären nieder. Wenn Männer und Frauen interessante Arbeit miteinander teilen und sich täglich in einer Umgebung begegnen, in der sie gut gekleidet und mit gepflegten Manieren auftreten, fliegt leicht ein Funke über. Bei jenen, die solchen Impulsen nachgeben, kann sich der Funke jedoch auch in ein Inferno verwandeln.

Außereheliche Affären mit Vorgesetzten oder Untergebenen sind für verheiratete Menschen besonders gefährlich. Es steht für alle Beteiligten viel auf dem Spiel, besonders dann, wenn eine Sekretärin sich mit ihrem verheirateten Chef einlässt. Wenn er mit ihr fertig ist, wird er versuchen, alle Erinnerungen an die Affäre aus seiner Umgebung zu entfernen – und schon muss sie gehen. Sie »weiß« einfach zu viel, um länger in seiner Nähe bleiben zu können.

Auch wenn inzwischen mehr Frauen in gehobenen oder Führungspositionen zu finden sind, arbeitet die Mehrzahl weiter als Verkäuferinnen, Angestellte und in sozialen Berufen. Doch im Bezug auf eine Affäre am Arbeitsplatz ist der berufliche Status von Frauen unerheblich, denn Frauen haben immer mehr zu verlieren als Männer. Sogar eine allein stehende Frau nimmt meist noch größeren Schaden als ein verheirateter Mann, und eine verheiratete Frau riskiert gar, sowohl ihre Karriere als auch ihre Ehe zu ruinieren, wenn sie sich auf ein Verhältnis mit einem Arbeitskollegen einlässt.

Büroaffären nehmen gewöhnlich ein schlechtes Ende, zumindest für eine der beteiligten Parteien. Ein Mann erzählte mir von seiner wunderbaren Partnerschaft, die am Arbeitsplatz begann. Sie hatte dennoch für einen Menschen ein schlechtes Ende: seine Frau.

Ich bin vierzig Jahre alt und Anwalt. Ich habe mit dreiundzwanzig geheiratet, meine Frau war seit ihrem siebzehnten Lebensjahr mit mir zusammen. Wir bekamen zwei Kinder, die jetzt dreizehn und elf Jahre alt sind. Kurz nach der Geburt meiner zweiten Tochter bekam ich eine neue Sekretärin, ein junges Mädchen. Ich verliebte mich in sie, und ein Jahr später begannen wir eine Affäre, was mich ungeheuer überraschte, weil ich der treueste Mann bin, den ich kenne. Unglücklicherweise war meine Frau die Letzte, die davon erfuhr. Sie bemerkte es erst fünf Jahre später und schon ein Jahr danach waren wir getrennt.

Meine Sekretärin und ich hatten jahrelang eine »lockere« Beziehung, obwohl wir inzwischen seit zehn Jahren zusammen sind. Die letzten drei Jahre davon sind wir glücklich verheiratet, und meine Kinder leben die Hälfte der Zeit bei uns.

Virtueller Ehebruch

Kann ein Mensch auch ohne Sex untreu sein? Diese Frage stand kürzlich im Mittelpunkt einer Kontroverse, in der ein Mann seine Frau beschuldigte, eine Internet-Affäre zu haben. Flirts im Internet werden für Männer und Frauen zunehmend reizvoller. Doch die Stunden vor dem Computer können sich durchaus negativ auf eine Ehe auswirken, weil viel wertvolle Zeit und Aufmerksamkeit in den virtuellen Raum geschickt statt auf die Partnerschaft gerichtet wird.

Ein Mann erzählte mir die Geschichte seiner Beziehung zu einer Frau, der er in einem Online-Chatroom begegnet war. Ihre gemeinsamen Gespräche faszinierten ihn, »sie machten genauso süchtig wie Kokain«, meinte er. Für seinen »Cybertramp« verließ er kurzzeitig sogar Frau und Familie, um drei Monate später selbst von seiner neuen Geliebten fallen gelassen zu werden. Später erfuhr er, dass sie auf die gleiche Weise bereits drei andere Ehen ruiniert hatte.

Für die meisten Menschen mit einem außerehelichen Verhältnis ist Geheimhaltung ungeheuer wichtig. Internet-Flirts jedoch können leicht aufgedeckt werden. Privatsphäre ist im Internet so gut wie nicht vorhanden, und man muss immer befürchten, entdeckt zu werden. Und ob man seine sexuellen Kontakte nun vor dem Bildschirm oder unter der Bettdecke auslebt – in jedem Fall entzieht Zeit, die anderen und nicht dem

Ehepartner gewidmet wird, einer Beziehung Kraft, Vertrauen und Respekt.

Langzeit-Affären

Manche Paare legen ihrem Umgang mit Affären stillschweigend zwei Regeln zugrunde: »Stell mir keine Fragen, dann muss ich dich auch nicht belügen« und »Frag nichts und sag nichts«. Während manche Menschen ein solches »modernes Eheverständnis« als Beweis für eine starke Beziehung ansehen, wirkt es in Wirklichkeit eher wie Desinteresse gegenüber dem, was der Partner tut. Wenn man den eigenen Mann oder die eigene Frau nicht einmal mehr fragen kann, mit wem er oder sie zu Mittag gegessen, was sich am Arbeitsplatz abgespielt hat oder um welche Art von Treffen es sich bei der Verabredung am Samstagabend handelt, welchen Zweck hat eine Ehe dann noch? Privatsphäre ist eine Sache; Geheimniskrämerei mit dem Ziel, eine Affäre zu vertuschen, aber eine ganz andere.

In dauerhaften Affären entwickeln Männer und Frauen mitunter eine feste innere Bindung zu ihrem außerehelichen Partner. Solche Beziehungen können Monate, mitunter aber auch Jahre bestehen und beinhalten weit mehr als sexuelles Vergnügen. Dennoch betrachtet die Mehrzahl der Männer die Geliebte, so nahe sie ihr auch stehen mögen, weiter als Zusatz zu Ehefrau und Ehe und nicht als Ersatz.

Dauerhafte, auf Zuneigung basierende Affären sind die größte Bedrohung für eine Ehe. Selbst wenn der Mann nicht beabsichtigt, seine Frau zu verlassen, schafft er für sie eine sehr schwierige und schmerzhafte Situation, indem er ihr eine Dreiecksbeziehung aufzwingt. Sie mag von dem Verhältnis wissen oder nicht (und meistens weiß sie es), solange die Affäre fortbesteht, wird die Gegenwart einer anderen Frau die Ehe belasten.

Ein prominenter älterer Herr namens Colin schilderte mir seine langjährigen Beziehungen zu anderen Frauen. Er ist seit fünfundzwanzig Jahren verheiratet und hatte in dieser Zeit mehrere lang anhaltende Affären. Neben diesen »ständigen Geliebten« gönnt er sich hin und wieder weitere kleine Abenteuer, sowohl in seiner Heimatstadt als auch unterwegs auf Geschäftsreisen.

Wenn seine Frau sich in einem ihrer Ferienhäuser aufhält oder in ehrenamtlichen Angelegenheiten unterwegs ist, holt er seine derzeitige Geliebte, mit der er seit acht Jahren zusammen ist, durchaus auch nach Hause und ins Ehebett. Er halte das für sein gutes Recht, meint er, da das Haus von seinem Geld erbaut wurde und unterhalten wird. Seine Frau war nie berufstätig, hat aber vier Kinder großgezogen und bekleidet mehrere Ehrenämter. Auch seiner Geliebten Suzanne finanziert Colin eine Wohnung, ein Auto, eine großzügige Zuwendung und einen speziellen Telefonanschluss für seine Anrufe.

Er ist sich nicht sicher, ob seine Frau von seinem Doppelleben weiß; sie hat ihn nie darauf angesprochen und sich nie etwas anmerken lassen, war ihm gegenüber nie feindselig oder wütend. Sie ist sehr gut zu ihm, und er liebt sie nach wie vor. Allerdings ist er der Auffassung, ein Recht darauf zu haben, seinen Erfolg auch mit anderen zu teilen – und ist ständig auf der Suche nach Frauen. Er liebe Frauen einfach, sagt er.

Colin macht Suzanne keinerlei Versprechungen, auch wenn sie inzwischen fast vierzig ist und das Verhältnis mit ihm vielleicht ihre letzte Chance auf eine eigene Ehe und Familie mit einem anderen Mann zunichte macht. Colin empfindet ihr gegenüber keine Verantwortung, da sie die Regeln kenne und jederzeit gehen könne, wie er sagt. Auch wenn er sehr an ihr hängt, würde er nicht zögern, die Verbindung aufzulösen, wenn sie zu fordernd würde. Jede seiner längerfristigen Affären endete damit, dass die Frauen ihn zu drängen begannen, seine Frau zu verlassen. Doch er beendet eine Affäre nur, um eine neue zu beginnen. »Wenn man Affären haben will«, erklärt er, »muss man auch bereit sein, sie zu beenden. Die Familie geht vor.«

Multiple Affären

Es ist nichts Ungewöhnliches, dass Männer mit dauerhaften Affären nebenbei auch mit anderen Frauen schlafen. Die Ehefrau glaubt, dass er ihr treu ist; die Freundin denkt, er schlafe nur mit ihr, und in Wirklichkeit schläft er mit allen. Auch Gennifer Flowers, eine ehemalige Geliebte von Bill Clinton, sagte einmal: »Er hat mich und Hillary betrogen.«

Wenn ein Mann seine Frau betrügt, liegt die Annahme nahe, dass er auch seine heimliche Geliebte betrügt. Viele Geliebte reden sich irrtümlicherweise ein, ihr verheirateter Liebhaber schlafe nicht mehr mit seiner Frau. Doch die meisten Männer pflegen auch mit ihrer Ehefrau weiter ein aktives Liebesleben, schon um ihr Misstrauen nicht zu wecken. Man stelle sich das vor: Ein verheirateter Mann, der seine Geliebte mit seiner Frau betrügt!

Sexualisierte Freundschaften

Bei engen Freundschaften zwischen Männern und Frauen schleicht sich nicht selten eine sexuelle Komponente ein. Dort, wo sich beide zueinander hingezogen fühlen und sie darüber hinaus viele gemeinsame Interessen teilen, kann der sexuelle Reiz und die Anziehung überaus stark werden. Gerade unter berufstätigen Männern und Frauen sind sexualisierte Freundschaften häufig, auch wenn einer oder beide verheiratet sind. Der sexuelle Aspekt dieser Freundschaften ist normalerweise recht kurzlebig, während die Freundschaft weiterbesteht. Daher sind solche Beziehungen in der Regel keine Bedrohung für eine Ehe.

Ein Frau berichtete mir von ihrer »unausweichlichen Affäre«, wie sie es nannte. Sie hatte einen wunderbaren Freund, zu dem sie sich stark hingezogen fühlte. Sie hatte einfach das Gefühl, mit ihm schlafen zu müssen, um nicht mehr ständig daran zu denken. Beide genossen das Erlebnis sehr, das sowohl ihre Arbeitsbeziehung als auch ihre Freundschaft noch vertiefte.

Sie waren beide mit anderen Partnern verheiratet und hegten keinerlei Trennungsabsichten, dennoch wurde ihre Beziehung durch die sexuelle Komponente vertieft.

Unter allein stehenden Arbeitskollegen sind sexualisierte Freundschaften keine Seltenheit, doch inzwischen lassen sich auch mehr und mehr verheiratete Menschen auf ein sexuelles Erlebnis ein, um die Anziehung, die zwischen ihnen und einer anderen Person besteht, auszuleben. Diese Art von Affären ist meist recht kurzlebig und wird schnell zu einer angenehmen Erinnerung, die die jeweiligen Ehen nicht beeinträchtigt, zumindest solange die Sache nicht auffliegt!

Übergangsaffären

Um eine Übergangs- oder Überleitungsaffäre handelt es sich, wenn Menschen eine Affäre nutzen, um ihr sexuelles Selbstvertrauen aufzubauen, ehe sie aus ihrer Ehe aussteigen. Sie haben wenig romantisches Interesse an ihrem Sexualpartner, sondern nutzen ihn eher als einen Versuchsballon für ein neues Leben.

Männer, die sich auf Übergangsaffären einlassen, sind meist bereit zur Scheidung, entweder weil sie gerade bei einem Seitensprung erwischt wurden oder weil sie sich von einer langjährigen Geliebten getrennt haben. Sie wollen ihr Leben vorantreiben und nutzen die Sexualpartnerin dazu, ihre Ziele zu forcieren.

Um Übergangsaffären handelt es sich auch, wenn die Affäre dazu dient herauszufinden, ob in der Ehe irgendetwas fehlt. Derartige Verhältnisse entstehen also durch Einsamkeit und meist überzeugen sie den untreuen Partner davon, dass ihm woanders auch nicht mehr geboten wird.

Betrogen und seelisch misshandelt

Viele der Männer, mit denen ich sprach, waren der Ansicht, wenn man einmal mit dem Fremdgehen anfange, gebe es kein

Zurück mehr. Einer behauptete sogar: »Neunzig Prozent aller Männer gehen fremd, und die restlichen zehn Prozent wissen nicht, was ihnen entgeht.«

Manche Männer gehen nicht nur fremd, sie sind noch dazu perfekte Lügner und beschreiben sich selbst als so überzeugend, dass ihre Frau eher ihren Worten glaube als dem, was sie mit eigenen Augen gesehen hat.

Seien Sie auf der Hut vor einem derart kunstfertigen Lügner – er könnte Ihr Seelenheil gefährden. Ein untreuer Ehemann, der seine Frau zu manipulieren versteht und womöglich zu verbalen Entgleisungen neigt, kann höchst gefährlich werden.

Untreue Männer und solche, die zu seelischer Grausamkeit neigen, haben einige schlechte Eigenschaften gemein. Letztere demonstrieren häufig feindseliges, manipulatives und verletzendes Verhalten, doch auch untreue Ehemänner verhalten sich mitunter manipulativ, sind leicht reizbar und unehrlich. Hüten Sie sich also vor solchen Männern, ganz besonders aber vor jenen, bei denen seelische Grausamkeit und der Hang zum Fremdgehen zusammentreffen. Ein solcher Mann kann einer Frau seelisch wie körperlich schweren Schaden zufügen.

Was betrogene und misshandelte Ehefrauen gemeinsam haben

- Ein geringes Selbstbewusstsein.
- Die Überzeugung, der Zusammenhalt der Familie sei ganz allein ihre Aufgabe.
- Die Überzeugung, für das Verhalten des Mannes (Ehebruch/Grausamkeit) verantwortlich zu sein.
- Sie leiden unter Depressionen und körperlichen Beschwerden wie Kopf- und Magenschmerzen.

Wenn ein Mann wiederholt fremdgeht, zerstört er damit das Selbstbewusstsein seiner Frau. Die fortgesetzte Zermürbung führt dazu, dass sie sich selbst in Frage stellt. Dabei sind es gerade die Tricks, mit denen ein Mann seine Frau »erfolgreich« betrügt, welche ihr den größten Schmerz zufügen.

Kennzeichen eines seelisch grausamen Mannes

- Er versagt seiner Frau Aufmerksamkeit, Zärtlichkeit und Sex.
- Er kritisiert so gut wie alles, was sie tut.
- Er macht negative Bemerkungen über ihr Aussehen.
- Er macht sie für alle Probleme verantwortlich.
- Er wirft ihr vor, verrückt zu sein – »das bildest du dir alles nur ein«.
- Er wirft ihr vor, zu viel zu erwarten und nie zufrieden zu sein.

Grausames Verhalten entspringt dem Wunsch, andere Menschen zu kontrollieren und zu manipulieren, und häufig auch dem Bedürfnis des Mannes, seine eigenen Gefühle und zärtlichen Empfindungen zu unterdrücken. Drohungen, mit denen eine Frau gefügig gemacht werden soll und ihr das Gefühl von Verletzbarkeit und Unsicherheit eingeflößt wird, sind ein fester Bestandteil seines Verhaltens und für das Selbstbewusstsein und die Selbstachtung einer Frau besonders schädlich.

Drohungen manipulieren eine Frau, indem sie sich auf ihre größten Ängste konzentrieren. Sie sollen die Frau verletzen und ihre Abhängigkeit vom Mann verstärken. Die Kränkungen eines manipulativen Ehemanns bringen eine Frau in die Zwickmühle. Egal, was sie tut, sie zieht immer den Kürzeren:*

- Tu, was ich sage, oder ich verlasse dich.
- Tu, was ich sage, oder ich nehme mir eine Geliebte.
- Tu, was ich sage, oder ich lasse mich scheiden.
- Tu, was ich sage, oder... (bitte ausfüllen)

Ein untreuer und seelisch grausamer Mann sagt Dinge wie: »So, wie du mich behandelst, ist es kein Wunder, dass ich mir andere Frauen suchen muss.« Der Mann projiziert sein eigenes Fehlverhalten auf die Frau. Selbst für eine widerstandsfähige,

---

* Quellen gehen zurück auf: Leonore Walker, 1979; Donald Dutton, 1995; Neil Jacobson und John Gottman, 1998.

geistig und emotional starke Frau ist das Zusammenleben mit einem solchen Mann eine gefährliche und psychisch ungeheuer belastende Situation.

Es geht um Kontrolle

Männer, die ihre Frauen betrügen, wirken nach außen oft sehr charmant, während sie sich im Zusammensein mit ihrer Frau äußerst kritisch und kalt verhalten können. Für die Mehrzahl der Männer ist Sex die treibende Kraft beim Seitensprung; seelisch grausamen Männern hingegen geht es um Kontrolle – speziell um Kontrolle über die eigene Frau. Solche Männer fürchten sich gewöhnlich vor Nähe und Vertrautheit und versuchen durch außereheliche Beziehungen die Intensität ihrer Ehe aufzuweichen. Mit »einem Fuß außerhalb der Ehe zu stehen«, hilft ihnen ihre Gefühle und ihre Partnerin in Schach zu halten. Emotionale Nähe erleben sie als Bedrohung, auf die sie durch Manipulation, Distanz und Grausamkeit reagieren.

Herrschsüchtige, untreue Männer legen oft ein »verrückt machendes« Verhalten an den Tag. In dem Filmklassiker *Das Haus der Lady Alquist* von 1943 treibt ein Mann seine Frau durch Kritik, Leugnungen und Manipulationen in den Wahnsinn. Er redet ihr ein, dass sie den Verstand verliert, und sie beginnt ihre eigenen Wahrnehmungen anzuzweifeln. Das Gleiche geschieht mit Frauen, die permanent einem untreuen Mann ausgesetzt sind, der seine außerehelichen Aktivitäten verleugnet.

Die psychologische Zwickmühle

Es ist typisch für Frauen, die mit einem grausamen Mann zusammenleben, dass sie das Gefühl haben, sich im Kreis zu bewegen. Sie verlieren immer, egal, was sie tun. Ein solcher Mann vergrault seine Frau durch Kränkungen und Beleidigungen und redet ihr dann ein, er habe allen Grund fremdzugehen, weil sie ihn schrecklich behandle!

Fionas Geschichte

Fiona ist mit einem Mann verheiratet, der zu Hause alle schlechten Eigenschaften eines untreuen und grausamen Ehemannes an den Tag legt, während er sich gegenüber dem Rest der Welt äußerst charmant verhält. Sein manipulatives Verhalten hat Fiona emotional und psychisch zermürbt, doch sie liebt ihren Mann immer noch und hat Angst, er könne sie verlassen. Sie fühlt sich niemals glücklich oder stabil. Ihr Mann schreit sie ständig an und kritisiert sie oder er weigert sich gänzlich, mit ihr zu sprechen. Seine unvorhersehbaren Stimmungswechsel ängstigen sie zu Tode. Einige Beispiele für seine Kränkungen sind:

- Ich lasse mir von dir nicht vorschreiben, wie ich mein Leben zu leben habe. Ich treffe so viele Frauen, wie ich will. Mein Sexualleben geht dich überhaupt nichts an.
- Wenn du nicht machst, was ich dir sage, lasse ich mich von dir scheiden und du stehst ohne einen Pfennig da.
- Ohne mich bist du ein Nichts.
- Scher dich für eine Weile weg. Du bist mir im Weg. Es ist mir egal, wohin du gehst, Hauptsache, du verschwindest. Ich kann deinen Anblick nicht mehr ertragen und deine Stimme nicht mehr hören.
- Ich hole so viele Frauen ins Haus, wie es mir passt. Es ist mein Haus, nicht deines.
- Wenn du nicht da bist, wenn ich dich brauche, hole ich mir eine andere Frau.
- Wenn du nicht mit mir schlafen willst, wenn mir danach ist, gehe ich woanders hin.
- Warum lässt du dich nicht mal gründlich überholen. Du wirst langsam hässlich.
- Ich bin alles, was du hast. So gut wie bei mir hast du es bei keinem andern.
- Ich verdiene das Geld, also bestimme ich auch, wo es langgeht.
- Meine Arbeit ist wichtiger als deine.

Wenn Sie, wie Fiona, mit einem untreuen und seelisch grausamen Ehemann verheiratet sind, sollten Sie sich unbedingt professionelle Hilfe holen. Solche Männer sind nicht sehr änderungswillig, weil sie immer anderen die Schuld zuweisen. Um wieder zu sich selbst zu finden, müssen Sie die Beziehung vielleicht verlassen. Es ist etwas völlig anderes, ob Sie mit einem untreuen Mann zusammenbleiben oder mit jemandem, der Sie nicht nur betrügt, sondern auch seelisch misshandelt. Nichts davon ist leicht zu ertragen, aber die Kombination von beidem kann das Selbstwertgefühl einer Frau völlig zerstören. Ein untreuer Partner ist der Albtraum jeder Frau. Aber ein Partner, der seine Frau betrügt und misshandelt, ist ein Schrecken jenseits aller Vorstellungskraft. Sollten Sie jemals körperlicher Gewalt ausgesetzt sein und sich in irgendeiner Weise bedroht fühlen, müssen Sie sofort gehen und sich Hilfe holen!

Tiffanys Geschichte

Tiffany ist seit sieben Jahren mit einem untreuen und seelisch grausamen Mann zusammen; vier Jahre davon sind die beiden verheiratet. Jons Verhalten hat sie psychisch aufgerieben, und sie versucht sich nun innerlich darauf vorzubereiten, die Beziehung zu beenden. Sie will weg und einen neuen Anfang machen, ehe sie die Dreißiger hinter sich lässt. Doch je stärker und zuversichtlicher sie wird, desto schlimmer wird das Treiben ihres Mannes, was ihr Selbstbewusstsein wieder untergräbt.

Jon ist ein erfolgreicher Investment-Banker und Tiffany ist Zeitschriftenjournalistin. Beide sind geschäftlich viel unterwegs, doch während Jon in seinem Beruf vielen ansprechenden Frauen begegnet, arbeitet Tiffany hauptsächlich mit ihresgleichen und homosexuellen Männern zusammen. Ihr fehlt die männliche Aufmerksamkeit, die ihr vor der Heirat zuteil wurde. Alles, was ihr geblieben ist, sind die Kränkungen durch ihren Ehemann. Wie viele Frauen hat sie mit der Heirat auf die Aufmerksamkeit vieler Männer verzichtet, um nun von einem einzigen ignoriert zu werden.

Tiffany weiß, dass ihr Mann, sobald sie die Stadt auch nur für einen Tag verlässt, andere Frauen mit nach Hause bringt. Auch wenn sie noch keinen konkreten Beweis dafür gefunden hat, »spürt« sie es einfach. Sie hat das Gefühl, in ihrer ehelichen Intimität verletzt zu werden, wenn er in ihrem Ehebett mit anderen Frauen schläft.

Jon betrügt Tiffany nicht nur, er geht dabei auch besonders grausam vor. Immer wieder sagt er ihr, dass andere Frauen viel besser seien als sie. Und obwohl Tiffany eine gepflegte, attraktive und gut gekleidete Frau ist, glaubt sie fest, sich nicht mit den Frauen vergleichen zu können, die Jon anziehen. Ihr Selbstvertrauen ist schwer angeschlagen.

Tiffany fühlt sich ständig müde und kränkelt seit zwei Jahren. Schon als sie noch nicht verheiratet waren, ging Jon bereits fremd, und Tiffany litt sehr darunter. Auch wenn sie damals eine lockere Beziehung hatten, war sie ihm treu, weil sie ihn liebte und sich nicht für andere Männer interessierte. Jons Affären haben sie sehr verletzt, und sie kann sich nicht damit abfinden, dass er einfach so weitermacht, obwohl sie jetzt verheiratet sind.

Doch es sind nicht nur seine Affären, unter denen sie leidet, sondern die Tatsache, dass er anderen Frauen Aufmerksamkeit schenkt, während er sie vernachlässigt und demütigt. Wenn sie gemeinsam gesellschaftliche Anlässe besuchen, ignoriert er sie, während er mit anderen Frauen plaudert und ihnen Komplimente macht. Ihr macht er so gut wie nie Komplimente, dafür kritisiert er sie ständig. Tiffany weiß nicht mehr, wann er ihr Aussehen das letzte Mal gelobt hat.

Was Tiffany jedoch am meisten verletzt, ist die Tatsache, dass Jon sich ihr sexuell häufig verweigert, sie abweist und ihr sagt, er finde sie nicht länger anziehend. Die wenigen Male, bei denen er in letzter Zeit die Initiative ergriff, wandte er sich bald wieder ab und meinte, er würde sich lieber eine andere suchen.

Fremden gegenüber kann sich Jon warmherzig und fürsorglich verhalten, während Tiffany ihn als kalt und lieblos empfindet. Außerdem beklagt sie sich darüber, dass er jeden Pfennig überwacht, den sie ausgibt. Er ist ihr gegenüber argwöhnisch und herrschsüchtig und kein bisschen zärtlich oder aufrichtig.

Wenn sie versucht, ihn zu umarmen oder sich ihm zärtlich zu nähern, wendet er sich ab, als hätte sie unangenehmen Körpergeruch. Sie fühlt sich ständig verletzt und hat oft keine Lust, das Haus zu verlassen oder sich mit Freunden zu treffen.

Im Moment hat sich Tiffany mit ihrer lieblosen und einsamen Ehe abgefunden. Sie muss erst Abstand gewinnen zu dem Mann, den sie immer noch liebt, aber sie hofft, bald in einer anderen Stadt und mit einem neuen Arbeitsplatz ein neues Leben beginnen zu können. Sie hat zu viel Liebe und Leidenschaft in sich, um sie an einen »gefühlsblockierten« und untreuen Ehemann zu verschwenden, wie sie sagt. Und sie verachtet sich mitunter selbst dafür, dass sie das verletzende und demütigende Verhalten ihres Mannes erträgt. In Zukunft möchte sie ihr Leben mit einem warmherzigeren Menschen teilen.

Die meisten Menschen wünschen sich ein fürsorgliches und stabiles Zuhause. Doch mit einem untreuen und seelisch grausamen Partner ist das kaum möglich. Wie viele andere Frauen auch schwankt Tiffany zwischen den Optionen, eine vertraute, wenn auch unbefriedigende und unglückliche Ehe zu verlassen, und dem Wunsch nach einem anderen Mann und einer anderen Beziehung, die ihr Bedürfnis nach Zärtlichkeit und Treue besser erfüllen.

Viele Frauen schrecken davor zurück, das Altvertraute zu verlassen, auch wenn sie sich nach »mehr« sehnen. Häufig ist es die Aufdeckung einer weiteren Affäre des Mannes, die das Fass zum Überlaufen bringt. Sie brauchen einen Anstoß, um sich aus ihrer »sicheren«, aber erstickenden Routine loszueisen.

Lolas Geschichte

Lolas Geschichte veranschaulicht auf besonders irritierende Weise, wie widerwärtig sich ein Mann verhalten kann, wenn er versucht seine Spuren zu vertuschen. Ihr Mann Mark, mit dem sie seit zehn Jahren verheiratet ist, kann wunderbar charmant sein, solange alles nach seinem Willen geht. Aber wehe, wenn die Dinge nicht nach seinen Vorstellungen laufen.

Lola arbeitet als Anwältin in der Heimatstadt des Paares. Außerdem kümmert sie sich um die gemeinsame dreijährige Tochter. Mark, ein erfolgreicher Management-Berater, ist häufig auf Reisen.

Als sich Mark im vergangenen Jahr auf einer zweiwöchigen Geschäftsreise befand, erhielt Lola einen Anruf von einem seiner Kunden. Die Angelegenheit sei dringend, meinte der Kunde, er müsse Mark eine Nachricht zukommen lassen. Lola nahm die Nachricht entgegen und rief Mark im Hotel an, doch sein Anschluss war stundenlang besetzt. Schließlich wandte sich Lola an die Rezeption und bat, man solle Mark eine Nachricht aufs Zimmer bringen.

Minuten später erhielt Lola einen wütenden Anruf ihres Mannes. »Was ich tue, geht dich gar nichts an! Du hast mich nicht an der Leine, also schnüffle nicht hinter mir her. Warum hast du mir nicht einfach ein Fax geschickt? Hör auf, hinter mir her zu spionieren!«, brüllte er durchs Telefon.

Lola war wie betäubt. Zwar hatte Mark sich nicht zum ersten Mal so benommen, doch es schockierte sie jedes Mal mehr. Sie hatte geglaubt, das Richtige zu tun, indem sie die Nachricht des Kunden so schnell wie möglich an ihn weiterleitete, und sie schwor sich, ihm nie wieder auszuhelfen. »Eigentlich sollte man annehmen, dass mein Mann derjenige ist, den ich zu jeder Tages- und Nachtzeit vertrauensvoll anrufen kann, egal, wo er ist. Ich ertrage solche Attacken einfach nicht«, meinte sie.

Offensichtlich versucht Mark, seine Reiseabenteuer vor Lola geheim zu halten, und sein ausfallendes Verhalten ist der Beweis für sein schlechtes Gewissen.

Reichtum und Ansehen sind keine Garantie gegen Untreue

In ihrer mit dem Pulitzerpreis ausgezeichneten Autobiographie *Wir drucken. Die Chefin der Washington Post erzählt die Geschichte ihres Lebens* berichtet Katharine Graham, die Herausgeberin und Verlegerin der *Washington Post*, von ihrer leidvollen Ehe an der Seite eines grausamen und untreuen Mannes.

Dieser, der verstorbene Philip Graham, hatte sie »Schweinchen« genannt und permanent gedemütigt, berichtet Katharine Graham. Er zeigte sich in aller Öffentlichkeit mit seiner jungen Geliebten, erzählte seiner Frau von seinen zahlreichen Affären und beschimpfte sie, wenn sie darunter litt. Trotz seiner Affären und Angriffe blieb Katharine Graham bei ihrem Mann, bis er nach schwerer Krankheit Selbstmord beging.

Die Quintessenz

Untreue kann viele verschiedene Formen annehmen, es gibt keine klassische Methode, wie Männer fremdgehen. Manche Affären sind einmalige Begegnungen, andere lang andauernde tiefe Beziehungen. Manche Männer sind notorische Fremdgänger, die von einer Frau zur nächsten wandern und trotzdem verheiratet bleiben. Bei anderen ist es ein einmaliger »Ausrutscher«, den sie bitter bereuen. Ob eine Frau bei ihrem untreuen Mann bleibt oder nicht, hängt stark damit zusammen, um welche Art von Affäre es sich handelte. Wichtig ist, dass jede Frau für sich selbst herausfindet, was sie in ihrer Ehe zu tolerieren bereit ist und was nicht.

> **Merke!**
>
> - Machen Sie sich keine Selbstvorwürfe, wenn Ihr Mann Sie betrügt. Richten Sie die Vorwürfe gegen Ihren Mann. Niemand hat ihn dazu gezwungen. Suchen Sie keine Entschuldigungen für sein Verhalten.
> - Keine Frau hat es verdient, betrogen zu werden.
> - Finden Sie heraus, ob seine Affäre ein einmaliger Ausrutscher war oder einer von vielen.
> - Denken Sie daran: Alle außerehelichen Beziehungen basieren auf Lügen und Betrug. Möchten Sie weiter mit einem Mann zusammenleben, der Sie immer und immer wieder betrügt?

4. Kapitel
»Es ist doch nur Sex«: Die gesellschaftliche Nachsicht gegenüber männlicher Untreue

Liebe ist eine Sache, Lust eine ganz andere.
Lateinisches Sprichwort

Eine Geliebte, das ist Liebe. Zwei Geliebte, das ist Leidenschaft.
Drei Geliebte, das ist Kommerz.
Französisches Sprichwort

Übliche Entschuldigungen für männliche Untreue

In der heutigen Gesellschaft ist es völlig normal, außereheliche Affären von Männern zu beklatschen, zu entschuldigen und zu verzeihen. Dies tun nicht nur Männer, sondern auch Frauen. »Warum soll man Männer für ihr Tun verdammen, wenn selbst Frauen sie in Schutz nehmen?«, fragte mich ein Mann ganz offen. Es stimmt, viele Menschen tun Ehebruch als harmlos oder belanglos ab und suchen nach Entschuldigungen für treulose Männer.

Solche Entschuldigungen suchen die Schuld gern bei der Ehefrau, der heimlichen Geliebten oder der Situation – praktisch überall, nur nicht beim Mann. »Männer sind nun einmal so«, lautet eine weit verbreitete Klischeevorstellung. Leider wird dabei völlig außer Acht gelassen, dass Männer erwachsene Menschen sind, die in der Lage sein sollten, sich auch vernünftig zu verhalten und die Verantwortung für ihre Handlungen selbst zu übernehmen. Frauen treiben ihre Männer nicht dazu, fremdzugehen, wie viele meinen. Wenn ein Mann fremdgeht, dann deshalb, weil er es so will und weil er sich für die einfache, aber falsche Möglichkeit entschied, Ehebruch zu begehen, und nicht für die härtere, aber richtige, seiner Partnerin treu zu bleiben.

Das männliche Selbstbewusstsein ist eng verknüpft mit der

Potenz und der sexuellen Leistungsfähigkeit eines Mannes. Wenn Männer sexuell unzufrieden sind, versuchen sie daher gern, die Frau dafür verantwortlich zu machen, um so ihr eigenes Selbstbewusstsein wieder aufzubauen. Viel besser wäre es, sie würden stattdessen ihre sexuellen Fähigkeiten kritisch unter die Lupe nehmen und ihre sexuellen Techniken im Hinblick auf Vorspiel und Liebkosungen verbessern. Ihre Frau würde es ihnen danken – und das im Schlafzimmer zeigen.

Ein weit verbreitetes Argument zur Rechtfertigung von männlichen Affären lautet: »Alle Männer haben Affären.« Viele Menschen finden es völlig normal, dass eine Frau sich nach der Geburt von Kindern um Haus und Familie kümmert, während der Mann sich außer Haus betätigt und vergnügt. Die »Belohnung« der Frau dafür, dass sie den Mund hält und über die Seitensprünge ihres Mannes hinwegsieht, ist das Privileg, seine Frau zu sein und finanziell versorgt zu werden.

Ausreden zur Rechtfertigung von Affären

- Es geht nur um Sex.
- Ein Affäre ist der ultimative Kick für das Selbstbewusstsein.
- Eine hübsche junge Frau ist wie ein Jungbrunnen für das schal werdende Sexualleben eines Mannes in mittleren Jahren.
- Oralverkehr ist kein Ehebruch.
- Ein verheirateter Mann kann unmöglich für den Rest seines Lebens nur noch mit einer einzigen Frau schlafen. Und wenn er es tut, ist der Rest seines Lebens nichts wert.
- Eine Frau nannte mich neulich einen »notorischen Frauenhelden« und wurde wütend, als ich mich geschmeichelt fühlte!
- Es ist eine Sache, mit einer anderen Frau zu schlafen; aber Frau und Familie zu verlassen steht auf einem ganz anderen Blatt.
- Alle Männer gehen fremd.
- Er hatte eine Affäre – er hat eine Geliebte – na und?

Männer neigen dazu, Seitensprünge als rein »sexuelle Angelegenheit« abzutun, als etwas, »das alle Männer machen«, um das man also »nicht so viel Wind machen« sollte. Und obwohl Frauen auch die Affären anderer Ehemänner nur selten akzeptabel finden, suchen selbst sie mitunter nach Entschuldigungen dafür und führen beispielsweise das Aussehen der Ehefrau an oder sie beschuldigen die »Andere«, ihn seiner Frau »weggenommen« zu haben. Nur selten wird der Mann selbst für verantwortlich erklärt – weder von ihm selbst noch von seiner Frau oder der Gesellschaft.

»Die Frau ist schuld«

Viele Menschen sind der Ansicht, wenn ein Mann seine Frau betrüge, dann müsse sie ihm einen Anlass dafür gegeben haben: »Vielleicht kommt er zu Hause einfach zu kurz?«, heißt es dann. Der Mann und nicht die Frau wird zum Opfer erklärt. Selbst Geliebte suchen die Schuld für die Untreue eines Mannes bei seiner Frau und nicht bei ihm. Viele Geliebte äußerten mir gegenüber, die Affären eines Mannes seien gerechtfertigt, »wenn seine Frau sich nicht für Sex interessiert, dick, hässlich oder frigide ist«. Der Ehefrau die Schuld für das Verhalten ihres Mannes zu geben ist weit verbreitet und widerwärtig.

Sydney Biddle Barrows, die ehemalige Leiterin eines Call-Girl-Rings in New York und Autorin des Buches *Manche mögen's gleich: Sex-Tipps von einer, die weiß, was Männer wollen* vertritt die Ansicht, wenn Männer fremdgingen, liege das daran, dass ihre Frauen zu wenig täten, um sie daran zu hindern. Viele Männer gingen fremd, weil ihre Frauen sie nicht beachteten, sie zu dick seien und nicht auf ihr Aussehen achteten. Mit anderen Worten, die Frauen fordern es förmlich heraus!

Alle Frauen nehmen während der Schwangerschaft an Gewicht zu, und für manche ist es schwer, die zusätzlichen Pfunde nach der Geburt wieder loszuwerden. Viele Männer rechtfertigen ihre Seitensprünge mit dem Argument, sie fänden ihre kräftiger gewordenen Ehefrauen nicht mehr attraktiv, und die Gesellschaft zeigt sich diesem Argument gegenüber recht verständnisvoll. Frauen sind in vielen Lebensbereichen ihre schärfsten Kritikerinnen, ganz besonders aber im Hinblick auf die sexuelle Anziehungskraft anderer Frauen. So äußerte sich die Mutter von Newt Gingrich, dem ehemaligen Sprecher des amerikanischen Repräsentantenhauses, über ihre ehemalige Schwiegertochter: »Ich bedauere die Scheidung. Wirklich. Sie hat Newty sehr unterstützt. Aber wir fragen uns oft, ob es nicht besser gewesen wäre, wenn sie ein wenig abgenommen hätte. Sie war ziemlich kräftig.«

Die Auswirkungen auf Kinder

Wenn Kinder mit der Untreue ihres Vaters konfrontiert werden, geben sie häufig der Mutter die Schuld, während sie den Vater in Schutz nehmen. »Sie hat sich nicht genug Mühe gegeben, um ihm zu gefallen«, ist ihre Überlegung.

Viele Eltern bilden sich ein, sie könnten ihre Eheprobleme vor den Kindern geheim halten. Doch auch wenn das Alter der Kinder entscheidend dafür ist, ob sie die Tragweite von ehelicher Untreue verstehen, nehmen viele von ihnen Schaden, wenn sie in einer Umgebung aufwachsen, in der Vertrauensbrüche an der Tagesordnung sind. Viele Frauen, die mit einem untreuen Vater aufgewachsen sind, können Männern später nicht vertrauen. Andere beginnen ihre Mutter zu hassen oder auf sie herabzusehen, weil sie das Verhalten des Vaters toleriert oder »verursacht« hat. Und viele Jungen ahmen später das Vorbild des Vaters nach.

Die »Andere« ist schuld

Vor einigen Jahren näherte sich ein junges Mädchen namens Amy Fisher dem Haus eines Mannes, Joey Buttafuco, mit dem sie vermutlich eine Affäre hatte. Als seine Frau Mary Jo an die Tür kam, zog Amy (die als Long Island Lolita bekannt werden sollte) eine Pistole, und es löste sich ein, wie sie behauptete, unbeabsichtigter Schuss. Mary Jo überlebte, doch die Kugel steckt noch immer in ihrem Kopf, und ihr Gesicht ist halbseitig gelähmt. Amy Fisher kam ins Gefängnis, und Joey verbüßte eine kurze Strafe für sein Verhältnis mit einer Minderjährigen, das er eingestand.

Das Verrückte an der Geschichte ist, dass Mary Jo ihren Ehemann vom ersten Tag an in Schutz nahm und es bis heute weiter tut. Und sie weigert sich kategorisch daran zu glauben, dass ihr Mann jemals eine Affäre mit dem Mädchen hatte. In ihren Augen ist die »Lolita« an allem schuld.

Viele Frauen geben der »Anderen« die Schuld, weil es für sie zu bedrohlich ist, den Ehemann anzuklagen. Dafür steht für sie zu viel auf dem Spiel. »So, wie sie sich ihm an den Hals geworfen hat, konnte er gar nicht mehr ›nein‹ sagen«, reden sie sich ein.

»Männer sind so«

Auch heute noch, dreißig Jahre nach dem Erstarken des Feminismus, lautet das Credo der Männer – das Frauen gelernt haben zu akzeptieren: »Alle Männer gehen fremd. Finde dich damit ab.« In den 50-er Jahren, als Frauen nur wenige berufliche Möglichkeiten offen standen, um sich finanziell unabhängig zu machen, blieb ihnen nichts anderes übrig, als »gute Miene zu bösem Spiel« zu machen und einfach wegzuschauen, wenn der Mann fremdging. Und auch wenn heute deutlich mehr Frauen im Beruf stehen und gutes Geld verdienen, hängen viele von ihnen immer noch der alten Überzeugung an, sie müssten zu ihrem Mann stehen, selbst wenn er sie betrügt.

Die beliebte Klatschkolumnistin der *New York Post*, Cindy Adams, kommentierte Rose Kennedy, die Mutter von John F. Kennedy, im *New York Magazine* mit den Worten: »Für mich war Rose ein zähes altes Frauenzimmer. Sie wusste, dass ihr Mann fremdging, und hat es geschehen lassen, daran können sich viele andere ein Beispiel nehmen. So macht man das eben, wenn man verheiratet bleiben will.«

Auch wenn Untreue bei Scheidungen durchaus eine Rolle spielt, scheinen Frauen im Allgemeinen lieber Entschuldigungen für die Liebeleien ihres Mannes zu suchen und seine Affären zu tolerieren. Viele betrogene Ehefrauen leben weiter mit ihrem Mann zusammen.

Geben Sie sich nicht selbst die Schuld

Ist es nicht schrecklich traurig, dass Frauen das Gefühl haben, sich bei ihrem Mann dafür entschuldigen zu müssen, dass sie von ihm erwarten, treu zu sein? Dieser Umstand beleuchtet allerdings auch das Ausmaß, in dem die Gesellschaft die Untreue von Männern verteidigt und vergibt, während sie Frauen darin bestärkt, die Verantwortung dafür auf sich zu nehmen.

Muss man sich noch wundern, dass viele Menschen Ehebruch für ein völlig akzeptables Lebensmodell halten, wenn Männer, einige wenige Frauen und die Gesellschaft insgesamt untreue Männer so offensichtlich unterstützen oder sie unterschwellig in Schutz nehmen? Auch wenn Ehebruch heutzutage überall vorkommt, selbst im Weißen Haus, ist das kein Trost für eine Frau, der die Untreue ihres Mannes sehr reales Leid verursacht.

Je mehr die Gesellschaft männliche Untreue unterstützt und herunterspielt, desto mehr leiden jene Frauen, die versuchen mit einem untreuen Ehemann zurechtzukommen. Für sie ist es, als seien sie die Einzigen, die noch an partnerschaftliche Treue glauben. Aber Ehebruch ist kein integrativer Bestandteil einer Ehe, egal, was man Frauen glauben machen will.

Merke!

- Außereheliche Affären drehen sich nie nur um Sex. Sie nehmen Lügen und Betrug wissentlich in Kauf. Wenn es »nur um Sex« ginge, würden nicht so viele Menschen darunter leiden.
- Scheren Sie sich nicht um die Standardfloskel »Alle Männer gehen fremd. Finde dich damit ab.« Es gehen NICHT alle Männer fremd!
- Verlieren Sie nicht Ihr Selbstvertrauen, wenn ein Mann Ihnen einzureden versucht, Sie hätten ihn einer anderen Frau in die Arme getrieben.
- Egal, wie viele Frauen sich an Ihren Mann heranmachen, er ist ein erwachsener Mensch und kann (und sollte, wenn er verheiratet ist) »nein« sagen.
- Nur weil der Präsident der Vereinigten Staaten ein »unangemessenes Verhältnis« hatte, bedeutet das noch lange nicht, dass es auch für andere Männer in Ordnung ist, sich so zu benehmen.

5. Kapitel
Ein Ort der Zuflucht: Die heimliche Geliebte

> *Was Sex mit verheirateten Männern angeht – lass es sein. Der Kummer ist garantiert, und du wirst sehr, sehr bitter.*
> Supermodell Carla Bruni

> *Sex mit einem verheirateten Mann ist immer gut, solange man nicht diejenige ist, die mit ihm verheiratet ist.*
> Eine vierunddreißigjährige Geliebte

> *Es mutet an wie eine Art Servicevertrag – ich hatte ihn oral zu befriedigen, um mehr ging es in dieser Beziehung nicht.*
> Monica Lewinsky über Bill Clinton im Starr-Report

Die heimliche Geliebte – Zuflucht oder Zeitbombe?

Eine Ménage à trois ist ein Gedränge. Jeder Mensch, der schon einmal Teil einer »romantischen« Dreiecksbeziehung war, wird Ihnen das bestätigen. Eine solche Konstruktion ist von Anfang an eine Katastrophe. Wenn ein verheirateter Mann ein Verhältnis eingeht, ist ihm normalerweise sehr daran gelegen, die Sache geheim zu halten. Er wird versuchen, möglichst viel Sex, Abenteuer und Vergnügen aus der Affäre zu ziehen, gleichzeitig aber das Risiko der Entdeckung und der damit verbundenen Turbulenzen so gering wie möglich halten.

Allerdings haben mit einem verheirateten Mann liierte Frauen mitunter ganz andere Vorstellungen als ihr Geliebter, besonders dann, wenn sie selbst allein stehend sind. Zunächst mögen sich die Interessen der beiden durchaus decken: Sex, das aufregende Gefühl, einen neuen Partner zu haben, romantische Kurzbegegnungen, Gespräche. Aber nur wenigen Männern ist klar, dass eine allein stehende Frau mit einer Affäre häufig den

Wunsch verknüpft, sie möge das Ende seiner Ehe herbeiführen. Trotz aller guten Absichten kann eine Affäre auch eine ansonsten sehr glückliche Ehe ins Wanken bringen.

Egal, wie sehr sich manche heimlichen Geliebten bemühen, ihren Liebhaber für sich zu gewinnen, nur die wenigsten untreuen Ehemänner beenden ihre Ehe tatsächlich. Paul Blanchard berichtet in seinem Buch *Why Men Cheat and What to Do About It*, dass die Ehefrau eindeutig die besseren Karten habe und nicht die Geliebte. Nur einer von vier Männern mit einer außerehelichen Affäre verlasse seine Frau tatsächlich, meint Blanchard. Bestätigt wird diese Behauptung auch von Dr. Jan Halper in *Quiet Desperation*, wonach fünfundachtzig Prozent aller untreuen Männer weiter verheiratet bleiben. Und selbst wenn sie sich während einer Affäre scheiden lassen, heiratet die überwiegende Mehrheit anschließend nicht die betreffende Geliebte. Laut Halper heirateten von 4100 Männern, die sich wegen einer Affäre scheiden ließen, nur drei Prozent hinterher ihre einstige Geliebte.

Manche Psychologen behaupten, eine Affäre sei ein Indiz für Eheprobleme. Doch das muss nicht immer der Fall sein. Ich habe mit vielen glücklich verheirateten Männern gesprochen, die beteuerten, ihre Frau zu lieben und sie weder verletzen noch verlassen, sondern sich lediglich ein wenig Extravergnügen gönnen zu wollen. Weder ist eine unglückliche Ehe unbedingt eine Voraussetzung für eine Affäre, noch ist eine glückliche Ehe ein Garantie gegen Ehebruch.

Auch in einer perfekten Ehe können durch die Untreue eines oder beider Partner Risse entstehen. Außereheliche Beziehungen fordern Zeit und Kraft, und wenn diese wertvollen Ressourcen vom Ehepartner abgezogen werden, bleibt für die Ehe nicht mehr viel übrig. Durch eine Affäre geht einer Ehe Zeit und Nähe verloren. Affären erfordern Lügen und Ausweichmanöver, die in jeder Beziehung Intimität und Vertrauen untergraben. So wie Termiten die Grundmauern eines Hauses anfressen können, nagen Lügen an den Grundfesten einer Beziehung.

»Gestohlene« Stunden

Jeder Tag hat nur eine bestimmte Anzahl von Stunden. Zeit und Geld sind knappe Güter, und wenn diese einer Geliebten statt der eigenen Frau zugute kommen, dann ist Ärger vorprogrammiert. Doch auch in Ehen, in denen Geld keine Rolle spielt, ist es für die Ehefrau sehr kränkend, wenn der primären Beziehung Geld und Aufmerksamkeit entzogen werden. Eine Frau, die herausfindet, dass ihr Mann andere Frauen mit exklusiven Essen, Kleidern, Schmuckstücken und Urlauben überhäuft, ist mit Recht wütend. Schließlich ist es auch ihr Geld, das in diese Affäre fließt.

Doch es ist eher die Aufmerksamkeit, die einer dritten Person geschenkt wird, und weniger das Geld, das für Ehefrauen die größte Kränkung darstellt. Wer ein außereheliches Verhältnis hat, widmet einer anderen Frau einen Großteil der Zeit, die er ansonsten mit seiner Frau und seiner Familie verbringen würde.

Ehefrauen gehen davon aus, dass ihr Partner seine Freizeit mit ihnen verbringt. Schließlich ist das Zusammensein ein Grund dafür, dass sie geheiratet haben. Verbringt ihr Mann stattdessen seine Zeit mit einer anderen Frau, fühlen sie sich vernachlässigt. Doch gerade in problembelasteten Ehen müssten die Partner mehr Zeit investieren, um die Konflikte zu beseitigen. Stattdessen kümmern sich viele Männer mehr um ihre Affäre als um ihre Ehe. Doch ein Problem lässt sich nicht dadurch lösen, dass man eine weitere Komplikation, etwa ein außereheliches Verhältnis, hinzufügt.

Ein Schweigekodex?

Der schlimmste Albtraum jedes Ehemannes ist eine Geliebte, die den Mund nicht halten kann!

Wenn ein Mann sich auf eine Affäre einlässt, ist er normalerweise bemüht, diese vor seiner Frau geheim zu halten. Auch wenn die meisten untreuen Ehemänner ihre Geliebten oder außerehelichen Bettgefährtinnen nicht ausdrücklich um Verschwiegenheit bitten, gehen doch die meisten stillschweigend davon aus, dass sie Diskretion wahren. Eine gefährliche Annahme! Denn auch wenn ehebrecherische Beziehungen an sich schon auf Betrug basieren, sind nicht alle Frauen bereit, in Bezug auf die Beziehung einem Schweigekodex Folge zu leisten. Mitunter müssen Männer ihre Affären sogar beenden, weil ihre Geliebte sich indiskret verhält und anderen von der Beziehung erzählt.

Eine Frau, die sich mit einem verheirateten Mann einlässt, egal, ob sie verheiratet oder allein stehend ist, entwickelt oft eine tiefe Zuneigung zu ihm und möchte, dass seine Frau und andere von der Beziehung erfahren.

Diskrete Indiskretionen: Affären mit verheirateten Frauen

Wenn ein verheirateter Mann meint, unbedingt eine Affäre haben zu müssen, dann ist es in der Regel sicherer, sich dafür eine verheiratete Frau zu suchen. »Lass dich nur auf Affären mit Frauen ein, die genauso viel zu verlieren haben wie du. Sie halten den Mund«, fasste ein Mann seine Faustregel zusammen. Die meisten verheirateten Frauen haben ebenso viel zu verlieren wie verheiratete Männer und sind daher relativ verlässliche Partnerinnen für ein außereheliches Verhältnis. Sie haben weniger Interesse daran als allein stehende Frauen, die Ehe ihres Geliebten zu stören, und sind, wie viele Männer auch, meist nicht daran interessiert, ihre eigene Ehe aufzugeben. Viele suchen einfach nach ein wenig Zuneigung und Sex und nicht nach einem neuen Ehemann.

Ist ein bisschen besser als nichts?

Manche allein stehenden Frauen geben sich mit ein paar Brotkrumen zufrieden, die ihnen ihr verheirateter Geliebter gelegentlich hinstreut. Vielen kommt ein solches Arrangement sogar entgegen, weil sie in der Zwischenzeit ihren eigenen Interessen nachgehen können, ohne sich um die »häuslichen Interessen« des Mannes kümmern zu müssen. Geistlose Plackereien wie Waschen und Bügeln überlassen sie lieber der Ehefrau. Doch trotz aller Anstrengungen endet es für viele »neue« Geliebte genauso wie für ihre Vorgängerinnen: Sie ziehen aus der Beziehung weit weniger Vorteile als ihr verheirateter Geliebter.

Auch wenn nur wenige allein stehende Frauen bewusst darauf aus sind, sich einen verheirateten Mann »zu angeln«, gibt es solche Frauen. Ich habe mit einigen gesprochen, die es bewusst darauf anlegen, mit dem Mann einer anderen Frau zu schlafen. Einige von ihnen sind durchaus damit zufrieden, in Beziehungsfragen jahrelang in der Luft zu hängen, während andere sehr darunter leiden. Trotzdem tun sie es und dies nicht selten über mehrere Jahrzehnte!

Eine von ihnen, die seit vierzehn Jahren eine heimliche Beziehung mit einem verheirateten Mann unterhält und kürzlich ein Buch darüber veröffentlichte, ist Lillian Ross, eine bekannte amerikanische Journalistin. In *Here But Not There: My Life with William Shawn and the New Yorker* berichtet sie, dass ihr Liebesspiel auch nach vielen Jahren noch die gleiche Leidenschaft und Erregung aufweise wie zu Beginn. Doch auch wenn sie weiter ausführt, ihre Affäre habe es ihr erlaubt, sich auf ihre berufliche Karriere zu konzentrieren, ist aus ihrer Würdigung dieser Langzeitbeziehung ein gewisses Sehnen danach, »mehr zu sein«, meiner Ansicht nach deutlich herauszuhören. Nicht umsonst lassen sich die meisten Frauen auf Beziehungen mit verheirateten Männern ein, weil sie hoffen, ihr illegitimes Verhältnis werde sich derart verfestigen, dass die Geliebte kein offenes oder unentdecktes Geheimnis bleibt, sondern allseits akzeptiert wird.

Das Werk von Lillian Ross löste kontroverse Diskussionen aus. Einige Leute schienen es ihr zu verübeln, dass sie über ihr Dasein als heimliche Dauergeliebte geschrieben hatte, beziehungsweise dass sie es noch zu Lebzeiten der Ehefrau ihres Geliebten tat. Betrachtet man die ungeheure Anerkennung für Hillary Clintons Entscheidung, inmitten der »Monicagate«-Affäre weiter zu ihrem Mann zu stehen, wird klar, dass treue Ehefrauen überall mit gesellschaftlichem Wohlgefallen rechnen können, während man die Geliebten und Verführerinnen verdammt. Nicht viele Menschen bringen es fertig, Achtung vor einer Frau zu empfinden, die absichtlich Kummer in die Ehe eines anderen bringt. Ist es da überraschend, dass heimliche Geliebte meist ein unglückliches Leben führen?

»Ach wie gut, dass niemand weiß ...«

Kaum jemand bringt es fertig, über außerehelichen Sex und heimliche Geliebte offen und ehrlich zu sprechen. Daher ist es so gut wie unmöglich, die genaue Zahl der mit verheirateten Männern liierten Single-Frauen zu ermitteln. Dennoch können wir mit Sicherheit davon ausgehen, dass sie sehr hoch ist und dass sehr viele allein stehende Frauen zu irgendeinem Zeitpunkt in ihrem Leben mit einem verheirateten Mann geschlafen haben. Eine ganze Reihe von Quellen deutet darauf hin, dass etwa jede dritte Frau schon einmal ein Verhältnis mit einem verheirateten Mann hatte. Manche dieser Beziehungen waren sehr kurz; andere überdauerten Jahrzehnte. Aber nur sehr wenige endeten in einer Ehe.

Manchmal ist es wunderbar ... manchmal nicht

Bei all dem Tumult, den eine außereheliche Affäre verursachen kann, stellt sich die Frage, was einen verheirateten Mann dazu treibt, immer wieder zu seiner Geliebten zurückzukehren? Und was bringt eine allein stehende Frau dazu, immer wieder zu einem verheirateten Mann zurückzukehren?

Von Liebe abgesehen, sind zwei sehr einfache psychologische Prinzipien dafür verantwortlich, dass viele Frauen in unbefriedigenden Beziehungen verbleiben. Diese Prinzipien nennt man positive Verstärkung und intermittierende Verstärkung; beide wurden von dem bekannten Psychologen Professor Albert Bandura in seinem Klassiker *Principles of Behavior Modification* ausgiebig beschrieben.

Das Prinzip der positiven Verstärkung besagt, dass wir für unser Verhalten belohnt werden. Für eine Frau in einer Beziehung kann dies bedeuten, dass sie den Geliebten sieht, mit ihm spricht, mit ihm schläft. Zieht sie aus einer Aktivität ein Glücksgefühl, so wird sie sich ermutigt fühlen, noch mehr Energie in diese Aktivität zu stecken, um noch mehr Glücksgefühl aus ihr zu ziehen. Je häufiger eine Frau den Geliebten sieht und seine Gegenwart genießt, desto häufiger wird sie ihn auch in Zukunft sehen wollen. Ihr Wunsch nach mehr Kontakt wächst dementsprechend. Und dies bringt sie dazu, »Forderungen« an ihren Geliebten zu stellen.

Die Theorie der intermittierenden Verstärkung besagt, dass wir manchmal gewinnen und manchmal verlieren. In einer Beziehung veranlasst die intermittierende Verstärkung sowohl Männer als auch Frauen, mehr und mehr Energie in eine Beziehung zu stecken, weil sie daraus eine Belohnung ziehen – manchmal. Manchmal ist in diesem Zusammenhang der Schlüsselbegriff. Läuft eine Beziehung nur schlecht, brechen die Menschen aus. Läuft sie nur gut, wird es ihnen langweilig. Geht es dagegen manchmal bergauf und manchmal bergab, bleiben die Partner dabei, weil sie meinen, das »Glück« liege in greifbarer Nähe, und sie jagen ihm weiter nach.

Eine allein stehende Frau bleibt trotz immer wiederkehrender Einsamkeit und ohne Aussichten auf eine gemeinsame Zukunft mit einem verheirateten Mann zusammen, weil das Zusammensein mit ihm manchmal wunderbar ist. Und ein untreuer Ehemann bleibt trotz der Angst vor Entdeckung bei seiner Geliebten, weil manche Vorteile, die er daraus zieht, ihm lohnenswert erscheinen.

Die Macht der intermittierenden Verstärkung kann Menschen jahrelang in unproduktiven Mustern verharren lassen, weil sie aus Erfahrung wissen, dass ihnen irgendwann eine Belohnung – beispielsweise ein gutes Gefühl – zuteil wird. Sie wissen nicht, wann diese Belohnung kommt, also warten sie immer weiter und weiter. So erklärt sich auch, warum hoch intelligente

Frauen jahrelang mit einem verheirateten Mann zusammenbleiben, der ihnen immer wieder verspricht, seine Frau zu verlassen, es aber niemals tut. Das Versprechen, dass er es irgendwann einmal tun wird, hängt weiter in der Luft, und in der Zwischenzeit helfen hier und da verteilte Belohnungen die Zeit zu überbrücken.

In Wirklichkeit verlassen nur etwa fünfzehn Prozent aller Männer ihre Frauen, wie der bereits erwähnte Dr. Jan Halper feststellte, und ein noch geringerer Teil von ihnen heiratet anschließend die Frau, mit der sie zur Zeit der Trennung eine Affäre hatten. Trotzdem warten viele Frauen weiter auf einen verheirateten Mann, in der trügerischen Hoffnung, er werde seine Frau irgendwann verlassen. Manche von ihnen leben jahrzehntelang in diesem Zustand, um letztlich doch allein zu bleiben.

Verheiratet ... mit Freundin

> *Eine Geliebte sollte nicht mein Gehirn beschäftigen,*
> *sondern meine Hose.*
> Unbekannt

Viele Männer genießen es, eine Freundin nur für Sex, Vergnügen und nette Gesellschaft zu haben. Das Letzte, was sie sich wünschen, sind Komplikationen. Von vielen weiß ich, dass sie ihre Geliebte als eine Art »Zuflucht« betrachten, die ihnen den Rückzug aus der Wirklichkeit, vor den Forderungen von Ehe und Ehefrau bietet.

Solange eine Geliebte die Ehe nicht bedroht oder zu viele Forderungen stellt, kann eine Affäre fortdauern – manche über Jahrzehnte und über mehrere Ehen eines Mannes hinweg! Einer meiner Gesprächspartner hatte während drei Ehen und zahlloser unbedeutender Abenteuer ein und dieselbe Freundin. Ich frage mich, ob es dieser Frau gefällt, ständig mit dem Kopf gegen die Wand zu rennen? Er hatte dreimal die Möglichkeit, sie zu heiraten, und wählte jedes Mal eine andere Frau.

Wer seine Geliebte heiratet, schafft einen unbesetzten Arbeitsplatz.
Der Geschäftsmann Sir James Goldsmith

Es gibt wesentlich mehr Geschichten über Ehemänner, die zu ihrer Ehefrau zurückkehren oder sie gar nicht erst verlassen, als Erfolgsgeschichten ehemaliger Geliebter.

Die meisten allein stehenden Frauen berichten, ihr Verhältnis mit einem verheirateten Mann mache sie extrem unglücklich. Ist die Neuartigkeit und Euphorie der Beziehung erst einmal verflogen, fühlen sie sich häufig einsam und leer, auch wenn die Affäre fortdauert. Hinter einer anderen Frau und einer anderen Beziehung immer an zweiter Stelle zu stehen, zermürbt ihr Selbstbewusstsein genauso, wie es das Selbstbewusstsein einer Ehefrau zerstört, wenn sie von der Untreue ihres Mannes erfährt. Der Einzige, der von einer solchen Dreiecksbeziehung zu profitieren scheint, ist der Mann. Er hat zwei Frauen, ein gemütliches Heim und eine erotische Zuflucht. Solange er nicht in die Enge getrieben wird, gibt es für ihn keinen Grund, eine von beiden fallen zu lassen.

Manche heimlichen Geliebten, mit denen ich sprach, bedauerten, so viele Jahre ihres Lebens an einen Mann verschwendet zu haben, dem so wenig an ihrem Wohlergehen liegt. Eine von ihnen beschloss, nach vielen schmerzhaften Erfahrungen und einem letzten Schlüsselerlebnis, sich mit verheirateten Männern nicht mehr zu treffen. »Ich bin aufgewacht und hatte es plötzlich satt, allein aufzuwachen. Seitdem lasse ich mich mit verheirateten Männern nicht mehr ein«, berichtete sie. Ich habe mit vielen solcher Frauen gesprochen und korrespondiert. Ihnen allen ist gemeinsam, dass sie anderen Frauen vielleicht etwas wegnehmen, aber den Mann selbst bekommen sie nur selten.

Das Schicksal der »Madame Butterfly«?

Für Frauen, die sich mit einem verheirateten Mann einlassen, gibt es, egal, ob sie allein stehend oder ebenfalls gebunden sind, nur selten ein Happy End. Nikkis Erfahrungen stehen stellvertretend für viele Frauen und sollten anderen als Warnung dienen, ihre kostbare Zeit nicht an einen Mann zu verschwenden, der für sie nie mehr als ein vorübergehender Bettgefährte sein wird.

Nikkis Geschichte

Als zweifach geschiedene Frau und Mutter eines Kindes aus erster Ehe hat Nikki seit mehreren Jahren eine Beziehung mit einem erfolgreichen verheirateten Geschäftsmann. Sie sieht ihn zweimal pro Woche und verreist mit ihm, sooft es den beiden möglich ist.

Gelegentlich nimmt er sie an Stelle seiner Frau zu geschäftlichen Ereignissen mit. Manchen seiner Kollegen scheint das unangenehm zu sein, berichtet Nikki, sie wüssten mit dieser Situation nicht recht umzugehen. Sicherlich fragen sich seine Kollegen, ob seine Frau wohl von der Affäre weiß. Nikki vermutet, dass seine Frau Bescheid weiß, und findet diese Situation peinlich und kränkend. Dennoch hofft sie, dass ihr Geliebter seine Frau um ihretwillen eines Tages verlassen wird. Auch wenn sie merkt, dass sie langsam die Geduld zu verlieren beginnt, verdrängt sie solche Gedanken, da es sie unglücklich macht, darüber nachzudenken.

Nikki hat ihren Geliebten schon häufig auf Geschäftsreisen begleitet, doch sie muss bei diesen Gelegenheiten meist im Hotel bleiben und kann in seiner Gesellschaft auch nicht zu abendlichen Anlässen erscheinen. Hoffnungslosigkeit macht sich langsam in ihr breit. Sie liebt den Mann sehr und ist sicher, dass sie zusammen ein schönes Leben führen könnten. Aber ihr Geliebter scheint mit der momentanen Situation zufrieden und nicht gewillt zu sein, bald etwas daran zu ändern.

Nikki weiß, dass ihr Geliebter auch früher schon langjährige Beziehungen hatte und diese beendete, sobald die andere Frau zu hohe Anforderungen zu stellen begann. Auch wenn er Nikki gegenüber seine Frau als langweilig bezeichnet, scheint er sie zu respektieren und Verantwortung für sie zu empfinden. Außerdem vermutet Nicki, dass er in der Stadt und auf Geschäftsreisen, auf denen sie ihn nicht begleitet, auch mit anderen Frauen schläft.

In letzter Zeit stellt Nikki die Beziehung mehr und mehr in Frage. Obwohl sie eine auffallend attraktive und gut gekleidete Frau in den Fünfzigern ist, hat sie das Gefühl, ihr Selbstbewusstsein zu verlieren. Die vielen Lügen und die fehlende Aussicht auf eine schöne Zukunft haben sie zermürbt, meint sie. Sie weiß nicht, ob sie die Beziehung fortführen wird. Und wenn sie es tut, hat sie die Absicht, sich auch nach anderen Männern umzusehen. Bisher galt ihre ganze Aufmerksamkeit ihrem Geliebten. Trotz ihrer erfolgreichen Karriere möchte sie in Zukunft in privater Hinsicht mehr, als ihr Geliebter zu geben bereit ist.

Auch wenn die Wahrscheinlichkeit, dass ein Mann (oder eine Frau) sich scheiden lässt, größer wird, je mehr Affären er (oder sie) hat, geht die Mehrzahl aller Männer (und Frauen) keine Trennung ein, um jemand anderen zu heiraten. Männer hangeln sich lieber von einer Affäre oder einem Abenteuer zum nächsten, bleiben jedoch in ihrer Ehe. Und selbst wenn ein Mann sich scheiden lässt, heiratet er danach nur selten seine Geliebte. Weitaus häufiger beginnt er mit einer ganz anderen Frau eine neue Beziehung. Die Doppelmoral im Hinblick auf Aussehen, Alter und gesellschaftlichen Status bestimmt, wer betrügt, wer bleibt und wer geht. Da verheiratete Frauen sowohl in gesellschaftlicher wie auch in beruflicher Hinsicht im Nachteil sind, ist es für sie konsequenterweise auch schwieriger zu entscheiden, ob sie weiter mit einem untreuen Mann zusammenleben möchten oder nicht.

Unabhängig davon, ob ein untreuer Ehemann die Möglichkeit einer Trennung in Betracht zieht oder nicht, stellt eine dritte Person immer eine Gefahr für eine Ehe dar; auf jeden Fall aber macht ihre Anwesenheit allen das Leben schwer. In einer Ehe sind drei einfach eine(r) zu viel!

Frauen, die mit den Männern anderer Frauen schlafen, sollten sich klar machen, dass ein Mann, der seine eigene Frau belügt, mit Sicherheit auch seine Geliebte belügt. Außereheliche Beziehungen basieren auf Betrug. Auf einem derart wackligen Fundament kann keine Ehe erfolgreich aufgebaut oder erhalten werden.

Merke!

- Ein Mann, der seine Frau belügt, belügt auch seine Geliebte.
- Ein Mann, der fremdgeht, betrügt seine Geliebte normalerweise mit seiner Frau.
- Ein Mann, der fremdgeht, betrügt normalerweise Frau und Geliebte.
- Heimliche Geliebte verschwenden wertvolle Zeit auf der Jagd nach dem Mann einer anderen.
- Ehefrauen sind heimlichen Geliebten gegenüber in vielfacher Hinsicht im Vorteil – sie haben Heim und Herd und einen Trauschein in der Hand.
- Die wenigsten Männer verlassen ihre Frau für eine Geliebte!

6. Kapitel
Lügen und Heimlichkeiten:
Wie Frauen die Untreue ihres Mannes entdecken

Ehebruch reißt das Eheband.
Sprichwort

Sag deinem Freund nicht, was dein Feind nicht hören soll.
Sprichwort

»Ich will gar nichts wissen«

*Nichts zu wissen ist schlecht. Noch schlimmer aber ist es,
nichts wissen zu wollen.*
Nigerianisches Sprichwort

Viele Frauen haben das Gefühl, lieber nichts davon wissen zu wollen, wenn ihr Mann schon unbedingt fremdgehen muss. Sie wollen sich nicht vorstellen müssen, dass er mit einer anderen Frau schläft, denn würden sie sich diese Tatsache erst einmal eingestehen, dann hätten sie vielleicht auch das Gefühl, etwas dagegen unternehmen zu müssen. Solange sie vorgeben können, dass gar nichts passiert, können sie die Fassade der perfekten Ehe aufrechterhalten. Manche Frauen sagen ihrem Mann sogar direkt ins Gesicht, er könne tun und lassen, was er will, solange es sich nicht vor ihren Augen abspielt, er keine Frau aus dem direkten gesellschaftlichen Umfeld nimmt und diskret vorgeht.

Das Problem bei diesem Vogel-Strauß-Verhalten ist, dass sich viele Dinge nicht mehr kontrollieren lassen, sobald eine dritte Person ins Spiel kommt. Um mit Diana, der Prinzessin von Wales, zu sprechen, wird es in der Ehe einfach ein wenig eng. Denn nun sind nicht mehr zwei Menschen damit beschäftigt, gegenseitig aufeinander Rücksicht zu nehmen, sondern es ist auch eine dritte Partei mit von der Partie, deren erklärtes Ziel es mitunter ist, die Ehe zu zerstören.

Die treibende Kraft hinter dem Nichts-wissen-Wollen ist das

Bestreben, mit dem Ehemann die stillschweigende Übereinkunft zu treffen, seine Affäre(n) zu vertuschen. Wenn eine Frau nichts von den Umtrieben ihres Mannes »weiß«, kann sie weiter so tun, als sei alles in bester Ordnung. Werden die Affären durch eine stillschweigende Übereinkunft verschleiert, ist die Frau nicht gezwungen zu handeln. Entscheidet sie sich jedoch dafür, ihren Mann mit seiner Untreue zu konfrontieren, muss sie auch entscheiden, wie sie handeln will, ob sie bleibt oder geht, und das ist für viele zu beängstigend. Stattdessen stecken sie den Kopf in den Sand, versuchen zurechtzukommen, indem sie alles abstreiten, und hoffen, dass das Problem in der Zwischenzeit von selbst verschwindet.

Vom Partner betrogen zu werden tut weh. Doch die Sache zu vertuschen macht alles nur noch schlimmer, weil eine Frau dann nicht nur von ihrem Mann belogen und betrogen wird, sondern sich auch noch selbst belügen muss. Kein Wunder, dass viele Frauen das Thema Untreue gänzlich verdrängen. Für viele ist es viel zu bedrohlich, sich überhaupt damit zu befassen, und sie lassen lieber die Finger davon. Viele Frauen glauben, je weniger sie über das Tun ihres Mannes wissen, desto besser.

Aber auch das, was sie nicht wissen, kann sie schmerzhaft treffen. So schreibt Helen Gurley Brown in ihrem Buch *The Late Show*: »Ich glaube, zu wissen, dass der eigene Mann mit einer Anderen liiert ist, bringt eine Frau auf den absoluten Tiefpunkt, und jede Frau ›weiß‹, wenn es so weit ist, es sei denn, sie hat in der Einöde gelebt oder besitzt keine Freundinnen.«

Das weibliche Untreue-Radar

Wenn eine Frau vermutet, dass ihr Mann sie betrügt, hat sie normalerweise Recht. Frauen sind sehr gut darin, das Verhalten anderer Menschen zu deuten, und ihnen entgehen meist auch nicht die kleinsten und unauffälligsten Veränderungen im Verhalten ihres Mannes. Vielleicht fängt er an, sie in allem zu kritisieren, oder er beschuldigt sie, selbst eine Affäre zu haben. Hinweise gibt es immer; aber ob eine Frau sich entscheidet, diese zur

Kenntnis zu nehmen oder nicht, ist eine andere Angelegenheit. Von vielen Frauen weiß ich, dass in der Ehe mit einem Mal etwas zu fehlen scheint, aber sie haben Angst, eine direkte Konfrontation herbeizuführen, oder sie fürchten sich vor dem Vorwurf, verrückt zu sein oder sich Dinge nur einzubilden. Daher gibt es bei vielen Paaren die unausgesprochene Übereinkunft, dass man über das Unaussprechliche nicht spricht.

Viel zu viele Frauen ziehen es vor, die Hinweise zu übersehen und die Lügen ihres Mannes zu glauben, weil die Wahrheit zu beängstigend ist. Doch irgendwann ist fast jede gezwungen, sich mit dem auseinander zu setzen, was sie so sehr zu vermeiden suchte. Wenn sich drei Menschen in eine Ehe zwängen, lässt sich die Wahrheit nur schwer verbergen, und irgendwann drängen die Probleme an die Oberfläche. Früher oder später kommen alle Frauen auf die eine oder andere Weise dahinter.

Die meisten Frauen sind verzweifelt, wenn sie unwiderruflich herausfinden, dass ihr Mann sie belügt und betrügt. Womöglich zum ersten Mal müssen sie sich mit dem unvorstellbaren Gedanken an einen fremdgehenden Ehemann auseinander setzen. Und für die meisten bedeutet die Erkenntnis, dass ihr Mann mit einer anderen Frau liiert ist, die völlige Zerstörung ihres Selbstbewusstseins.

Die Wahrheit tut weh ...
Aber Heimlichkeiten und Lügen auch

Außereheliche Affären ziehen immer Heuchelei und Betrug nach sich. Doch irgendwann kommt die Wahrheit ans Licht. Und sie tut es in vielen verschiedenen Formen: durch Kassetten, Videobänder, Briefe, Faxe, Tagebücher, Geschenke, Quittungen, Zeitungsüberschriften und E-Mails.

Die Redewendung »Die Frau erfährt es immer als Letzte« hat durchaus ihre Berechtigung. Doch liegt es meist nicht daran, dass die Frau keine Warnsignale empfangen hat, die für neutralere Beobachter offensichtlich waren, sondern daran, dass sie die Signale bewusst übersehen hat.

Männer geben ihre Untreue nur selten zu, selbst wenn sie erwischt werden. Einer erzählte mir, er könne sich auch dann noch aus der Sache herausreden, wenn seine Frau ihn mit einer anderen in flagranti erwischen würde. Und eine Frau beschrieb ihren Mann mit den Worten: »Mitten in der Nacht haben ihn Frauen angerufen und gesagt: ›Ich trage ein schwarzes Negligee, der Champagner steht kalt, komm doch vorbei.‹ Das hat er mir erzählt, weil er hoffte, ich würde es verstehen.«

Irgendwann findet jede Frau (oder jeder Mann) heraus, dass der Partner fremdgeht. Die verräterischen Hinweise darauf zerstören das Vertrauen, die Liebe und oft genug ganze Ehen und Karrieren. Es ist klug, sich auf den eigenen Instinkt zu verlassen: Wenn Sie vermuten, dass Ihr Partner fremdgeht, dann liegen Sie damit wahrscheinlich richtig. »Vertrauen ist gut – Nachprüfen ist besser« ist normalerweise ein gutes Motto oder auch Misstrauen und Nachprüfen! Vertrauen Sie ihm, aber halten Sie die Augen offen!

Verräterische Hinweise

Im Allgemeinen ist jede Veränderung der täglichen Routine ein möglicher Hinweis darauf, dass etwas nicht stimmt. Wir sind alle Gewohnheitsmenschen, also sollten bei jeder Frau die Alarmglocken läuten, wenn sich im Verhalten und/oder an den Gewohnheiten ihres Mannes irgendetwas deutlich verändert:
- Er beginnt Sport zu treiben, vor allem zu joggen (und trabt womöglich zum Haus einer anderen).
- Er hört auf, mit Ihnen zu schlafen, oder er schläft auffallend häufig mit Ihnen oder er probiert plötzlich neue sexuelle Praktiken aus.
- Er beginnt auf sein Gewicht zu achten oder fängt eine Diät an.
- Er legt sich neue Kleidung zu; wechselt von Boxershorts zu beinloser Unterwäsche oder von Baumwolle zu Seide.
- Er wird nervös, wenn das Telefon klingelt. Er spricht auffallend leise, wenn er am Apparat ist.

- Er macht ungewöhnlich häufig Überstunden und muss plötzlich am Wochenende arbeiten.
- Er hat mit einem Mal Gründe, um über Nacht wegzubleiben.
- Er lässt Ihnen vor Geschäftsreisen weder einen Reiseplan noch Flugdaten oder Hotelinformationen zurück. Er wird aufbrausend, wenn Sie sich erkundigen, wohin er fährt und wann er zurückkommt. Er behauptet, unerreichbar zu sein.
- Er verschwindet am Wochenende für eine gewisse Zeit, ohne es ausreichend begründen zu können.
- Er fühlt sich angegriffen oder reagiert unbeherrscht, wenn Sie ihn fragen, wann er nach Hause kommt oder wohin er geht.
- Er fängt an Kreditkartenbelege, Telefonrechnungen und Ähnliches zu verlieren.
- Er legt sich einen eigenen Telefonanschluss zu.
- Sobald er nach Hause kommt, eilt er zuerst unter die Dusche oder er putzt sich die Zähne.
- Er gibt sich ungewöhnlich geheimnisvoll in Bezug auf seine Termine und die Leute, mit denen er sich trifft. Er reagiert aggressiv, wenn Sie sich dafür interessieren, und empfindet Ihr normales Interesse als Einmischung in seine Privatangelegenheiten.
- Er nimmt Ihre Anrufe an seinem Arbeitsplatz nicht entgegen oder wimmelt Sie ab. Wenn Sie ihn abends oder am Wochenende anrufen, geht er nicht an den Apparat.
- Er ist nicht dort, wo er zu sein vorgibt.
- Er nimmt Sie nicht mehr zu geschäftlichen Anlässen mit. Und wenn er es tut, verhalten sich seine Kollegen Ihnen gegenüber anders als sonst.
- Er schenkt Ihnen Schmuck und Blumen, obwohl er das früher nie getan hat. Dies sind Geschenke aus schlechtem Gewissen.
- Seine Launen sind unvorhersehbar. Das Leben mit ihm ist wie eine Achterbahnfahrt; Sie wissen nie, wann er das nächste Mal explodieren wird.
- Er fängt an, Ihr Aussehen zu kritisieren.
- Er beginnt Bücher über Sex zu lesen.
- Sie erhalten neuerdings merkwürdige Telefonanrufe von der Art: »Da ist etwas, was Sie über Ihren Mann wissen sollten.«

- Er hört auf, seinen Ehering zu tragen.
- Wenn Sie zusammen ausgehen, flirtet er deutlicher als früher mit anderen Frauen und sieht sich häufiger nach anderen Frauen um.
- Er bewacht sein Portemonnaie und seine Brieftasche mit Argusaugen.
- Er bittet Sie nicht mehr, ihn auf seine Geschäftsreisen zu begleiten.
- Er fängt an im Schlaf zu reden und wirkt rastloser als sonst.
- Er erwähnt eine bestimmte Frau auffällig häufig und positiv.
- Er hat plötzlich Kondome in seinem Kulturbeutel.
- Sobald Sie ihn etwas Persönliches fragen, verschließt er sich Ihnen gegenüber völlig.
- Er erstarrt, wenn Sie ihn umarmen.
- Er ist plötzlich nicht mehr zärtlich zu Ihnen.
- Er rückt nachts im Bett so weit von Ihnen ab, dass er fast aus dem Bett fällt.
- Er will plötzlich getrennt schlafen, weil er angeblich »Schlafstörungen« hat.
- Er wirkt außergewöhnlich ungeduldig und leicht reizbar.
- Er wirkt die meiste Zeit unnahbar und geistesabwesend.
- Er behauptet, mehr Zeit für sich zu brauchen, und schlägt Ihnen vor, für einige Zeit zu verreisen.
- Er wirkt gleichgültig oder nimmt Sie überhaupt nicht mehr zur Kenntnis.
- Er ist sogar noch unkommunikativer als sonst.
- Er wirkt ungewöhnlich kühl und distanziert.
- Er verbringt Sonn- und Feiertage im Büro.

Taten sagen mehr als Worte

Gegen »handfeste Beweise«, wie es im Polizeijargon heißt, hilft auch alles Leugnen nichts. Viele heimliche Geliebte legen es darauf an, dass die Frau ihres Liebhabers von der Affäre erfährt, weil sie hoffen, die Ehe werde dadurch zerbrechen. Auch wenn ein verheirateter Mann der festen Überzeugung ist, dass seine Geliebte »ihr kleines Geheimnis« für sich behalten wird, sollte er ihre Sehnsucht nach einer Offenlegung ihres Verhältnisses nicht unterschätzen. Es bedarf eines einzigen Telefonanrufes, eines Briefes – oder eines fallen gelassenen Ohrrings, falls der Mann respektlos genug ist, mit seiner Geliebten im eigenen Heim zu schlafen.

Hier sind einige der Gegenstände, die Ehefrauen in ihrer Wohnung oder gar im eigenen Bett gefunden haben; Hinweise, die heimliche Geliebte absichtlich zurückließen:

- Armbänder und Armbanduhren, vor allem solche mit Gravuren.
- Seidene Unterhosen, die in die Kopfkissenöffnung geschoben wurden.
- Lippenstifte.
- Haarspangen auf dem Nachttisch (einer der ältesten Tricks überhaupt).
- Ein Hauch Parfüm im Kleiderschrank der Ehefrau.
- Unterwäsche oder Kosmetikartikel der Ehefrau wurden umgeräumt.
- Kleidung/Kleid mit Spermaspuren.
- Kondome unter dem Kopfkissen.
- Lippenstiftspuren auf einem Handtuch.
- Umgestellte Nahrungsmittel im Kühlschrank.
- Ein Foto des Ehemanns mit der anderen Frau.
- Fotos vom Haus und dem ehelichen Schlafzimmer, die der Frau per Post zugesandt werden.
- Eine Tube Verhütungsmittel im Mülleimer des Badezimmers.

Nora Ephron, die Drehbuchautorin und Regisseurin so bekannter Filme wie *Harry und Sally, Schlaflos in Seattle* und *Email für dich*, ist auch die Autorin des Werkes *Sodbrennen oder Quetschkartoffeln gegen Trübsinn*, das 1986 ebenfalls verfilmt wurde. Buch und Film sind die fast unverhüllte Schilderung von Ephrons Ehe mit Carl Bernstein, dem früheren Watergate-Enthüllungsjournalisten der *Washington Post*.

Die Geschichte ist das klassische Porträt einer Frau, die herausfindet, dass ihr Mann sie betrügt. Meryl Streep spielt die Gastronomiekritikerin Rachel, die den Kolumnisten Mark heiratet, gespielt von Jack Nicholson. Als Rachel ihr zweites Kind erwartet, stellt sie fest, dass Mark fremdgeht. Er hat nicht nur ein sexuelles Verhältnis, sondern eine ernsthafte Beziehung mit der Washingtoner Jetset-Frau Thelma Rice, die Gattin eines Diplomaten.

Die Erkenntnis, dass ihr Mann fremdgeht, überkommt Rachel beim Friseur. Während sie sich die Haare schneiden lässt, erzählt ihre Friseurin einer Kollegin, sie habe gerade herausgefunden, dass ihr Freund sie betrüge. Bei diesen Worten fällt bei Rachel der Groschen. Sie springt aus ihrem Stuhl, eilt nach Hause, findet den Schlüssel zu Marks verschlossenem Schreibtisch und durchsucht seine Unterlagen. Sie findet Beweise in Form von Hotel- und Blumenrechnungen. Ephron kommentierte dies mit den Worten, es gebe keinen guten Zeitpunkt herauszufinden, dass der eigene Mann fremdgeht. Aber dabei schwanger zu sein, müsse der schlechteste Zeitpunkt überhaupt sein! Als die Hauptfigur Rachel im Buch ihren Mann mit den Beweisen seiner Untreue konfrontiert, verschlägt es diesem die Sprache und er verlässt fluchtartig das Haus.

Die in diesem Film dargestellten Reaktionen und Gefühle der beiden Ehepartner sind typisch für das Empfinden vieler Millionen anderer Paare, wenn sie mit der Untreue des Partners konfrontiert werden.

Wenn das Private öffentlich wird

> *Zwei Menschen können nur dann ein Geheimnis für sich behalten, wenn einer von beiden tot ist.*
> Joan Collins

Sexualleben und Freunde mit Kassettenrekordern

Viele Fälle von ehelicher Untreue kommen durch Kassetten- oder Videoaufnahmen, Fotoapparate, Zeitungsjournalisten, Flughafen-Überwachungskameras, Fernsehkameras und immer öfter auch durch das Internet ans Licht. Besonders häufig jedoch erfahren Frauen durch die Wahlwiederholungstaste des Telefons von der Untreue ihres Mannes.

Linda Tripp ist eine der wohl bekanntesten und meistgehassten Frauen, die eine außereheliche Affäre ans Licht der Weltöffentlichkeit zerrte. Monica Lewinski war indiskret genug, um am Telefon über ihre Liaison mit Bill Clinton zu sprechen, aber Linda Tripp trieb es sogar noch bunter, indem sie mit Monica immer wieder über die Affäre sprach, die Gespräche, obwohl sie befreundet waren, heimlich auf Tonband aufzeichnete und an andere weiterleitete.

Fotos und Liebesbriefe

Als eine italienische Zeitschrift Bilder veröffentlichte, auf denen der Ehemann von Prinzessin Stephanie von Monaco, Daniel Ducruet, beim Herumtollen mit einer nackten Schönen zu sehen war, fand die Ehe ein jähes Ende. Hatte man ihn hereingelegt? Niemand weiß es. Was immer dahinter stecken mag, er wurde vor »laufender Kamera« erwischt!

Dann ist da der Fall einer Frau, die die Scheidung einreichte, nachdem ein Foto ihres Mannes in der Zeitung erschienen war, auf dem er an einem schönen Tag Arm in Arm mit einer attraktiven blonden Frau im Park spazieren ging und die beiden sich küssten. Ein Reporter hatte sie zufällig abgelichtet, ohne zu ahnen, dass sie ein außereheliches Verhältnis hatten.

Ein ähnlicher Vorfall ereignete sich bei einem Sportereignis, als eine Fernsehkamera ein Paar bei einem leidenschaftlichen Kuss zeigte. Das Bild erschien nicht nur auf der Riesenleinwand des Stadions, sondern wurde auch im Fernsehen übertragen. Die Ehefrau des Mannes war zu Hause und nahm ihrem Mann gerade brav die Spielübertragung auf Video auf, als sie ihn auf dem Bildschirm entdeckte. »Wenn du fremdgehst und deine Frau findet es heraus, was früher oder später auf jeden Fall passiert, dann gnade dir Gott!«, beschrieb mir ein notorischer Frauenheld ein solches Szenario.

Doch nicht nur gewöhnliche Sterbliche werden erwischt. In Esley Hagoods Buch *Presidential Sex* ist zu lesen, dass der amerikanische Präsident Franklin D. Roosevelt mit einer Lungenentzündung im Bett lag, während seine Frau Eleanor die Post durchsah. Dort fand sie zu ihrem Entsetzen die Liebesbriefe seiner Sekretärin Lucy. Als sie ihrem Mann die Beweise unter die Nase rieb, versprach er die Affäre zu beenden. Doch es wird allgemein vermutet, dass das Verhältnis zwischen ihm und Lucy mehr als dreißig Jahre, bis zu seinem Tod 1945, fortbestand.

Die Dreiecksbeziehung Chef–Sekretärin–Ehefrau ist ein weit verbreitetes Schreckensszenario. Für Ehefrauen ist eine solche Konstellation besonders schwer zu handhaben, da sie wissen, dass ihr Mann der anderen Frau tagtäglich (und möglicherweise auch nächtlich) begegnet. Eine Frau erfuhr von der Affäre ihres Mannes mit seiner Sekretärin, als sie im Büro anrief und einer seiner Mitarbeiter, der das Verhalten seines Chefs missbilligte, ihr mitteilte, das Paar sei übers Wochenende zum Skifahren verreist, während sie in dem Glauben war, ihr Mann müsse verreisen, um eine Rede zu halten.

Außereheliche Verhältnisse finden nicht in einem luftleeren Raum statt. Viele Menschen sind bereit, ein fremdgehendes Paar zu verraten – man denke nur an Linda Tripp! Wenn es um Sex geht, gibt es keine Verschwiegenheit. Die Menschen lieben Klatsch. Und da jeder seine eigenen Regeln hat, kommt es vielen entgegen, wenn untreue Liebende erwischt werden. »Freunde spionieren keine Freunde aus« ist eine erstrebenswerte, aber häufig gebrochene Anstandsregel. Briefe, Fotos, Kassetten und Videobänder sind verräterische Hinweise auf außereheliche Aktivitäten, die jederzeit den Weg zu einem ahnungslosen Ehepartner finden können. Wenn es um Affären geht, können Sie sich nur auf sich selbst verlassen.

Die Charles-Camilla-Diana-Show

Durch Videoaufnahmen von der Untreue des eigenen Mannes zu erfahren, ist schlimm genug, aber wenn diese Aufnahmen auch noch von Millionen anderen Zuschauern auf der Welt gesehen werden, gewinnt die Demütigung eine ganz neue Dimension.

Am 29. Juni 1994 zeigte das britische Fernsehen den Journalisten Jonathan Dimbleby in einem Interview mit Prinz Charles. Während dieses Interviews gestand Charles, dass er Diana betrogen habe, als die Ehe 1986 unwiederbringlich zerrüttet war. Diana wurde später mit den Worten zitiert: »Ein Teil von mir wünschte sich, ihn sagen zu hören, er habe Ehebruch begangen, der andere Teil wollte, dass er es abstritt.« Erst 1996 ließ sich das Paar scheiden – zehn Jahre später! Vielen Frauen fällt es schwer, auch nur für kurze Zeit mit einem untreuen Partner weiterzuleben, ganz zu schweigen von Jahren.

Auch wenn Diana schon am nächsten Tag mit einem Aufsehen erregenden Foto in London für Schlagzeilen sorgte, auf dem sie sich mit einem äußerst freizügigen Kleid an ihrem Mann rächte, muss seine Fernsehbeichte für sie dennoch niederschmetternd gewesen sein. Auch eine der schönsten Frauen der Welt kann von dem Geständnis ihres Mannes, untreu gewesen zu sein, zutiefst verletzt und gedemütigt werden. In dieser Ehe jedenfalls waren drei eine zu viel.

Wenn gute Freunde auspacken

Nicht nur Feinden, auch Freunden stellt sich die Frage, ob man einen Ehepartner über die außerehelichen Aktivitäten seiner Gefährtin oder seines Gefährten informieren sollte oder nicht. Bei einigen ist die Motivation dafür zwiespältig, bei anderen schlichtweg niederträchtig. Doch was immer dahinter stecken mag, fest steht, dass viele Frauen aus dem »Flüsterkanal« von der Untreue ihres Mannes erfahren.

Für echte Freunde ist es quälend zu entscheiden, ob sie einer Freundin oder einem Freund mitteilen sollen, dass sie/er betrogen wird. Manche kommen zu dem Schluss, dass es sie nichts angeht, und sie halten sich heraus. Andere fragen sich, wie sie sich fühlen würden, wenn die ganze Stadt über ihren Partner Bescheid wüsste und niemand sagte ihnen die Wahrheit.

Leider erwischt es oft den Überbringer der Botschaft, weil die betrogene Frau sich zunächst gegen die Person wendet, die ihr »reinen Wein« einschenkt. Daher stehen mitunter gerade wohlmeinende Freunde »im Regen« und müssen sich für ihre »Unverschämtheit« beschimpfen lassen. Doch nach einiger Zeit wissen es die meisten Frauen zu schätzen, dass eine Freundin oder ein Freund loyal genug war, sie über ihren untreuen Partner aufzuklären. Auch wenn es verletzend und kränkend sein mag, gibt ihnen das Wissen doch die Chance, ihr Leben wieder in die eigenen Hände zu nehmen.

Der Treuetest

Nicht alle Frauen, die vermuten, dass ihr Mann fremdgeht, sind bereit, seinen Unschuldsbeteuerungen Glauben zu schenken. In den USA gibt es jetzt Hilfe für Frauen, die wissen wollen, ob ihr Mann es sich ab und zu mit einer anderen gemütlich macht. In wachsender Zahl entstehen dort Privatagenturen, die sich darauf spezialisieren, Dienste zur Überprüfung von Ehepartnern anzubieten. Dabei werden Frauen als so genannte »Lockvögel« eingesetzt, die sich einem Mann nähern und feststellen sollen, wie er reagiert. Die Klienten, in der Mehrzahl Frauen, haben so die Möglichkeit, ihren Partner auf die Probe zu stellen.

Im Klartext besteht der Treuetest aus einer attraktiven Frau, die als Lockvogel fungiert und mit der männlichen Zielperson flirtet, um festzustellen, wie bereitwillig er sich auf ein sexuelles Abenteuer einlässt. Der Besitzer einer solchen Lockvogelagentur berichtete: »Es ist alarmierend, wie schnell viele Männer bereit sind, ihre Beziehung aufs Spiel zu setzen, in der Hoffnung auf eine unverbindliche, schöne Liebesnacht.« Vor allem Unternehmer und Geschäftsmänner seien am schnellsten geneigt, sich auf eine Affäre einzulassen und das Vertrauen ihrer Frauen zu missbrauchen, berichtet ein weiblicher Lockvogel. Die Zeitschrift *Elle* zitiert sie mit den Worten: »Viele von ihnen glauben, sie hätten ein Recht darauf, eine treu sorgende Ehefrau und eine Geliebte zu haben.«

Im November 1996 präsentierte der Sender *Dateline NBC* eine Show mit dem Titel »Liebe, Lügen, Videos«, in der dem Publikum erklärt wurde, wie der Treuetest funktioniert und wie weibliche Lockvögel dazu eingesetzt werden, untreue Ehemänner zu enttarnen. In der Gesellschaft stoßen solche Lockvogelagenturen und Privatdetekteien auf zunehmende Akzeptanz, da immer mehr Menschen begreifen, dass heimliche Geliebte – und Affären – für das Scheitern vieler Ehen verantwortlich sind. »Der Lockvogel ist die beste Freundin, die eine Frau sich wünschen kann«, resümierte eine Frau.

Nach seiner Erfahrung stritten neun von zehn Männern ab, dass sie verheiratet sind, wenn sie einem Lockvogel begegnen, berichtet der Besitzer einer Lockvogelagentur. »Mir tun nicht die Männer Leid, sondern ihre Frauen, weil diese oft genug am eigenen Verstand zweifeln.« Viele Frauen äußern sich sehr zufrieden über die Dienste einer solchen Agentur und haben das Gefühl, ihr Geld sinnvoll angelegt zu haben. Selbst bei Ausgaben von mehr als siebenhundertfünfzig Euro, erläutern Frauen, hätten sie sich damit wenigstens ihren Seelenfrieden gekauft. Nicht jede Frau entscheidet sich dazu, einen Mann, der beim Ehebruch erwischt wird oder beim Treuetest durchgefallen ist, zu verlassen; doch viele haben das Gefühl, es sei auf jeden Fall besser, über seine außerehelichen Aktivitäten nicht länger im Dunkeln zu tappen.

Den Ehemann ausspionieren

Frauen, die zu ahnen glauben – aber nicht genau wissen –, dass ihr Mann fremdgeht, haben verschiedene Möglichkeiten, ihren Verdacht zu überprüfen.

Emma beispielsweise hegte die Vermutung, dass ihr Mann eine Freundin ins Haus holte, sobald sie abends oder am Wochenende geschäftliche Verabredungen hatte oder zum Essen ausging. Daher beschloss sie, ihren Mann mit dem Babyphone abzuhören. Sie erklärte ihm, dass sie mit einer Freundin zum Essen und anschließend ins Kino gehen und nicht vor Mitternacht zurückkommen werde. Damit wäre er fünf Stunden allein zu Hause.

Den Sender des Babyphones legte Emma unter ihr Kopfkissen im Schlafzimmer, den Empfänger nahm sie mit. Sie parkte den Wagen um die Ecke, ging zu ihrem Garten zurück und setzte sich dort unter einen Baum vor dem Schlafzimmer. Es wurde schlimmer, als sie erwartet hatte. Sie konnte durch das offene Fenster nicht nur live miterleben, dass ihr Mann mit einer anderen schlief, sondern hörte das Ganze auch noch über das Babyphone mit an.

Trotz ihrer Verzweiflung war Emma gleichzeitig auch erleichtert, dass sich ihr Verdacht bestätigt hatte. Ihr Mann hatte sie belogen und dazu gebracht, ihrer eigenen Wahrnehmung nicht mehr zu trauen. Daher fühlte sie sich erleichtert. Das Babyphone hatte ihr den Verstand gerettet.

Das Durchsuchen von Geldbörse und Aktentasche ihres Mannes indes sicherte Wendy den Seelenfrieden – solange sie keine Anhaltspunkte für eine Affäre fand. Denn nachdem er mehrere sexuelle Eskapaden eingestanden und versprochen hatte, »brav« zu sein, hatte Wendy begonnen, regelmäßig seine Börse zu durchstöbern, sobald er unter der Dusche stand. Nach Geschäftsreisen untersuchte sie zusätzlich seine Aktentasche. Fand sie keine »Hinweise auf ein Rendezvous«, wie sie es nannte, war sie überglücklich. Doch nachdem sie wiederum mehrmals Kondome entdeckte, fiel sie in tiefe Depression und schwor sich, nie wieder herumzuschnüffeln.

Da Wendy unter der Bedingung bei ihrem Mann geblieben war, dass dieser seine Affären aufgibt, brauchte sie »Beweise«, die ihr zeigten, dass er Wort hielt. Ihr Vertrauen war verständlicherweise erschüttert, und sie versuchte es zurückzugewinnen, indem sie das Versprechen ihres Mannes auf die Probe stellte. Doch nachdem sie deutliche Hinweise entdeckt hatte, die ihre Zweifel aufs Neue schürten, hörte sie auf, in den Besitztümern ihres Mannes herumzustöbern. Sie begriff, dass sie, wenn sie weiter an ihrer Ehe festhalten wollte, in Zukunft alle Anzeichen von Untreue ignorieren musste. Von nun an würde sie sich auf das Wort ihres Mannes verlassen müssen und durfte nicht mehr herumspionieren. Für Wendy war die vermeintliche Unwissenheit die einzige Möglichkeit, weiter mit ihrer Ehe und den gelegentlichen Affären ihres Mannes umzugehen.

Es ist niemals leicht zu begreifen, dass der Mann, den man liebt, mit einer anderen Frau schläft. Die Wahrheit tut weh, aber sie kann auch heilsam sein.

Mit Geheimnissen und Lügen lässt sich keine lebendige, liebe- und vertrauensvolle Ehe führen. Doch wer einmal von der Untreue des Partners weiß, geht die nächsten Schritte im Leben als Gefährtin eines Ehebrechers. Irgendwann muss sich jede Frau, die mit einem untreuen Mann zusammen ist, zwei Fragen stellen: Warum soll ich weiter mit einem untreuen Mann zusammenleben? Und: Wie will ich weiter mit ihm zusammenleben?

Merke!

- Es ist besser, zu wissen, dass Ihr Mann eine Affäre hat, als so zu tun, als sei nichts. Wissen ist Macht. Leugnen und andere Formen der Selbsttäuschung zögern das Unvermeidliche nur hinaus.
- Mehr zu wissen – und das lieber heute als morgen – ist am besten.
- Gewarnt sein heißt, gewappnet sein. Je besser Sie über die Eskapaden Ihres Mannes Bescheid wissen, desto besser können Sie dazu Position beziehen.
- Quittungen und die Wahlwiederholungstaste des Telefons sind die häufigsten Hinweise auf eine Affäre.
- Wenn Sie vermuten, dass Ihr Mann fremdgeht, dann haben Sie vermutlich Recht damit.
- Zögern Sie nicht, der Sache auf den Grund zu gehen, wenn Sie glauben, dass Ihr Mann fremdgeht. Sie müssen sich in emotionaler, körperlicher, finanzieller und seelischer Hinsicht vor seiner Untreue schützen.

Zweiter Teil
Wie Sie sich an der Seite eines untreuen Mannes selbst treu bleiben

7. Kapitel
Warum SIE bleibt, wenn ER fremdgeht

Ich sitze hier nicht, weil ich die Königin des Herzschmerzes bin, die sich verzweifelt an ihren Mann klammert. Ich bin hier, weil ich ihn liebe und respektiere und weil ich Achtung vor dem habe, was er durchgestanden hat und was wir beide gemeinsam durchgestanden haben.
Hillary Clinton, in *60 Minutes*, im Januar 1992

Ich möchte lieber nicht mit jemandem verheiratet sein, der mich nicht genug liebt, um mir treu zu sein.
Alice Starr in der Zeitschrift *Ladies' Home Journal*, im März 1999

Sünderin oder Heilige?

Das Erste, was sich die Menschen normalerweise fragen, wenn sie von der außerehelichen Affäre eines Mannes hören, ist: »Weiß seine Frau Bescheid?« Die zweite Frage lautet häufig: »Warum verlässt sie ihn nicht?«

Ganz egal, wie sie reagiert – eine betrogene Frau wird immer mit Kritik überzogen. Männer wie Frauen rügen sie dafür, dass sie bei ihrem Mann bleibt und seine Untreue toleriert. »Hat sie denn keinen Funken Stolz im Leib?«, wird laut gefragt. Häufig macht man ihr auch zum Vorwurf, ihn nicht vom Fremdgehen abgehalten oder ihn gar dazu getrieben zu haben. Entschließt sich eine Frau hingegen, ihren untreuen Mann zu verlassen, wird ihr vorgehalten, ihm nicht zur Seite zu stehen und ihn in einer schwierigen Zeit im Stich zu lassen.

Egal, wie sich eine Frau ihrem untreuen Mann gegenüber verhält, sie wird zum Blitzableiter für kontroverse Ansichten. Kein Wunder, dass viele Frauen selbst nicht wissen, was sie tun sollen, wenn sie von den außerehelichen Aktivitäten ihres Mannes erfahren. Auch wenn die meisten meiner Interviewpartnerinnen gar nicht wissen wollten, ob ihr Mann ihnen untreu ist, haben es alle irgendwann herausgefunden. Aber selbst dann hatten die meisten von ihnen noch den Wunsch, den Kopf in den Sand zu stecken. Fast alle Frauen, die an meiner Studie teilnahmen, verlegten sich zunächst aufs Leugnen. Als sie schließlich gezwungen waren, den Tatsachen ins Auge zu sehen, standen alle vor der gleichen Frage: »Soll ich bleiben oder gehen?« Es ist eine qualvolle Frage, denn niemand möchte den Menschen verlassen, den er liebt – und ihn schon gar nicht einer anderen Frau überlassen, ohne zumindest um ihn gekämpft zu haben.

Wenn Frauen sich schließlich eingestehen, dass ihr Mann sie betrügt, beschreiben sie ihre Gefühle mit Bildern wie: »Wie vom Schlag getroffen«, »wie vom Donner gerührt« zu sein oder, wie Elizabeth Hurley es beschrieb, als hätte man ihr »mitten ins Herz geschossen«. Eine andere Frau, Victoria, beschrieb es folgendermaßen:

Als mir endlich ein Licht aufging und ich begriff, warum sich Ken so kühl verhielt und mich kaum noch anfasste, war mir alles klar. Ich fühlte mich völlig allein. Ich war eifersüchtig auf die Frau, mit der er schlief, wer immer sie sein mochte, und auf die Aufmerksamkeit, mit der er sie überschüttete. Ich schwor mir, sie zu finden und zu stellen. Sie würde es noch bereuen, dass sie sich in meine Ehe eingemischt hatte. Doch ich verlor den Mut. Ich schwankte ständig zwischen Trauer und Angst hin und her. Mein ganzes Vertrauen war dahin, und ich hatte das Gefühl, ins offene Meer hinausgespült zu werden. Meine Liebe war in tausend Stücke zerbrochen. Als ich ihm hinterherspionierte und herausfand, dass es seine Sekretärin war, mit der er schlief, wurde ich noch niedergeschlagener. Sich vorzustellen, dass er jeden Morgen zu ihr ging, nachdem er die Nacht mit mir verbracht hatte! Sobald er zur Arbeit geht oder auch nur das Haus verlässt, weiß ich, dass er wahrscheinlich zu ihr geht. Ich kann ihm kein Wort mehr glauben. Auch wenn ich ihn noch nicht darauf angesprochen habe, ist für mich jetzt schon alles anders. Manchmal hasse ich ihn und dann vergöttere ich ihn wieder. Bevor ich mit ihm spreche, möchte ich meine Gefühle so weit in den Griff kriegen, dass ich wieder halbwegs vernünftig denken kann.

Ich will, dass er sie nicht mehr trifft, aber ich habe Angst, dass er mich und nicht sie fallen lässt, wenn ich ihn darauf anspreche. Ich möchte unsere Ehe ohne eine dritte Person wieder aufbauen. Ich habe geglaubt, wir hätten eine liebevolle, solide Ehe. Wie konnte er mir das nur antun?

Victoria fühlte sich durch die Untreue ihres Mannes schockiert und gedemütigt. Aber wie Millionen andere Frauen will auch sie die Ehe nicht beenden. Sie will die Andere einfach loswerden, damit sie und ihr Mann ihre Ehe wieder aufs richtige Gleis bringen können.

Viele Frauen reagieren genau wie Victoria. Obwohl zu einer Affäre immer zwei gehören, geben sie der anderen Frau die Schuld und behaupten, wenn diese die Finger von ihrem Mann gelassen hätte, wäre es nicht dazu gekommen. Mitunter geben sie sich auch selbst die Schuld oder finden andere Ausreden, um die Verfehlungen ihres Mannes zu entschuldigen. Die Schuld bei ihm selbst zu suchen ist anfänglich zu beängstigend.

Auch wenn die meisten Frauen wollen, dass ihr Mann die Affäre beendet, weigern sich immer mehr Männer, diesem Wunsch Folge zu leisten, oder sie gehen zukünftig noch diskreter und heimlicher vor. Von einer Frau weiß ich, dass ihr Mann ihr erklärte, sie solle sich gefälligst aus seinem Liebesleben heraushalten, als sie ihn bat, nicht mehr mit seiner Sekretärin zu schlafen:
Es ist, als bestehe er aus zwei Personen – dem netten Familienmenschen und dem sexbesessenen, öligen Playboy im Büro. Es widert mich an. Ich fühle mich so hoffnungslos und einsam, dass ich nicht mehr weiß, was ich tun soll. Ich bin sauer auf ihn, aber auf sie bin ich noch wütender. Warum sucht sie sich keinen eigenen Mann? Ich wünschte, man würde sie feuern. Es gibt so viele berufstätige Frauen, die es auf verheiratete Männer abgesehen haben – sie sind eine zu große Versuchung. Ich wünschte, man würde ihr auf die Schliche kommen und sie wegen sexueller Belästigung verklagen. Haben diese Frauen denn keinen Respekt vor der Ehe anderer Frauen? Aber lass sie nur selbst heiraten. Hoffentlich machen sich sämtliche Zwanzigjährigen an ihren Mann heran.

Das Ausmaß der Untreue

Auch wenn die meisten Frauen die Vorstellung, »ein bisschen untreu« zu sein, für blanken Unsinn halten, hängt die Reaktion einer Frau auf den Betrug ihres Mannes in Wirklichkeit dennoch davon ab, wie sehr er sich mit einer anderen Frau eingelassen hat.

Viele Frauen halten einen One-night Stand mit einer Fremden in einer anderen Stadt für weniger gefährlich als eine dauerhafte, tief gehende Beziehung mit einer Frau, die direkt »vor ihrer Nase« lebt, jemand aus dem gleichen sozialen Umfeld beispielsweise. Auch wenn die Frauen, mit denen ich sprach, sich gegen jegliche Formen von Untreue aussprachen, empfinden es viele als deutlich schwieriger, mit einem andauernden Verhältnis des Ehemanns fertig zu werden als mit einem einmaligen »Abenteuer«, das sich sonst wo abgespielt hat.

Gründe, warum Frauen bleiben, wenn Männer fremdgehen

Wenn Frauen den Mann, den sie lieben, nicht mit einer anderen teilen wollen, stellt sich die Frage, warum sie auch dann noch bei ihm bleiben, wenn sie wissen, dass er mit einer anderen schläft? Und vor allem, warum sie auch dann bleiben, wenn es sich um eine ernsthafte Beziehung handelt?

Im Grunde genommen bleiben Frauen aus den gleichen Gründen bei ihrem untreuen Ehemann, aus denen sie ihn auch geheiratet haben – aus persönlichen, sozialen und finanziellen Aspekten. Frauen möchten heiraten und eine Familie gründen und viele betrachten die Rolle als Frau und Mutter als ihre große Lebensaufgabe. Egal, was Frauen sonst anstreben oder im Berufsleben erreichen mögen, auf die Rolle als Frau und Mutter möchten sie nicht verzichten. Auch wenn keine Frau sich einen untreuen Ehemann wünscht, entschließen sich viele dennoch, bei einem solchen zu bleiben, weil sie finden, dass eine schlechte Ehe immer noch besser ist als gar keine. Millionen Frauen geben sich mit den Brotkrumen zufrieden, statt den ganzen Laib zu fordern, selbst wenn das bedeutet, mit einem Frauenhelden zusammenzuleben.

Vor einigen Jahren besuchte ich ein Seminar über Beziehungen, das von einem selbst ernannten »Liebesdoktor« veranstaltet wurde. Eine Teilnehmerin wandte sich mit der Frage an den Experten: »Mein Mann hat immer wieder Affären. Es macht mich wahnsinnig, und ich verliere meine Selbstachtung. Was kann ich tun?« Der Liebesdoktor erwiderte: »Schicken Sie ihn in die Wüste. Die nächste Frage, bitte?«

Die Fragerin war bestürzt und entgeistert. Sie hatte sich Unterstützung und konstruktive Ratschläge erhofft, wie sie mit ihrem Problem umgehen könnte. Stattdessen schämte sie sich nun, dieses quälende Thema überhaupt angesprochen zu haben – und um Hunderte von Dollar betrogen, die sie für die Teilnahme an dem Seminar bezahlt hatte. Was sie brauchte, war die Bestätigung, dass es völlig in Ordnung ist, sich an der Seite eines untreuen Ehemanns schrecklich zu fühlen. Ermutigung, sich auf ihre Möglichkeiten zu besinnen, und praktische Ratschläge, wie sie sich auf das Ende ihrer Ehe vorbereiten kann. Nichts davon hatte sie bekommen. Ihre Bitte um Unterstützung und Hilfe wurde einfach abgeschmettert.

Einer Frau zu raten, ihren untreuen Gatten fallen zu lassen, ist leicht. Dagegen ist es sehr, sehr schwer, solche Worte in die Tat umzusetzen und die notwendigen Schritte zu unternehmen, um sich innerlich darauf einzustellen, ihn wirklich zu verlassen. Die meisten Frauen heiraten, um verheiratet zu bleiben. Wenn ihr Mann fremdgeht, wollen sie nicht ihr ganzes Leben umkrempeln, sondern lediglich, dass die Seitensprünge aufhören. Die meisten lieben ihren Mann und wollen weiter mit ihm zusammenleben.

Wie bereits erwähnt wurde, kommt für viele Frauen aus persönlichen, sozialen und finanziellen Gründen eine Trennung nicht in Frage. Doch nicht wenige müssen sich irgendwann fragen: »Wie konnte ich nur bleiben?« Und: »Wie konnte ich nur so lange bleiben?«

Persönliche Gründe

Laut Umfragen würden nur drei von zehn Frauen ihren Mann verlassen, wenn er fremdginge. Je länger eine Ehe dauert, desto eher sind Frauen geneigt zu bleiben, auch wenn sie betrogen werden. Als Gründe für diese Entscheidung führen sie an: Der Verlust von Liebe sei für sie schwerwiegender als die Tatsache, dass ihr Mann mit einer anderen schläft, und dass sie ihren Mann lieben.

Die Ergebnisse dieser Untersuchungen machen deutlich, welche Bedeutung Zuneigung für Frauen hat und – was noch wichtiger ist – der Verlust von Zuneigung. Für die befragten Frauen ist das Ende der Ehe gleich bedeutend mit dem Verlust von Zuneigung, während die Seitensprünge des Ehemannes nicht automatisch bedeuten, dass sie auch seine Liebe verlieren.

Persönliche Gründe, warum Frauen mit einem untreuen Ehemann zusammenbleiben

- Sie lieben ihren Mann.
- Sie lieben ihre Kinder.
- Sie lieben ihr Familienleben.
- Sie hängen an ihrem Lebensstil.
- Sie wollen ihren Mann nicht einer anderen Frau überlassen.
- Alle Männer gehen fremd, warum soll man sich dann scheiden lassen?
- Die Überzeugung, niemals einen anderen zu finden, den sie lieben könnten und der sie liebt.
- Beide haben sich einvernehmlich arrangiert. Er kümmert sich um seine Karriere, und sie profitiert von den Früchten seines Erfolgs. (Ein Handel nach der Devise: »Er geht fremd und ich gehe einkaufen.«)

Hinter den persönlichen Gründen dafür, bei einem untreuen Mann zu bleiben, stehen meist die tiefen Gefühle, die eine Frau für ihren Mann und für ihre Ehe hegt. Viele denken gar nicht daran, eine für sie so bedeutsame Beziehung aufzugeben, nur weil eine andere Frau ihnen vorübergehend den Mann abspenstig gemacht hat. Mitunter fühlen sich Ehefrauen der Geliebten sogar klar überlegen: »Sie mag mit ihm schlafen, aber mein Name steht auf dem Darlehensvertrag.« Oder: »Sie bekommt ab und zu ein bisschen Sex von ihm, aber ich bekomme alles.«

Wie ein immer wieder ertönender Refrain von Frauen, die bleiben, klingt der Satz: »Ich bleibe, weil ich ihn liebe.« Schön und gut. Liebe ist etwas Wunderbares. Aber ob sich diese Frauen schon einmal gefragt haben, welch merkwürdiger Liebesbeweis es ist, wenn ein Mann seine Frau belügt und betrügt?

Eine sechzigjährige Dame erklärte mir, dass sie ihr Ehegelübde sehr ernst nehme. »Ich habe einen Schwur auf diese Ehe geleistet und ich habe nicht vor, ihn jemals zu brechen. Was mein Mann macht, ist seine Sache, aber ich werde alles dafür tun, um diese Ehe aufrechtzuerhalten.« Der Glaube an die »Liebe« und an die Institution der Ehe ist ein mächtiger und häufig schwer erklärbarer Faktor bei der Entscheidung einer Frau, zu bleiben. Auch die Prinzessin von Wales erklärte dem Journalisten der BBC in ihrem Fernsehinterview vom November 1995, dass sie keine Scheidung wünsche. In dem weltweit ausgestrahlten Interview sagte sie wörtlich: »Ich habe mir verzweifelt gewünscht, dass diese Ehe funktioniert. Und ich hing in verzweifelter Liebe an meinem Mann...«

Ein weiterer maßgeblicher Grund dafür, dass Frauen bei ihrem untreuen Ehemann bleiben, ist das »Wohl der Kinder«. Die meisten Frauen wollen schlicht und einfach ihre Familie nicht auseinander reißen. Natürlich werden Kinder häufig als Ausrede für alle möglichen Dinge vorgeschoben und das Leben an der Seite eines untreuen Mannes kann durchaus eines davon sein. Eine Scheidung ist zwar für keinen der Betroffenen leicht, aber es gibt keinerlei Hinweise darauf, dass ein Heim mit zerstrittenen Eltern und einem Vater, der lügt, betrügt und fremdgeht, für Kinder zuträglicher ist als das Leben mit einem getrennt lebenden Elternteil. So berichtete eine unglücklich verheiratete Frau:

Ich habe meine Mutter dafür bedauert, dass sie bei ihm geblieben ist und sich von ihm demütigen ließ. Wahrscheinlich hat sie es für uns getan, aber es wäre für sie besser gewesen, wenn sie ihn rausgeschmissen hätte. Die Art, wie er sie belog, hat dazu geführt, dass ich Männern nicht vertrauen kann, und das bekomme ich in meiner Ehe täglich zu spüren. Und die Feigheit meiner Mutter ist auch der Grund dafür, dass ich mit Frauen schlecht umgehen kann.

Der persönliche und emotionale Preis für das Zusammenleben mit einem untreuen Ehemann ist sehr hoch, denn die Entscheidung einer Frau, ihrer Ehe zuliebe die Untreue des Mannes zu tolerieren, schützt sie nicht davor, am Ende von ihm verlassen zu werden.

Ich habe mit einigen Frauen gesprochen, die von ihrem Mann verlassen wurden, obwohl sie seine Seitensprünge jahrelang hinnahmen. Diese Frauen haben nicht nur gegen ihre innere Überzeugung gehandelt, indem sie ein Verhalten tolerierten, das sie aus tiefstem Herzen verabscheuten, sie wurden am Ende – trotz aller Liebe und Hingabe – einfach achtlos fallen gelassen. Unterdessen aber durchlitten sie seelische Grausamkeiten, Demütigungen und die sexuelle wie emotionale Leere an der Seite eines Mannes, der sie darüber hinaus oft jahrelang der Gefahr aussetzte, sich mit einer sexuell übertragbaren Krankheit zu infizieren. Und das alles in dem vergeblichen Bemühen, eine Ehe aufrechtzuerhalten. Viele dieser heute fünfzig- und sechzigjährigen Frauen leben nun allein und haben wenig Aussichten auf einen Arbeitsplatz oder einen neuen Partner. So manche könnte verzweifeln bei dem Gedanken, dass sie die besten Jahre ihres Lebens an einen Mann verschwendet hat, der sie betrog, und sie macht sich schwere Vorwürfe, nicht eher aufgewacht zu sein und von sich aus die Initiative ergriffen zu haben.

Mit ihrem Entschluss, darauf zu warten, dass der Mann seine Seitensprünge von selbst aufgibt, ermöglicht, vergibt und toleriert eine Frau in Wirklichkeit die Untreue ihres Mannes. Um aus dieser Hölle aus »Abwarten und Tee trinken« herauszukommen, muss sie zuerst entscheiden, was *sie* will, und dann die entsprechenden Maßnahmen ergreifen. Niemand kann sie zwingen, bei einem Ehebrecher auszuharren. Wie überzeugend ihre Gründe für das Bleiben auch sein mögen, sie riskiert damit, Jahre ihres Lebens an jemanden zu verschwenden, der sie am Ende möglicherweise doch im Stich lässt.

Soziale Gründe

Es ist kein großes Geheimnis, dass die Chancen für Frauen auf dieser Welt spärlicher gesät sind als für Männer. In gewisser Weise wird die Vorstellung von den Aufgaben einer erwachsenen Frau immer noch eng verknüpft mit dem Leben eines Mannes. Viele Frauen, mit denen ich sprach – selbst jene zwischen dreißig und vierzig –, sind fest davon überzeugt, ohne Mann bedeutungslos zu sein. Mehr Frauen, als wir denken, halten ihren ehelichen Status nach wie vor für das Wichtigste im Leben. Es mag heutzutage weniger Eheschließungen geben, aber die Mehrheit der Frauen strebt noch immer nach der Ehe als einer Art »höheren Existenzstufe«. Jede allein stehende Frau, mit der ich sprach, äußerte den Wunsch, »erwählt« zu werden – also zu heiraten, und von verheirateten Frauen weiß ich, dass sie »erwählt« bleiben wollen – um fast jeden Preis. Auch wenn dies mitunter bedeutet, akzeptieren zu müssen, dass sich der Partner mit einer anderen trifft.

Soziale Gründe, warum Frauen mit einem untreuen Ehemann zusammenbleiben

- Die schlechteren Chancen für geschiedene Frauen.
- Der Statusverlust nach einer Ehescheidung.
- Die Verschlechterung des Lebensstils nach der Scheidung.
- Die geringen Aussichten, jemand Neues kennen zu lernen.
- Die Angst, in gesellschaftlicher Hinsicht unsichtbar zu werden.
- Die Einstufung von geschiedenen Frauen als »gebrauchte Ware«.

- Die Überzeugung, dass Frauen mit einem bestimmten sozialen Status einen Ehemann »brauchen«.
- Die Demütigung, einer anderen Frau zu unterliegen.
- Der gesellschaftliche Druck, die Untreue des Mannes hinzunehmen und klaglos zu ihm zu halten.

Für die Entscheidung, bei einem untreuen Gefährten zu bleiben, lassen sich viele soziale Faktoren aufzählen; darunter auch die Stigmatisierung geschiedener Frauen. Trotz weiter steigender Scheidungszahlen fühlen sich viele Frauen dennoch gebrandmarkt. Häufig wird auf geschiedene Menschen – auch auf Männer – herabgesehen, weil sie nicht in der Lage waren, ihre Ehe aufrechtzuerhalten. »Es ist eine Sache herumzuschlafen; aber eine ganz andere, seine Frau zu verlassen«, meinte ein Mann. Offensichtlich denken viele Frauen genauso.

Dem folgenden Kommentar bin ich bei meinen Untersuchungen immer wieder begegnet:

Alle Männer gehen fremd. Aber zumindest führe ich ein angenehmes Leben. Warum sollte ich meinen Mann gegen einen anderen eintauschen, der mich ebenfalls betrügen würde, mir aber wahrscheinlich nie das bieten könnte, was ich jetzt habe? Ich müsste verrückt sein, ihn seinen Gespielinnen zu überlassen. Ich bin seine Nummer eins, egal, mit wie vielen er sonst schläft. Er würde seine Familie nie im Stich lassen. Dafür sind wir ihm viel zu wichtig. Ich werde mir bestimmt nicht mein Leben ruinieren, indem ich ihn vor die Tür setze – wofür denn? Für einen anderen, der ihm nie das Wasser reichen könnte?

Für viele Frauen ist die Vorstellung, sich als geschiedene Frau in der Gesellschaft bewegen zu müssen, ein Albtraum. Dies ist Megans Reaktion:

Alles in allem finde ich es halb so wild, wenn ein Mann sich außerhalb der Stadt ein wenig austobt. Solange ich davon nichts mitbekomme. Schon der Gedanke, als Fünfzigjährige wieder auf Männersuche gehen zu müssen, ist mir unerträglich. Wahrscheinlich ist mein Los das kleinere Übel. Ich habe ein gutes Leben mit einem Mann, den ich anbete, auch wenn ich ihm manch-

mal am liebsten die Eier abschneiden würde. Ich könnte nie einen anderen Mann so lieben wie Harry. Auch wenn er im Laufe unserer zwanzigjährigen Ehe immer wieder fremdgegangen ist, verbindet uns doch etwas ganz Besonderes. Seien wir ehrlich, zwanzig Jahre an einem einzigen Menschen zu hängen ist eine große Investition. Das werfe ich nicht einfach fort.

Überall hört man Horrorgeschichten über geschiedene Frauen in meinem Alter, die versuchen einen neuen Mann kennen zu lernen. Ich finde das erbärmlich. Ich könnte das nicht ertragen. Die meisten Männer sind echte Verlierer, haben nichts als Sex im Kopf. Ich hatte wirklich noch Glück. Es könnte viel schlimmer sein. Mir tun diese allein stehenden Frauen Leid und ich will bestimmt nicht so enden wie sie. Das Leben, das sie führen, schreckt mich derart ab, dass ich solchen Frauen lieber aus dem Weg gehe. Sie wirken so ausgehungert nach Liebe und Zärtlichkeit. Wahrscheinlich sind sie verbittert. Okay, ich bin auch verbittert, aber zumindest bin ich verheiratet. Und zumindest kommt mein Mann fast jede Nacht zu mir zurück.

Ich hasse es, wenn er mich betrügt. Aber mir geht vieles gegen den Strich und ich muss trotzdem damit leben. Für mich ist es wirklich das kleinere Übel.

Megans Ansicht steht stellvertretend für viele Frauen. Sie danken Gott für das, was sie haben, statt vergeblich darauf zu hoffen, dass ihr Mann mit seinen Seitensprüngen aufhört. Sie wollen keinen Wirbel machen, aus Angst, die Ehe könnte ganz in die Brüche gehen. Ihr Status und ihr Lebensstil – ihr ganzes Leben baut darauf auf, dass sie die Frau von Herrn Soundso sind.

Die Ängste sitzen tief, besonders dann, wenn die Menschen nichts anderes vor Augen haben als finstere Statistiken über die fast aussichtslosen Chancen älterer Frauen, einem neuen passenden Mann zu begegnen. Die magere Auswahl für Frauen mit Kindern beziehungsweise ältere Frauen veranlasst viele, bei ihrem Mann zu bleiben, auch wenn sein Verhalten sie noch so abstoßen mag.

Es ist wahr, die Kontaktaussichten für geschiedene Frauen über fünfzig beziehungsweise für Frauen mit Kindern, wenn sie nicht gerade auffallend gut aussehen, sind gering. Viele von ihnen bleiben unverheiratet, manche freiwillig, viele aber auch deshalb, weil es an passenden Männern mangelt.

Zahlreiche Studien, darunter Susan Faludis bahnbrechendes Werk *Backlash: Die Männer schlagen zurück* und der *Janus Report on Sexual Behavior*, belegen die enormen Schwierigkeiten von über fünfzigjährigen Frauen bei der Suche nach einem neuen Partner. Eines dieser Probleme ist die altbekannte Doppelmoral im Hinblick auf Aussehen und Alter. Männer heiraten in der Regel lieber jüngere Frauen, das heißt, einem fünfzigjährigen Mann bieten sich Chancen bei allen interessierten Frauen über fünfundzwanzig. Eine fünfzigjährige Frau dagegen wird es schwer haben, auch nur einen gleichaltrigen Interessenten zu finden. Sie muss sich wahrscheinlich bei den Sechzigjährigen umsehen, aber da Männer gewöhnlich früher sterben als Frauen, sind sie in den fortgeschrittenen Altersgruppen nicht mehr sehr zahlreich vertreten. Auf hundert Frauen in der Altersgruppe sechzig und aufwärts kommen etwa vierzig Männer.

Angesichts dieser deprimierenden Situation für geschiedene Frauen in fortgeschrittenem Alter ist es kein Wunder, dass viele von ihnen lieber mit einem untreuen Mann zusammenbleiben. Auch wenn seine Untreue sie verletzt und demütigt, ist es für viele eine bessere Alternative als Scheidung und Einsamkeit. Anna formuliert diese Einstellung folgendermaßen:

Nur unsere lange und überwiegend glückliche gemeinsame Zeit verleiht mir einen gewissen Vorteil gegenüber diesen Scharen hübscher junger Frauen, die sich meinem Mann an den Hals werfen. Wenn ich dagegen auf dem »freien Markt« gegen sie konkurrieren müsste, hätte ich keine Chance. Sehen wir den Tatsachen ins Gesicht: Eine über fünfzigjährige Frau mit Falten und Schwangerschaftsstreifen ist für einen Mann nicht halb so anziehend wie eine hübsche, knackige Dreißigjährige – es sei denn, sie teilen sich eine Hypothek, und er riskiert, sein halbes Vermögen zu verlieren! Ich müsste verrückt sein, auf das zu verzichten, was ich habe. Ja, ich wünschte, er würde seinen Schwanz in der Hose lassen und nicht ständig unter fremde

Röcke stecken. Aber ich bin froh, dass er bei mir bleibt, wo sich ihm so viele andere Möglichkeiten bieten. In gewisser Weise bin ich sogar stolz darauf, dass ich es bin, die mit ihm verheiratet ist.

Eine andere drückte es so aus:
Sobald die Leute hören, dass eine Ehe wackelt, könnte die Frau genauso gut Lepra haben. Alle gehen ihr aus dem Weg und halten sich lieber an den Mann. Niemand gibt sich gern mit einer unverheirateten Frau ab. Sie erinnert andere Frauen daran, was ihnen ebenfalls passieren kann, außerdem ist sie eine potenzielle Gefahr, denn sie könnte es schließlich auf den Ehemann abgesehen haben.

Soziale Ungleichheit und weibliche Sozialisation sind mächtige Antriebsfaktoren dafür, dass Frauen einen untreuen Mann nicht verlassen. Sie sehen meist keinen Gewinn darin zu gehen, wissen gleichzeitig aber sehr gut, was sie zu verlieren haben.

Es gibt auch Frauen, die glauben, nichts Besseres verdient zu haben als einen Ehemann, der sie belügt und betrügt. Ihr mangelndes Selbstbewusstsein erlaubt es ihnen nicht, Zukunftsvisionen zu entwickeln und sich vorzustellen, ihr Leben und sich selbst zu verbessern, indem sie ihren Mann verlassen. Der Ehe zuliebe nehmen sie das schlechte Verhalten ihres Mannes in Kauf. So gesteht Maris, eine fünfunddreißigjährige leitende Angestellte: »Wenn mein Mann sich bei mir für seine Affäre entschuldigen und mir sagen würde, dass er mich trotzdem mehr liebt als sie, würde ich bei ihm bleiben, auch wenn er sich weiter mit ihr trifft.«

Immer wieder höre ich Frauen sagen, sie fühlten sich haltlos ohne einen Mann an ihrer Seite – besonders und nachvollziehbarerweise nach einer langjährigen Ehe. Eine Frau bezeichnete ihren Mann als ihren »Anker«. Eine andere meinte: »John ist für mich die Luft zum Atmen. Ich wäre verloren ohne ihn. Seine Seitensprünge sind dafür ein geringer Preis.« Die in Beziehungen und in der Gesellschaft verankerten traditionellen Strukturen ermutigen Frauen dazu, zu heiraten und trotz der Untreue ihres Mannes verheiratet zu bleiben. Auch wenn es ihnen missfällt, dass ihr Mann fremdgeht, missfällt ihnen der Gedanken an eine Scheidung noch mehr. Sie geraten in eine schreckliche Zwickmühle. Während Männern alle Möglichkeiten offen stehen, sind sie besonders für ältere Frauen so gut wie nicht vorhanden.

Die meisten Scheidungen werden heute von Frauen eingereicht; und doch halten viele an ihrer Ehe fest und nehmen die Seitensprünge ihres Mannes in Kauf. Lieber Ehebruch als Scheidung ist ihre Devise, auch wenn ihnen allen ein monogames Leben am liebsten wäre.

Finanzielle Gründe

Die soziale Ungleichheit ist ein wichtiger Grund dafür, dass Frauen an einer unglücklichen Ehe festhalten. Noch wichtiger aber sind finanzielle Aspekte. Da die meisten Frauen ein niedrigeres Einkommen haben als ihr Mann, ist die Ehe für die meisten ein finanzieller Rettungsanker. Wenn ein Mann fremdgeht, fürchtet eine Frau nicht nur verlassen zu werden, sondern neben der Ehe auch ihren Lebensstil zu verlieren. Für viele Frauen bedeutet eine zerrüttete Ehe auch eine finanzielle Katastrophe.

**Finanzielle Gründe, warum Frauen mit einem
untreuen Ehemann zusammenbleiben**

- Aus finanzieller Notwendigkeit.
- Die finanzielle Lage von Frauen verschlechtert sich meist nach einer Scheidung.
- Schlechtere Karrieremöglichkeiten für Frauen.
- Die Frau hat vor Jahren den Beruf für die Ehe aufgegeben.

Eine vor einem Jahrzehnt durchgeführte Studie von Dr. Lenore Weitzman, die sie in ihrem Buch *The Divorce Revolution* veröffentlichte, belegt, dass sich die finanzielle Situation von Frauen nach der Scheidung um etwa zweiundsiebzig Prozent verschlechtert, während sich die des Mannes um etwa zweiundvierzig Prozent verbessert. Auch wenn dieses Buch nicht unumstritten blieb, wird doch klar, dass die finanzielle Lage vieler geschiedener Frauen ganz anders aussieht als die ihrer Exmänner; man muss sich nur ansehen, wo sie leben, welche Autos sie fahren und wohin ihre Urlaubsreisen führen!

Die finanziellen Verhältnisse geschiedener Frauen verschlechtern sich häufig auch deshalb, weil viele bisher gar nicht oder nur auf Teilzeitbasis berufstätig waren. Doch auch voll berufstätige Frauen werden für die gleiche Arbeit nach wie vor schlechter bezahlt als Männer. Bei einer Scheidung bleiben die besseren Verdienstaussichten daher beim Mann, während die Frau die Brocken zusammenklauben muss.

Die meisten Frauen wissen um ihre prekäre finanzielle Situation und sie sind sich wohl bewusst, dass zwischen ihnen und der Armut häufig nur ihr Ehemann steht, wie eine Frau es formulierte. Bei anderen steht der Ehemann zwischen ihnen und einer niedrigeren sozialen Stufe.

Geldsorgen sind nicht nur für Frauen aus der Arbeiterschicht relevant; auch Frauen aus wohlhabenden Familien machen sich Gedanken um ihre finanzielle Stabilität im Falle einer Scheidung. Schließlich steht es mit den Karriereaussichten für Frauen nach wie vor nicht zum Besten. Oder wie viele Frauen kennen Sie als Oberhaupt einer Firma oder auf hochrangigen Regierungsposten? Wie viele Frauen tauchen in der Forbes-Statistik auf? Es sind nicht viele. Die traurige Wahrheit ist, dass selbst die meisten berufstätigen Frauen in punkto finanzielle Sicherheit nach wie vor auf ihren Mann und auf ihre Ehe angewiesen sind.

Während Männer die hoch bezahlten Stellen okkupieren, haben Frauen mit eingeschränkten Karriereaussichten zu kämpfen. Ein untreuer Ehemann kann daher schnell zum finanziellen Risikofaktor werden. Denn sollte er beschließen seine Frau zu verlassen, wird dies die Familie in mehr als einer Beziehung erschüttern.

Männer profitieren von vielen finanziellen Vorteilen, die Frauen nicht genießen; und dies nicht zuletzt deshalb, weil ungleich mehr Frauen als Männer Teilzeit arbeiten oder gar nicht berufstätig sind. Die Entscheidung, Kinder zu bekommen und aufzuziehen, bedeutet für viele Frauen reduzierte Arbeitszeiten und damit weniger Einkommen als bei Vollzeit-Berufstätigen. Frauen sind, auch wenn sie berufstätig sind, nach wie vor die Hauptverantwortlichen für Haushalt und Familie; diese Tatsache ist heute noch ebenso aktuell wie vor zwanzig Jahren. Und daran wird sich vermutlich auch in Zukunft wenig ändern; Mutterschaft ist und bleibt einer der Gründe, warum Frauen in finanzieller Hinsicht so schlecht abschneiden.

Nach wie vor sind viele – auch berufstätige – Frauen finanziell von ihrem Mann abhängig. Geht dieser Mann fremd und die Frau muss sich entscheiden, ob sie weiter mit ihm zusammenbleiben will oder nicht, wird ihre finanzielle Situation mit zu den ersten Dingen gehören, die ihr durch den Kopf gehen. Viele Frauen halten aus Liebe und aus finanzieller Notwendigkeit an ihrer Ehe fest. Auch wenn diese Frauen betonen, dass sie immer noch an ihrem Mann hängen, ist ihnen gleichzeitig auch bewusst, dass eine Trennung von ihm auch eine Trennung von ihrem derzeitigen Lebensstil bedeuten würde. Sie hassen den Gedanken, ihr gewohntes Leben aufzugeben und einer anderen den Platz frei zu machen. Dazu sagte eine Frau:

Sehen Sie, Sex ist Sex. Und Christopher ist nicht einmal im Entferntesten ein guter Liebhaber. Wir schlafen miteinander, aber die meiste Zeit lasse ich es ohnehin eher über mich ergehen. Für vielleicht zwanzig Minuten dreimal in der Woche. Warum sollte ich wegen Sex auf seine guten Seiten verzichten? Das wäre verrückt. Was ist schon dabei, wenn er sich den Sex anderswo holt? Solange er mich weiter liebt und wir ein ganzes Leben miteinander teilen, werde ich ihn bestimmt nicht verlassen, nur weil er ab und zu eine kurze Nummer schiebt.

Neben Liebe sind Status und Geld die häufigsten Gründe für das Verbleiben einer Frau bei einem untreuen Mann. So erklärte mir die Frau eines prominenten Rechtsanwaltes: »Sobald du nicht mehr die Frau von Herrn Wichtig bist, wirst du augenblicklich zur persona non grata.«

Umgekehrt bedeutet das, je unabhängiger eine Frau in finanzieller Hinsicht ist, desto weniger ist sie bereit, einen untreuen Mann zu tolerieren. Wenn eine Frau eine Ehe ohne finanziellen Druck verlassen kann, lässt sie sich auch eher scheiden. Mitunter jedoch überwiegen persönliche und soziale Gründe die finanziellen Überlegungen. Dies ist bei Serena der Fall, einer aufstrebenden Architektin. Sie verdient nicht nur mehr Geld als ihr Mann, sondern sorgt für seinen Unterhalt. Er ist ein arbeitsloser Musiker und betrügt sie ständig. Dennoch »betet« sie ihn an, und obwohl sie unter seinen Liebschaften leidet, hat sie nicht vor, ihn zu verlassen, auch wenn sie es sich leisten könnte. In ihrem Fall überwiegen die Gefühle alle anderen Überlegungen.

Je mehr Geld ein Mann verdient, desto weniger ist eine Frau geneigt, ihre Beziehung aufzugeben, vorausgesetzt sie empfindet noch etwas für ihn. Für die meisten Frauen sind Geldsorgen ein Teil des Lebens, und ihr Dilemma stellt sich folgendermaßen dar: Soll ich mit einem untreuen Mann weiterleben und ein sorgenfreies Leben genießen, oder soll ich mich scheiden lassen und am Ende allein und mit wenig Geld dastehen? Für die Mehrzahl aller Frauen ist die Antwort klar: Bleiben! Liebe ist ein machtvoller Faktor bei dieser Entscheidung und finanzielle Notwendigkeit ebenso. Dennoch stellt sich die Frage, wie hoch der emotionale Preis ist, den eine Frau für ihren Entschluss bezahlt?

In der Regel ist eine Scheidung für jedes Paar eine finanzielle Katastrophe. Doch für eine Frau in mittlerem Alter kann sie zum Trauma werden – in emotionaler, sozialer und vor allem finanzieller Hinsicht. Die meisten Frauen würden ein monogames Leben vorziehen. Doch das Leben richtet sich nur selten nach unseren Wünschen, daher muss jede Frau für sich entscheiden, ob sie mit einem untreuen Mann weiterleben möchte oder nicht. Eines ist sicher: Entscheidet sie sich zu bleiben, hat sie einen schweren Weg vor sich. Sie muss herausfinden, wie sie damit umgehen will, dass ihr Mann sich in sexueller, mitunter aber auch in emotionaler Hinsicht zu einer anderen Frau hingezogen fühlt.

Merke!

- Frauen bleiben aus den verschiedensten persönlichen, sozialen und finanziellen Gründen mit einem untreuen Mann zusammen.
- Eine Frau, die bei ihrem untreuen Mann bleibt, ist kein Fußabtreter. Sie tut, was sie in ihrer Situation für angemessen hält.
- Die Beziehung zwischen einem Mann und einer Frau ist von außen häufig nur schwer zu beurteilen. Die Ehepartner selbst müssen die Grundregeln ihres Zusammenlebens bestimmen.
- Warum bleibt sie bei ihm? Weil sie es so will. Warum geht er fremd? Weil er es so will.
- Auch finanziell unabhängige Frauen bleiben mit untreuen Männern zusammen.
- Die Liebe mag alles besiegen oder auch nicht. In jedem Fall ist sie ein Klebstoff, der viele Frauen an ihre Ehe bindet.

8. Kapitel
Wie Frauen mit einem untreuen Mann weiterleben

> *Wir wissen alles übereinander, was es zu wissen gibt, und wir verstehen, akzeptieren und lieben einander.*
> Hillary Clinton in der *Today Show*, im Januar 1998

> *Hillary Clinton führt einen Prozess. Sie steht jeden Morgen auf und beginnt für ihre Sache zu kämpfen. Und ihre Sache heißt Bill Clinton.*
> David Maraniss im *MSNBC Television*, im September 1998

Bleiben ist leichter gesagt als getan

Hat eine Frau erst einmal herausgefunden, dass ihr Mann fremdgeht, muss sie eine Reihe schwerer Aufgaben bewältigen: Zunächst muss sie entscheiden, ob sie geht oder bleibt. Entschließt sie sich zu bleiben, muss sie herausfinden, wie sie tagtäglich mit einem Mann zusammenleben will, der eine sexuelle und möglicherweise auch eine tiefe emotionale Beziehung zu einer anderen Frau hat.

Eine Ehe mit einem noch anderweitig beanspruchten Mann ist für jede Frau eine schwere Last. Viele, die ich für dieses Buch interviewte, stellten sich die Frage, wie ein Mann mit einem solchen Doppelleben überhaupt fertig wird – mit einer Frau verheiratet und in eine andere verliebt zu sein? Als eine von mehreren eine Ehe aufrechtzuerhalten, ist eine schwere, wenn nicht gar unmögliche Aufgabe, meint auch die einundvierzigjährige Chelsea:

Ich darf mir auf keinen Fall vorstellen, dass er bei der anderen ist. Sonst werde ich so eifersüchtig, dass ich schlichtweg handlungsunfähig bin. Ich muss alle Gedanken an meinen Mann verdrängen – gute wie schlechte –, sonst kann ich den Alltag nicht bewältigen. Schon der Gedanke an ihn macht mich wü-

tend. Ich will ihn nicht mit jemandem teilen. Ganz und gar nicht! Aber ich habe Angst ihn ganz zu verlieren, wenn ich nicht mitspiele. Ich habe Angst, den einzigen Mann zu verlieren, den ich jemals wirklich geliebt habe. Es macht mich krank, mir vorzustellen, dass er im Bett mit ihr die gleichen Dinge macht wie mit mir. Ich weiß nicht, ob ich weiter mit ihm schlafen soll. Eigentlich will ich es nicht, weil ich wütend darüber bin, dass er mich betrügt. Aber dann habe ich wieder Angst, dass er mich bestimmt verlässt, wenn ich nicht mehr mit ihm schlafe. Also versuche ich, im Bett so gut zu sein, wie ich nur kann. Wahrscheinlich will ich ihm dadurch zeigen, dass er sich den Sex nicht sonst wo suchen muss.

Diese Situation ist das Schlimmste, was ich mir vorstellen kann. Wahrscheinlich wäre eine Scheidung besser als dieses ständige Misstrauen und Hinterfragen, ob er mich belügt. Er schadet mir und unserer Ehe so sehr, dass es vielleicht das Beste wäre, ihn gehen zu lassen und meine Qualen zu beenden. Es zerreißt mich, ihn teilen zu müssen, aber ich will ihn auch nicht der anderen in die Arme treiben. Er ist mein Mann, und ich will ihn nicht einfach aufgeben wegen irgendeiner Schlampe, die versucht, ihn mir wegzunehmen und unser Leben zu zerstören. Wie kann er mir das nur antun?

Chelseas Erfahrungen sind typisch für die vieler Frauen, mit denen ich sprach. Ihre Schilderungen zeigen deutlich, wie hoch der seelische und möglicherweise auch der körperliche Preis ist, den Frauen für ihr Ausharren an der Seite eines untreuen Mannes zahlen.

Es gibt eine ganze Reihe von Strategien, mit denen Frauen versuchen, sich an der Seite eines fremdgehenden Mannes über Wasser zu halten. Keine von ihnen billigt das Verhalten ihres Mannes oder ermutigt ihn gar dazu. Im Gegenteil! Viele von ihnen haben ihren Mann angefleht, seine Affären aufzugeben. Zwar bringen es nicht alle Frauen fertig, den Partner offen darauf anzusprechen, doch müssen viele von jenen, die es tun, feststellen, dass sie mit ihren Bitten auf taube Ohren stoßen. Damit stehen sie vor der Entscheidung, zu bleiben und die Seitensprünge des Mannes zu akzeptieren oder die Ehe zu beenden. Viele entschließen sich zu bleiben und suchen sich eine Möglichkeit, um mit der verhassten Dreiecksbeziehung zurande zu kommen.

Strategien für das Leben mit einem untreuen Mann
Verleugnung: Nichts hören, nichts sehen...

Zu den Bewältigungsstrategien von Frauen, die mit einem untreuen Mann zusammenleben, gehören die Verleugnung, die Selbsttäuschung und eine Art stillschweigende Übereinkunft mit dem Ehemann. Diese Verteidigungsmechanismen helfen Frauen sich vorzumachen, dass eigentlich gar nichts passiert. Wenn eine Frau sich einredet, es gebe keine andere Frau im Leben ihres Mannes, versucht sie damit, den Schmerz unsichtbar zu machen, den das Verhalten ihres Mannes ihr zufügt. So erklärte Kim:

Ich vermeide alle Orte, an denen ich seiner Hure begegnen könnte. Wir leben in einer Kleinstadt, und er arbeitet mit Kelly [der anderen Frau] zusammen. Ich weigere mich, ihn zu geschäftlichen Anlässen zu begleiten, daher leidet unser Sozialleben. Gleichzeitig habe ich Angst, ihn ihr in die Arme zu treiben, wenn ich immer zu Hause bleibe und er allein weggeht. Aber ich bringe es einfach nicht über mich, sie zu sehen und zu wissen, dass ich den Mann, den ich liebe, mit ihr teilen muss. Außerdem wissen im Büro alle Bescheid, und ich versuche diesen Leuten aus dem Weg zu gehen. Mich in der Stadt zu bewegen ist die reinste Folter für mich. Neulich war ich mit meiner neunjährigen Tochter im Kino, und die andere platzierte sich mit einer Freundin ausgerechnet ein paar Reihen hinter uns. Das Kino war fast leer, und ich hatte zwei Stunden lang das Gefühl, von hinten durchbohrt zu werden. Ich weiß nicht, warum ich mich so schlecht fühlte, schließlich bin ich seine Frau und sie ist das Flittchen, das sich in unser Leben einmischt und einem verheirateten Mann nachstellt. Ich wurde – und werde den Gedanken einfach nicht los, dass sie wie ein Keil zwischen mir und meinem Mann steckt. Ich wünsche mir so sehr, dass er mir treu ist. Wir haben eine süße Tochter und führen ein ruhiges, angenehmes Leben. Ich verstehe einfach nicht, warum er sie braucht. Sie sieht nicht einmal gut aus!

Da ich den Rest von ihm nicht auch noch verlieren will, muss ich ihn mit der anderen teilen. Mit einer schrecklichen Frau noch dazu. Ich könnte verrückt werden, jeden Tag aufs Neue. Wie ich auf lange Zeit damit klarkommen soll, weiß ich nicht. Es geht ohnehin schon fast zwei Jahre so. Ich bin so niedergeschlagen. Jeder Tag ist ein einziger Kampf für mich. Ich würde mich am liebsten ins Bett legen und nie mehr aufstehen.

Kim hat es vorgezogen, die für sie unerträgliche Situation zu ignorieren. Aber sosehr eine Frau auch versuchen mag, eine heimliche Geliebte und die Affäre des eigenen Mannes zu übersehen, lässt es sich häufig kaum vermeiden, doch etwas zu bemerken und über die Dreieckssituation wütend zu sein.

Verleugnung ist der Versuch, eine Situation zu ignorieren, die wir als zu schmerzhaft empfinden, um uns darauf einzulassen. Doch einem Problem aus dem Weg zu gehen, trägt nicht dazu bei, es zu beseitigen. Dort, wo Gefühle unterdrückt werden, kommt es häufig zu psychosomatischen Reaktionen wie Migräneanfällen, Magen- und Darmbeschwerden, Ess- und Schlafproblemen und so weiter. Der Körper weiß, wenn der Geist leidet.

Wenn sie sich der Tatsache nicht länger verschließen können, dass ihr Mann eine heimliche Geliebte hat – nachdem sie die beiden in flagranti ertappt haben beispielsweise –, neigen Frauen häufig dazu, sich über die wahren Ursachen des Problems hinwegzutäuschen. Sie reden sich ein, »die Andere habe ihn dazu gedrängt« oder es sei nur eine »vorübergehende Sache«.

Eine weitere Möglichkeit, mit einem untreuen Ehemann zurechtzukommen, ist, sich mit ihm zu verbünden. Dies ist der Fall, wenn eine Frau aufgrund einer stillschweigenden Übereinkunft mit ihrem Mann so tut, als wisse sie nicht, was vor sich geht, obwohl sie über seine Untreue ganz offensichtlich im Bilde ist. Durch ihr Stillhalten ermöglicht sie ihm zu tun, wonach ihm der Sinn steht, aus Angst, eine offene Konfrontation könne das Ende ihrer Ehe bedeuten.

Viele Frauen wollen lieber keinen Staub aufwirbeln, sodass Eheprobleme meist erst dann auftreten, wenn sie ihrem Mann offen zu erkennen geben, dass sie über sein Tun informiert sind. Erst wenn das Geheimnis aufgedeckt ist, wird es in der Beziehung zu einer Frage von »alles oder nichts«. Wenn das »Vertuschen« und »Möglichmachen« aufhört, wird es Zeit, sowohl im Hinblick auf die Affäre als auch in Bezug auf die Ehe zu handeln. Genau vor diesem Punkt fürchten sich viele Frauen, also schweigen sie und ermöglichen ihrem Mann, die Affäre in dem Glauben fortzuführen, seine Frau wisse von nichts.

Auf Konfrontationskurs

Eine weitere Art, mit einer ungeliebten Dreiecksituation umzugehen, besteht darin, die heimliche Geliebte zu »stellen«. Dies kann sich allerdings als problematisch erweisen, denn höchstwahrscheinlich wird die »Andere« mit ihrem Erlebnis direkt zu ihrem Geliebten rennen. Häufig ergreift der verheiratete Mann dann die Partei der Geliebten, was seine Frau noch mehr erzürnt und zermürbt. Eine Frau berichtete, wie sie die Geliebte ihres Mannes eines Tages vor deren Arbeitsstätte abpasste, ihr folgte und auf offener Straße nachrief: »Sie sind genau wie all die anderen! Er macht das ständig und bleibt trotzdem bei mir. Ihnen wird es genauso ergehen wie all den anderen Dingern!« Als ihr Mann von der Konfrontation erfuhr, zog er aus dem Schlafzimmer ins Gästezimmer um. Dennoch beendete die Geliebte das Verhältnis kurz darauf, weil die Frau ihres Liebhabers ihr das Leben vermiese, wie sie sagte.

Mitunter werden Frauen durch die Affäre ihres Mannes zur Verzweiflung getrieben und tun Dinge, die sie normalerweise niemals tun würden. Eine Frau verfolgte die Geliebte ihres Mannes zwei Wochen lang. Eine andere betrank sich auf der Weihnachtsfeier der Firma ihres Mannes und drohte der jungen

Mitarbeiterin, mit der er ein Verhältnis hatte: »Wenn Sie nicht endlich die Finger von meinem Mann lassen, sorge ich dafür, dass sie in dieser Stadt nie wieder einen Job kriegen!«

Frauen sind schnell geneigt, andere Frauen zu beschuldigen, sie wollten ihnen den Mann wegnehmen. Viele erzählten mir, ihr Mann würde niemals den ersten Schritt zu einer Affäre machen. Aber wenn eine andere Frau sich an ihn heranmache, könne er nicht nein sagen. Sie werfen anderen Frauen vor, es auf verheiratete Männer abgesehen zu haben, und behaupten, diese hätten weder Respekt vor der Ehe noch vor anderen Frauen. Laut Andrew Morton und seinem Buch *Diana* konfrontierte Prinzessin Diana die Geliebte ihres Mannes, Camilla Parker Bowles, mit den Worten: »Ich wollte Ihnen nur sagen, dass ich ganz genau weiß, was zwischen Ihnen und Charles vorgeht, ich bin nicht von gestern... Behandeln Sie mich nicht wie eine Idiotin.« Auch wenn diese Konfrontation nicht zum Bruch zwischen Charles und Camilla führte, brachte sie Diana zumindest eine gewisse Erleichterung: »... als ich am nächsten Morgen aufwachte, spürte ich, dass sich eine ungeheure Veränderung vollzogen hatte. Ich hatte etwas getan, gesagt, was ich empfand, die alte Eifersucht und der alte Zorn waren zwar noch immer da, aber es war nicht mehr so tödlich wie vorher.«

Viele Frauen fühlen sich erleichtert, nachdem sie ihren Mann und/oder seine Geliebte gestellt haben. Den eigenen Zorn, die Wut, Feindseligkeit und Eifersucht frei herauslassen zu können, ist für sie eine innere Befreiung und ermöglicht ihnen, mit der Situation effektiver und realistischer umzugehen. Mit einer direkten Konfrontation der Geliebten beabsichtigen Frauen meist, der Rivalin zu demonstrieren, wer die besseren Karten hat. In gewisser Weise spielen sie damit ihre Macht als offizielle Ehefrau aus. Manchmal reicht dies, um die andere Frau zum Rückzug zu bewegen, mitunter kann der Schuss aber auch nach hinten losgehen, indem die Geliebte den offenen Krieg erklärt und es nun mit allen Mitteln darauf anlegt, die Ehepartner auseinander zu bringen und den Mann für sich zu gewinnen.

Manche Ehefrauen treten im Kampf um die Zuneigung ihres Mannes auch in direkte Konkurrenz zur Geliebten und nehmen dafür allerhand auf sich. Sie lassen Schönheitsoperationen über sich ergehen, quälen sich durch Radikaldiäten und geben ein Vermögen für hauchfeine Dessous aus, in der Hoffnung, ihren Mann dadurch zu halten. Allerdings berichten die meisten, dass diese Versuche, die Zuneigung des Ehemannes zurückzugewinnen, ihre Niedergeschlagenheit und die Demütigung nur noch verschlimmert hätten.

Mitunter können solche Bemühungen auch direkt schief gehen wie bei der fünfunddreißigjährigen Sarah. Sie hörte ihren Mann eines Abends am Telefon sprechen und wusste instinktiv, dass er mit einer anderen Frau sprach. Seit Monaten hatte sie geahnt, dass etwas nicht stimmt. Oliver machte häufig Überstunden, und immer wieder gab es nächtliche Telefonanrufe, bei denen niemand antwortete, wenn sie den Hörer abnahm. Sarah erzählt ihre niederschmetternde Geschichte:

Als mir klar wurde, dass er eine Affäre hatte, weigerte ich mich wochenlang, mit ihm zu schlafen. Ich dachte, er würde die Beziehung beenden und zu mir zurückkehren, wenn ich ihm erst einmal sagte, dass ich über alles Bescheid wusste. Er war zwar geschockt, als ich ihn zur Rede stellte, aber im Bezug auf die Affäre sagte er weder ja noch nein.

Mit der Zeit bekam ich ein schlechtes Gewissen, dass ich nicht mehr mit ihm schlief, und ich vermisste es schrecklich, mich abends an ihn zu schmiegen. Dann beschloss ich, ihn nach allen Regeln der Kunst zu verführen, noch mehr, als ich es sowieso schon tat. Ich ließ mich in einem Schönheitssalon von Kopf bis Fuß behandeln und begrüßte ihn an diesem Abend an der Tür in meinen neuen sexy Dessous. Ich wollte einfach alles tun, was seine neue Geliebte, wie ich glaubte, auch für ihn getan hatte.

Aber er schob mich einfach zur Seite und lachte mich aus. Es war entsetzlich demütigend. Ich fühlte mich so erniedrigt, dass ich seit Monaten nicht mehr im gleichen Bett mit ihm schlafe. Ich hatte den alten Fehler gemacht, zu glauben, ich sei für seine Seitensprünge verantwortlich. Aber das bin ich nicht – er ist es! Ich habe versucht seine Geliebte auszustechen, und ich glaube, ich habe verloren. Wir sind zwar noch verheiratet, aber ich oder meine Gefühle scheinen ihn überhaupt nicht mehr zu interes-

sieren. Ich muss auch weiterhin allein schlafen, weil es für mich die einzige Möglichkeit ist, mit der Situation umzugehen. Mit ihm zusammenzuleben und zu wissen, dass er mir nicht mehr nahe sein will, ist mehr, als ich im Moment ertragen kann. Ich weiß nicht, wie es weitergehen soll. Ich will ihn nicht verlieren, aber viel länger halte ich es nicht mehr aus.

Du gehst fremd, also gehe ich einkaufen ...

Viele Frauen können mit der Untreue ihres Mannes nur dadurch zurechtkommen, dass sie ständig wie »aus dem Ei gepellt« aussehen und sich kaufen, was immer ihnen gefällt! Da er das gemeinsame Geld für eine andere Frau ausgibt, haben auch sie das Recht, sich schöne Dinge zu kaufen, wann immer ihnen der Sinn danach steht, beschreiben sie ihre Einstellung. Das Einkaufen dient dabei einerseits als Trost, andererseits als Möglichkeit, das eigene Selbstwertgefühl zu steigern, indem man ständig so gut wie möglich aussieht. Sandrine zum Beispiel kauft sich jedes Mal, wenn sie das Gefühl hat, ihr Mann habe sie wieder betrogen, ein neues Paar Designer-Schuhe. Sie verachtet sein Verhalten, zieht jedoch eine gewisse Befriedigung aus ihrer selbst gewählten Therapieform: Einkaufen.

Sicherlich birgt diese Kauftherapie auch einen gewissen Rachegedanken. Aber wenn das Selbstbewusstsein einer Frau zusammenbricht – was bei Seitensprüngen des Ehepartners fast immer der Fall ist –, wird sie auf jede erdenkliche Weise versuchen, ihr Selbstwertgefühl aufrechtzuerhalten. Für die meisten Frauen bedeutet das, darauf zu achten, so gut wie möglich auszusehen. Die Garderobe zu veredeln und das äußere Erscheinungsbild durch eine Schönheitsbehandlung oder gar eine Schönheitsoperation zu verbessern, schenkt fast allen Frauen mehr Zufriedenheit mit sich selbst und verleiht ihnen Kraft, um besser mit ihrem Leben – und mit ihrem untreuen Ehemann – zurechtzukommen. Bei allem Gefühlsaufruhr, den eine Affäre des Ehemannes mit sich bringt, ist das Letzte, was Frauen gebrauchen können, eine Flut bissiger Kommentare darüber, wie sehr sie sich hat gehen lassen; als ob das eine ausreichende Erklärung für das Verhalten ihres Mannes wäre.

Gut auszusehen – und vor allem besser auszusehen als die heimliche Geliebte – spielt beim Wiederaufbau des Selbstvertrauens einer Frau eine große Rolle. Attraktivität ist eine der Hauptwaffen, mit denen Frauen versuchen, einen Mann für sich zu gewinnen oder ihn einer anderen Frau wieder wegzunehmen. Sehen Sie sich nur Hillary Clinton auf der Ausgabe der *Vogue* vom Dezember 1998 an!

Trost durch Essen, Alkohol und Antidepressiva

Auch wenn ausgedehnte Einkaufstouren vielen Frauen helfen, ihr angeknackstes Selbstbewusstsein wieder aufzubauen, suchen nicht wenige lieber Trost bei Alkohol und Essen. Essen sei der »Sex der braven Mädchen« heißt es, und daran ist durchaus etwas Wahres. Manche Frauen neigen dazu, eine innere Leere damit füllen zu wollen, dass sie sich buchstäblich voll stopfen. Prinzessin Diana berichtete von ihren bulimischen Heißhungerattacken in der Zeit, in der sie versuchte, mit dem Gedanken an ein Verhältnis zwischen ihrem Mann und Camilla Parker Bowles fertig zu werden.

Die Neigung zum Überfressen und Essstörungen wie Bulimie und Magersucht sind bei betrogenen Frauen keine Seltenheit. Zwischen Frauen, Sex und Essen gibt es eine uralte rätselhafte Verbindung, und viele Frauen beschrieben mir, wie befriedigend, erquickend und trostreich sie das Essen in anstrengenden Zeiten empfanden. Vor allem Schokolade und Eis scheinen eine besonders beruhigende Wirkung zu haben.

Eine Reihe von Frauen berichtete darüber hinaus, dass sie stark zu trinken begannen, als die Probleme mit ihrem Mann offensichtlich wurden. So erzählte eine von ihnen:

Ich habe nie viel getrunken, aber als ich herausfand, dass mein Mann mit einer anderen schlief, fing ich damit an. Zuerst reichten kleine Mengen, um den Schmerz zu betäuben. Doch ehe ich mich versah, trank ich nach dem Essen eine ganze Flasche Wein und wurde nicht einmal mehr beschwipst davon. Nach etwa acht Monaten machte ich mir ernsthaft Gedanken um mich selbst. Ich schnappte mir die Flasche, kroch ins Bett und sah fern und versuchte krampfhaft zu übersehen, wie spät es war und dass mein Mann noch nicht zu Hause war. Schließlich fuhr ich für ein paar Tage ganz allein fort, und seitdem habe ich keinen Tropfen mehr angerührt. Ich habe mir eine Frau angesehen, von der ich weiß, dass sie Alkoholikerin ist. Ihre Haut ist vorzeitig gealtert, ihr Gesicht ist aufgedunsen und ihre Augen blicken glasig. Sie ist dick und sieht aus wie ein Strandball. Auch sie trinkt, weil ihr Mann sie betrügt. Ich will nicht so werden wie sie.

Ich hatte Angst vor dem, was ich zu werden drohte. Ich liebe meinen Mann, aber ich werde nicht mein Leben ruinieren, nur weil er mich betrügt. Niemand ist es wert, dass ich mein Leben für ihn ruiniere. Ich fühle mich immer noch einsam, und ich habe es satt, einsam zu sein, während er mit seiner Geliebten ausgeht. Ich muss besser auf mich aufpassen. Und ich werde nicht mehr trinken. Ich betrachte es als einmalige Angelegenheit, etwas, was ich nie vorher getan habe und nie wieder tun werde.

Dampf ablassen

Manche Frauen kommen mit der Entscheidung, bei ihrem untreuen Ehemann zu bleiben, besser zurecht, wenn sie sich auf indirekte Weise abreagieren. Eine Frau berichtete mir beispielsweise, dass sie hin und wieder auf die Zahnbürste ihres Mannes uriniere! Indem sie auf diese Weise Dampf ablasse, verspüre sie eine Art von Macht über ihren Mann und fühle sich in der Lage, mit einer Situation umzugehen, in der sie sich ansonsten völlig hilflos fühlt. Sie tut etwas, was ihren Mann nicht richtig schmerzt, hat aber trotzdem das Gefühl, sich ein wenig dafür zu rächen, dass er sie betrügt und ihr wehtut. Eine andere Frau mischte Katzenfutter in den Schmortopf, den sie ihrem Mann servierte. Er bemerkte es gar nicht, aber sie empfand große Befriedigung darüber, ihn hereingelegt zu haben.

Solche Auswüchse zeigen, wie extrem die Verzweiflung von Frauen ist, die von ihrem Partner betrogen werden, während sie glauben, keine Wahl zu haben und die Situation hinnehmen zu müssen.

Eine eigene Affäre

> *Wenn Sie Ihren Mann in den Armen einer anderen entdecken,*
> *bleibt Ihnen nur eines übrig: Verführen Sie selbst auch einen Mann.*
> Werbung für die Fernsehserie *Melrose Place*

Die Affäre aus Rache

»Ich bin so lange treu, wie du es auch bist, und keine Minute länger«, ist die Haltung vieler Frauen, die mit einem untreuen Ehemann verheiratet sind. Es ist nicht ungewöhnlich, dass sich Frauen, nachdem sie von ihrem Partner betrogen wurden, ihre körperliche und sexuelle Anziehungskraft durch eine eigene Affäre bestätigen lassen. In einer Affäre aus Rache kann eine betrogene Frau, zumindest kurzfristig, die Zuwendung und Bestätigung finden, die sie nach einer solchen Demütigung braucht. Allerdings können sich solche Abenteuer auch kontraproduktiv auswirken, vor allem dann, wenn sich eine Frau gefühlsmäßig stark an ihren neuen Partner bindet und dieser ihre Zuneigung nicht im gleichen Maße erwidert. In diesem Fall fühlen sich Frauen oft schuldig und ausgenutzt.

Wird eine Frau, die sich stark zu ihrem neuen Partner hingezogen fühlt, von diesem ebenfalls fallen gelassen, erleidet sie eine doppelte Zurückweisung. Das Fehlschlagen der ursprünglichen Absicht, sich innerlich zu stärken und darüber hinaus dem untreuen Ehemann etwas heimzuzahlen, führt unweigerlich zur Enttäuschung.

Viele Affären aus Rache verfolgen den Zweck, mit dem untreuen Partner »eine Rechnung zu begleichen«. Doch häufig reagiert der nun ebenfalls betrogene Ehemann ganz anders, als seine Frau es sich vorgestellt hat. Ihre Absicht war es, ihn durch eine eigene Affäre eifersüchtig zu machen und ihn dazu zu bringen, seine Geliebte zu verlassen und zu ihr zurückzukehren. Dies geschieht auch hin und wieder, allerdings nicht oft. Weitaus häufiger neigen Männer dazu, ihre Frau tatsächlich zu verlassen, da es ihnen viel schwerer fällt, mit einer untreuen Frau zusammenzubleiben als umgekehrt. So ungerecht dies auch sein mag, die sexuelle Doppelmoral im Hinblick auf außereheliche Affären ist so lebendig wie eh und je.

Die fünfzigjährige Skye erzählte mir, dass sie sich in Nachtklubs regelmäßig nach Männern umzusehen begann, nachdem ihr Mann sich auf eine Affäre eingelassen hatte. »Ich wollte unbedingt begehrt werden«, erklärte sie mir. Nach drei kurzen, verschwiegenen Abenteuern wusste sie, dass sie »es immer noch kann«; allerdings wurde sie die ständige Sucherei nach Selbstbestätigung allmählich leid und hörte auf, sich mit anderen Männern zu treffen. Nachdem sie sicher war, noch immer attraktiv genug zu sein, um andere Männer anzuziehen, fühlte sie sich angesichts der Affäre ihres Mannes weniger hoffnungslos und verzweifelt. Sie hatte kein Interesse daran, ihren Mann, den sie immer noch liebte, zu verlieren. Also entschloss sie sich, mit ihm zusammenzubleiben, seine Seitensprünge zu ignorieren und sich ein eigenes, von ihm unabhängiges Leben aufzubauen.

Manche Frauen glauben an die Devise »Angriff ist die beste Verteidigung«. Einige von ihnen sind überzeugt, nur dann mit einem untreuen Mann zusammenbleiben zu können, wenn sie selbst auch Affären haben. Sie schöpfen aus ihren außerehelichen Beziehungen ein gewisses Machtgefühl und sind auf die Bestätigung, Aufmerksamkeit und Zuneigung ihres Mannes weniger angewiesen. Annas Situation veranschaulicht, warum manche Paare zusammenbleiben, auch wenn beide Partner andere Sexualpartner haben:

Mein Mann hat mich schon immer betrogen und er wird es auch immer wieder tun. Ich akzeptiere das, auch wenn es mir nicht gefällt und ich mich nie daran gewöhnen werde. Aber wenn ich weiter mit ihm verheiratet sein will, dann muss ich auch diese Seite an ihm akzeptieren. Früher machte es mich fuchsteufelswild, aber seit ich selbst herumflirte und eigene Affären habe, kann ich damit besser umgehen, weil ich jetzt auf die Zärtlichkeiten meines Mannes weniger angewiesen bin und mir seine Eskapaden nicht mehr so viel ausmachen. Durch die Zuwendung verschiedener anderer Männer bekomme ich inzwischen mehr und bessere Zuwendung, als ich von meinem Mann je bekommen habe. Ich kann mich noch so sehr danach sehnen, ihn ganz für mich zu haben, es wird doch nie geschehen. Ich bin trotzdem zufrieden, weil andere Männer gut zu mir sind und mich mögen. Durch die Zärtlichkeit anderer Männer bekomme ich das, was ich brauche, und ich setze meinen Mann nicht mehr so unter Druck.

Mein Mann kommt aus einem gefühlskalten Elternhaus, daher kann ich von ihm nicht etwas erwarten, was er selbst nie erlebt hat. Seine Affären sind keine wilden Leidenschaften, weil er zu so etwas gar nicht fähig ist, mit niemandem. Aber ich bin seine Frau und dafür bin ich dankbar. Er ist ein guter Mann, auch wenn er seine Gefühle nicht offen zeigen kann. Es ist schon merkwürdig, dass er solch ein schamloser Frauenjäger ist, obwohl er so wenig zärtlich sein kann. Vermutlich wollen seine Gespielinnen einfach ein wenig schnellen Sex mit einem gut aussehenden, erfolgreichen Mann.

Ich weiß, dass er mir »in seinem Herzen treu« ist, und mir ist klar geworden, dass das alles ist, was er mir bieten kann, und das ist schon etwas Besonderes.

Affären aus Rache sind schon lange en vogue. In seinem Buch *Jack and Jackie: Portrait of an American Marriage* deutet Christopher Andersen an, Jackie Kennedy habe eine Affäre mit dem Schauspieler William Holden gehabt, um sich an ihrem untreuen Ehemann, dem Präsidenten Kennedy, zu rächen. Außerdem wird in dem Buch behauptet, Jackie habe von John F. Kennedys Frauengeschichten gewusst und ihr aristokratisches Haupt, wie so viele andere Frauen, einfach abgewendet.

Die Affäre als Aufbauhilfe

Jede gute Ehefrau sollte ein paar Affären haben, um die Gemütsruhe ihres Mannes zu sichern.
George Bernard Shaw

Auch wenn manche Frauen Affären dazu nutzen, um sich an ihrem untreuen Mann zu rächen, gehen viele andere außereheliche Beziehungen ein, weil sie sich nach der Aufdeckung einer Affäre ihres Mannes nach Nähe und Geborgenheit sehnen. Ihr Antrieb ist eher der Mangel an Nähe und Intimität beim eigenen Mann als der Wunsch nach hemmungslosem Sex.

Affären von Frauen beginnen oft aus einem Gefühl der Frustration heraus angesichts der männlichen Untreue, aber auch, weil sie enttäuscht sind über den Verlauf ihrer Ehe. Fast jede Ehefrau stellt sich irgendwann einmal die Frage, ob sich die Mühe, die sie auf einen einzigen Mann verwendet, auch wirklich lohnt?

Ich habe schon viele Geschichten von Ehefrauen gehört, deren emotional unterentwickelte Männer Gefühle in ihrem Beisein weder sprachlich noch körperlich zum Ausdruck bringen können und dennoch auf andere Frauen anziehend wirken. Eine Frau, die von ihrem Mann nicht genug Liebe, Romantik oder Sex bekommt, hat allen Grund, unglücklich zu sein. Noch schlimmer aber ist es, wenn ihr Mann einer anderen all die Aufmerksamkeit schenkt, die er ihr selbst vorenthält.

Es gibt zahlreiche Berichte über Ehen ohne jede sexuelle oder gefühlsmäßige Nähe. Viele Frauen fühlen sich einsam, niedergeschlagen, verletzt und desillusioniert, weil ihr Mann außereheliche Beziehungen hat. Einige dieser Frauen, wie die sechsunddreißigjährige Cornelia, holen sich bei anderen Männern das, was ihnen in ihrer Ehe fehlt:

Ich habe es satt, meinen Mann um Zärtlichkeit anzubetteln. Sobald ich ihn auch nur anfasse, scheut er zurück. Diese kalte Ablehnung habe ich einfach nicht mehr ausgehalten, also fing ich mit einem verheirateten Mann, den ich von der Arbeit her kenne, ein Verhältnis an. Jetzt geht es mir besser, weil ich mich in sexueller Hinsicht nicht mehr ständig nur im »Leerlauf« befinde.

Ich weiß, dass dies keine Dauerlösung ist, aber es tut gut, endlich wieder begehrt zu werden. Wahrscheinlich werde ich für den Rest meines Lebens Affären haben und zweimal in der Woche zur Massage gehen müssen, um überhaupt angefasst zu werden und eine warme Männerhand auf meinem Körper zu spüren.

Cornelias Erfahrungen spiegeln ein Gefühl, das vielen Frauen wohl bekannt ist: Wenn Frauen außereheliche Beziehungen eingehen, sind sie häufig auf der Suche nach Bestätigung ihrer sexuellen Anziehungskraft und des Gefühls, begehrt, verehrt und umsorgt zu werden. Viele können gar nicht genug Anerkennung, Zuwendung und Zärtlichkeit bekommen. Kein Wunder, dass viele Frauen berichten, sich ein längeres Vorspiel zu wünschen, als ihr Partner ihnen zu geben bereit ist.

Die meisten Frauen sehnen sich nach einer glücklichen Ehe und nach großer Nähe und Verbundenheit mit ihrem Partner. Auch wenn Sex ihnen nicht unwichtig ist, steht er hinter dem fast universellen Wunsch nach emotionaler Zuwendung an zweiter Stelle. Für Frauen sind emotionale Streicheleinheiten ebenso wichtig wie körperliche. Viele berichten, dass sie durch Affären ihre Selbstachtung auf- oder wieder aufbauen konnten, dass sie dort die Intimität und Nähe finden, die in ihrer Ehe fehlt, und dass sie sich jünger, erotischer und attraktiver fühlen – und geachtet. Außerdem gelingt es vielen, mit Hilfe einer Affäre ein Gefühl der Unabhängigkeit von ihrem Mann und ihrer Ehe zu entwickeln und/oder sich aus einer Ehe zu lösen, die zu beenden sie sich entschlossen haben.

Es wird häufig gesagt, Frauen gäben Sex, um Liebe zu bekommen, während Männer Liebe geben, um Sex zu bekommen. Auch wenn dies ein wenig übertrieben sein mag, ist doch klar, dass beide Geschlechter zwar das Verlangen nach Sex und Zuwendung teilen, sie jedoch auf völlig verschiedene Weise danach streben. Dieses unterschiedliche Streben führt Männer auf der Suche nach sexueller Abwechslung in die Arme anderer Frauen, während Frauen in den Armen anderer Männer Zuwendung suchen.

Eine Frau, die in dem Glauben fremdgeht, es ginge ihr nur um Sex, kann sich leicht selbst ein Bein stellen. Wenn sie sich zu einem Mann hingezogen fühlt und dann mit ihm schläft, wird sie sich hinterher meist noch mehr zu ihm hingezogen fühlen. Bei den meisten Frauen kommt es erst durch emotionale Anziehung zur sexuellen Aktivität. Daher wird für sie alles anders, wenn sie mit einem Mann erst einmal intim werden.

Frauen, die auf die Untreue ihres Mannes mit einer eigenen Affäre reagieren, können sich eine ganze Reihe von Problemen schaffen. Denn anders als bei Männern kann Sex bei Frauen zu Bindungen führen, wo vorher keine waren, und aus einer »harmlosen« Affäre wird nicht selten eine tiefe emotionale Beziehung. Frauen gelingt es nun einmal weniger gut als Männern, die verschiedenen Bereiche ihres Leben auseinander zu halten, daher gewinnen außereheliche Beziehungen für sie eine sehr große Bedeutung. Die überwiegende Zahl der verheirateten Frauen muss sich innerlich erst richtig zu einem Mann hingezogen fühlen, ehe sie sich auf ein sexuelles Verhältnis einlässt.

Wenn eine verheiratete Frau von einem anderen Mann als ihrem eigenen gefühlsmäßig abhängig wird, mag sie das für kurze Zeit aufrichten; in den meisten Fällen jedoch bleibt ihr der Schmerz dennoch nicht erspart, denn sie ist nach wie vor mit einem Ehebrecher verheiratet. Eine Frau berichtete, sie habe sich in ihrer inzwischen fünfjährigen Ehe anfangs in Wohlgefühl »baden können«, aber inzwischen sei dieses Gefühl fast völlig den »Abfluss hinuntergeflossen« und ihr Selbstbewusstsein und ihr eignes Ich gleich mit. In ihrer Verzweiflung begann sie während einer Geschäftsreise eine Affäre mit einem Mann in einer anderen Stadt, die sie häufig aufsuchen muss. Eine Zeit lang fühlte sich diese Beziehung an wie die Anfangszeit ihrer Ehe. »Sex stand für mich dabei nie im Mittelpunkt«, erklärte sie. »Für mich war wichtig, dass sich jemand mit mir unterhält, mir zuhört, mich berührt und umarmt.« Inzwischen würde sie die Affäre gern beenden, doch es fällt ihr nicht leicht. Sie hat sich zu sehr an die »Extras« gewöhnt, die sie aus dieser Beziehung schöpft, auch wenn ihr der Mann eigentlich nicht mehr viel bedeutet.

Nur wenige Frauen, die ich befragte, bezeichnen Sex als den ausschlaggebenden Faktor in ihrer außerehelichen Beziehung. Das Verhältnis dient ihnen vielmehr dazu, sich selbst weiter als sexuell begehrenswert und attraktiv zu empfinden, während sie gleichzeitig versuchen, mit einem untreuen Ehemann zurechtzukommen, wie die folgenden beiden Geschichten zeigen.

Bei Sex geht es selten nur um Sex.
Shirley MacLaine

Gabriellas Geschichte

Gabriella, eine auffallend attraktive vierunddreißigjährige Fernsehproduzentin, ist seit sechs Jahren mit einem erfolgreichen und deutlich älteren Banker verheiratet. Vor kurzem erfuhr sie, dass ihr Mann eine außereheliche Beziehung unterhält, und reagierte ihrerseits mit einer eigenen Affäre.

Mein Mann fasst mich nur an, wenn er Sex will, und wenn wir dann miteinander schlafen, ist es in null Komma nichts vorbei. Er interessiert sich nicht für die vielen sinnlichen Dinge, die mir Spaß machen, wie gemeinsame Schaum- oder Duschbäder, den Gebrauch von Gels, Essen und Liebesspielzeug beim Verkehr. Im Bezug auf Sex ist er der reinste Langeweiler. Ich bin wirklich nicht pervers oder so, aber ich mag sinnliche und erotische Dinge. Seine Kühle und sein Mangel an sexuellen Fertigkeiten machen mich immer unzufriedener. Vor allem aber ärgert mich, dass er diese Dinge mit seiner neuen Geliebten zu machen scheint.

Wenn ich versuche mit ihm darüber zu reden, wie wir unser Liebesleben verbessern können, gibt er mir die Schuld und droht mich zu verlassen. Er verhält sich sehr manipulativ und dominant. Bei einer geschäftlichen Party habe ich einen anderen Mann kennen gelernt. Schon nach kurzer Zeit begannen wir miteinander zu schlafen. Er ist ebenfalls verheiratet und hat ein kleines Kind. Keiner von uns will seine Ehe aufgeben. Ich genieße die Zeit, die ich mit ihm zusammen bin, aber ich wünschte, ich bekäme die gleiche Zuneigung zu Hause.

Ich hatte große Gewissensbisse, als ich die Affäre begann, aber dann wurde mir klar, dass ich viel zu jung bin, um auf Liebe und Leidenschaft zu verzichten. Es ist schön, begehrt zu werden. Ich habe einen schönen Körper und wünsche mir nichts mehr, als ihn mit einem Mann zu teilen, dem ich wichtig bin und der mich begehrt. Wenn mein Mann mich nicht anfassen will und stattdessen mit anderen Frauen schläft, muss ich meine Bedürfnisse eben anderweitig befriedigen.

Ich tue viel, um in Form zu bleiben, weil ich gern gut aussehe und es genieße, wenn Männer mir Komplimente machen. Mein Mann sagt nie etwas Positives über mein Aussehen oder über die Dinge, die ich für ihn tue. Ständig meckert er über mein Aussehen, meine Figur, meine Kleidung – einfach alles. Ich weiß, dass ich gut aussehe und mich geschmackvoll anziehe, also kann er mit seinen gemeinen Kommentaren nur beabsichtigen, mich zu verletzen und zu demütigen. Auch meine beruflichen Pläne macht er schlecht und sagt Sachen wie: »Das glaube ich erst, wenn ich es sehe« oder »Das schaffst du nie«. Er schafft es ständig, mein Selbstvertrauen zu untergraben.

Bevor ich meinen jetzigen Geliebten traf, war ich sicher, dass ich nie wieder eine schöne sexuelle Beziehung haben würde. Mein Geliebter macht mich zuversichtlich, mein Mann dagegen macht mich unglücklich. Ich könnte verzweifeln, wenn ich mir vorstelle, dass er eine andere küsst. Wenn ich versuche ihn zu küssen, hebt er jedes Mal die Hand wie ein Stoppschild!

Ich glaube an die Treue. Ich habe alles versucht, um meinen Mann dazu zu bewegen, zärtlicher und aufmerksamer zu sein. Doch er beschimpft mich immer nur und stößt mich weg. Ich habe ihn mehrmals in sexy Unterwäsche empfangen, und er hat mich einfach ausgelacht. Inzwischen interessiert er mich kaum noch. Ich habe es satt, ihm ständig Avancen zu machen, um doch zurückgewiesen zu werden. Ich habe es satt, beleidigt, kritisiert und weggestoßen zu werden, um ihn dann zu seiner Geliebten schleichen zu sehen. Ich liebe ihn immer noch, aber ich frage mich, wie lange ich es noch ertragen kann, mit einem Mann verheiratet zu sein, der mich wie Dreck behandelt. Er stößt mich weg, und doch hoffe ich immer noch, dass er seine Affäre aufgibt und sich wieder unserem Liebesleben und unserer Ehe zuwendet.

Ich genieße den Sex mit meinem Geliebten. Er lässt sich Zeit und gibt sich viel Mühe, damit es mir gefällt. Aber es ist nicht nur der Sex, der mir gefällt. Es ist die Art, wie er mich behandelt. Er respektiert mich, er mag mich, und ich scheine ihm wirklich wichtig zu sein. Trotzdem frage ich mich, wie er auf der einen Seite gut zu mir sein kann, während er andererseits seine Frau belügt, dabei mache ich doch das Gleiche mit meinem Mann. Aber er hat damit angefangen!

Es ist ein wunderbares Gefühl, von meinem Geliebten begehrt zu werden. Er ist ein Traum von einem Freund und ein guter Bettgefährte. Auch meine berufliche Karriere profitiert von meiner neuen Zufriedenheit. Ich habe endlich etwas von der inneren Ruhe, die ich mir immer gewünscht habe. Für mich sind Sex und Gefühle nicht zu trennen, daher kann ich zwar einerseits meinen neuen Geliebten genießen, andererseits aber habe ich Angst davor, was passiert, wenn wir uns trennen und mir nichts bleibt als meine Ehe. Ich weiß nicht, wie ich dreißig Jahre an der Seite eines Eisblocks überleben soll. Ich fühle mich zu Hause so einsam. Meine positive, fröhliche Seite erlebe ich nur während der Arbeit oder bei meinem Geliebten.

Ich weiß nicht, was für mich schlimmer wäre, eine Scheidung oder eine Affäre? Im Moment möchte ich nicht darüber nachdenken. Ich will mein Leben einfach in vollen Zügen genießen. Ich will nicht in ein paar Jahren zurückblicken und mir vorwerfen müssen, die Liebe und Aufmerksamkeit eines tollen Mannes ausgeschlagen zu haben.

Gabriellas Erfahrungen sind kein Einzelfall. Sie ist mit einem Mann verheiratet, der kaum Gefühle zeigen kann und der sie betrügt. Es gibt nicht viel Positives in dieser Ehe, und ihre Zukunftsaussichten sind eher düster. Gabriella muss herausfinden, warum sie das schlechte Verhalten ihres Mannes überhaupt toleriert. Schon jetzt fragt sie sich, wie sie auf Dauer mit einem Mann zusammenleben soll, der sie beleidigt, ignoriert, während er andere Frauen mit Aufmerksamkeit überschüttet. In dieser Situation ist Gabriellas Affäre lediglich eine Krücke, die ihr hilft, ihr Selbstbewusstsein wiederzuerlangen und die Untreue ihres Mannes zu ertragen. Auf lange Sicht ist das Ausharren in einer unerträglichen Situation jedoch keine angemessene Lösung.

Männliche Unaufmerksamkeit ist eine oft gehörte Klage von Frauen. Kommen zu dieser auch noch außereheliche Affären hinzu, bringt das für viele Frauen das Fass zum Überlaufen und sie flüchten sich aus Rache, oder um anderweitig Anerkennung zu finden, in eine eigene Affäre oder sie beenden ihre Ehe.

Sarahs Geschichte

Sarahs Ehemann Ross ist Sportfanatiker. Wenn er nicht gerade mit einer Flasche Bier vor dem Fernseher hockt, besucht er irgendwo eine Sportveranstaltung. Für Sarah ist Sport vor allem deshalb ein rotes Tuch, weil Ross mit anderen Frauen Affären hat, die ebenfalls Sportfans sind. Er ist völlig besessen von Sex und Sport, daher hat Sarah sich einem anderen Mann zugewandt, bei dem sie Gesellschaft, Aufmerksamkeit und Sex findet.

In meiner Ehe bin ich schon vor Jahren vom Sportfernsehen ins Aus gedrängt worden. Oder wie soll man gegen ein Fernsehgerät konkurrieren? Mein Mann hat eine Geliebte und ein Fernsehgerät, daher scheint er mich überhaupt nicht mehr zu brauchen. Stattdessen bin ich die »heimliche Geliebte« eines verheirateten Mannes geworden. Mein Mann und ich haben vor der Ehe mehrere Jahre zusammengelebt, und unsere Beziehung lief in dieser Zeit ziemlich gut. Wenn ich allerdings zu irgendwelchen gesellschaftlichen Ereignissen wollte, musste ich allein hingehen. Er hatte daran kein Interesse. Wahrscheinlich hätte ich schon eher merken müssen, wie die Dinge standen, aber wie heißt es so schön: »Liebe macht blind.«

In unserer Hochzeitsnacht – die nur eine Party in unserer Wohnung nach der standesamtlichen Trauung war – blieb Ross bis spät in der Nacht auf, um sich eine Sportveranstaltung anzusehen. Trotzdem lief unsere Beziehung damals nicht schlecht, und drei Jahre nach der Hochzeit kam unsere Tochter zur Welt. Als sie ein Jahr alt war, fing ich wieder an zu arbeiten. Schließlich konnte ich meinen Mann zu einem zweiten Kind überreden, und wir bekamen einen Sohn.

Nach einigen Jahren zog mein Mann in eine Wohnung, die an

unser Haus angrenzt. Neben meinem Beruf und der Kinderbetreuung erledige ich auch sämtliche Koch-, Putz-, Wasch- und Bügelarbeiten für ihn. Ich fahre die Kinder zu allen ihren Terminen. Mein Mann dagegen begleitet uns nie irgendwohin als Familie. Er geht immer nur mit seinen Sportfreunden weg und will nicht, dass ich ihn begleite. Außerdem hatte er im Laufe der Jahre zahllose Affären mit weiblichen Sportfans.

Als wir zwanzig Jahre verheiratet waren, trat ich eine neue Stelle an. Mein neuer Chef begann mir den Hof zu machen, und da ich mich von meinem Mann schon lange vernachlässigt fühlte, ergriff ich die Gelegenheit beim Schopf, und wir wurden ein Liebespaar.

Die Frau meines Geliebten leidet seit mehreren Jahren an Krebs. Sie ist zwar immer noch sehr attraktiv, möchte aber keinen sexuellen Kontakt mehr mit ihm. Weder ich noch mein Geliebter wollen unsere Ehe aufgeben, aber wir haben beide Bedürfnisse, die zu Hause nicht erfüllt werden. Ich habe vor einigen Monaten den Arbeitsplatz wechseln müssen, um mehr Geld für meine Familie zu verdienen, deshalb bin ich bei meinem Geliebten nicht mehr angestellt. Aber wir sehen uns immer noch, sooft es geht.

Was meinen Mann betrifft, so weiß ich nicht einmal, wie wichtig ich ihm überhaupt bin. Er hat mir schon vor Jahren gesagt, dass er nichts darüber wissen will, sollte ich je eine Affäre haben. Er hat seine stets abgestritten, aber ich weiß, dass er welche hat. Inzwischen kümmert es mich weniger, vielleicht, weil ich mich daran gewöhnt habe oder weil ich innerlich viel zu abgestumpft bin, um mich darüber noch aufzuregen, oder weil ich selbst einen Liebhaber habe. Fünfundzwanzig Jahre lang war Ross der einzige Mann in meinem Leben; aber irgendwann wurde die Einsamkeit zu viel für mich.

Ich bin jetzt über fünfzig und arbeite hart, um meine Familie zu ernähren. Ich habe das Gefühl, für meinen Mann mein ganzes Leben geopfert zu haben, aber für was? Meine Affäre gehört mir.

Wie so viele andere Frauen hat Sarah sich nach jahrelangem Ausharren in einer erstickenden Ehe auf eine Affäre eingelassen, um sich selbst etwas Gutes zu tun. Eine Frau mag ihren Mann noch so sehr lieben, seine Seitensprünge tolerieren und an der Ehe festhalten, irgendwann kann die Einsamkeit für sie so groß werden, dass sie sich einen Liebhaber sucht.

Die Stricke, die zusammenhalten

Es gibt viele Arten, wie Frauen versuchen die Untreue ihres Mannes zu bewältigen: durch Verleugnung, offene Konfrontation, exzessives Essen, Trinken, Einkaufen oder Arbeiten, durch Hobbys, Konzentration auf die Kinder und manchmal auch durch eigene Affären. Doch bei all dem halten die meisten von ihnen treu an ihrer Ehe fest. Was ist der Klebstoff, der so viele Frauen an ihre problematische Ehe bindet? Es ist das gleiche psychologische Prinzip, das auch heimliche Geliebte an ihrem verheirateten Liebhaber festhalten lässt: die intermittierende Verstärkung.

Dieses Prinzip bewirkt, dass eine Ehefrau immer weiter und weiter auf ein wenig Zuneigung und Aufmerksamkeit ihres Mannes wartet – und auf seine erhoffte Rückkehr zu ihr. Sie glaubt, nur lange genug ausharren zu müssen, dann werde sich das Blatt eines Tages wenden und ihr Mann endlich wieder treu sein. Auch Faith erklärt damit ihr Ausharren:

Der Grund dafür, dass ich weiter bei ihm bleibe, ist das Wohlgefühl, das ich früher empfunden habe, wenn ich am Morgen in Johns Armen aufwachte. Es ist schon Ewigkeiten her, seit wir uns das letzte Mal aneinander geschmiegt haben, weil er jetzt immer weit weg auf seiner Seite unseres großen Bettes bleibt, aber ich weiß, dass diese Kuscheltage eines Tages wieder kommen werden.

Faith erinnert sich an die guten Zeiten ihrer Ehe und klammert sich daran, weil sie überzeugt ist, dass diese glücklichen Tage wieder kommen werden.

Ein weiteres, wichtiges psychologisches Prinzip, das sich durch alle hier beschriebenen Bewältigungsstrategien hindurchzieht, ist die nachträgliche Rechtfertigung. Hat sich eine Frau einer Ehe erst einmal verschrieben, dann wird sie für gewöhnlich auch dann daran fest halten, wenn sie von ihrem Partner betrogen wird. Ihre einmal getroffene Entscheidung, sich an ihren Mann zu binden, wird sie immer wieder nach Gründen suchen lassen, die diese Entscheidung stützen. Da sie fest entschlossen ist, bei ihrem Mann zu bleiben, wird sie seine Untreue eventuell sogar leugnen, so offensichtlich die Beweise auch sein mögen.

Wie auch immer die Strategien aussehen, die einer Frau helfen, mit einem untreuen Mann zurechtzukommen, sie sollte sich auf jeden Fall im Klaren darüber sein, dass das Leben, trotz der Affäre ihres Mannes, weitergeht. Es ist unerlässlich, dass sie sich ein eigenes Leben aufbaut und daraus das Beste macht.

Merke!

- Frauen machen sich verschiedene Techniken zu Eigen, um die Treulosigkeit ihres Mannes zu bewältigen. Die negativen davon sind Alkohol, Drogen und Essstörungen. Sie verursachen lediglich neue Probleme und tragen nichts zur Lösung des Untreueproblems bei.
- Viele Frauen stellen fest, dass der Versuch, etwas zu tolerieren, was sie praktisch nicht tolerieren können, sie launisch und niedergeschlagen macht.
- Wenn Sie feststellen, dass Sie sich völlig anders verhalten als normal, wenn Sie anfangen, Drogen zu nehmen, zu viel zu essen, zu trinken oder Geld auszugeben, dann sollten Sie Ihren Entschluss, bei ihrem Mann zu bleiben, unbedingt überdenken.
- Jede Frau braucht ein eigenes, von ihrem Mann und ihrer Ehe unabhängiges Leben.
- Wenn der Fortbestand Ihrer Ehe nur dadurch zu erreichen ist, dass Sie die Seitensprünge Ihres Mannes tolerieren, dann sollten Sie sich fragen, ob es sich wirklich für Sie lohnt, in einer solchen Ehe zu verbleiben.

9. Kapitel
Geschichten von Frauen, die bleiben

*Wohl lässt der Pfeil sich aus dem Herzen ziehn,
Doch nie wird das Verletzte mehr gesunden.*
Friedrich Schiller

Er geht fremd, deshalb gehe ich einkaufen. Aber nach einer Weile kann kein Chanel, Armani oder Prada der Welt die Einsamkeit und Leere wieder gutmachen, die seine Treulosigkeit bei mir hinterlässt.
Die jahrelang betrogene Ehefrau eines Geschäftsführers

Die Qual der Wahl

Wenn eine Frau erfährt, dass ihr Mann sie betrügt, reagiert sie mit Trauer, Wut und Eifersucht. Ihr Herz scheint in Millionen Stücke zu zerspringen, und ihr Vertrauen in den Ehemann ist dahin. Im Grunde wird eine Frau, die in ihrer Beziehung Treue und Ehrlichkeit erwartet, doppelt betrogen, denn sie muss erkennen, dass ihr untreuer Mann sie nicht nur betrügt, sondern auch belügt, um seine Seitensprünge zu vertuschen. Dieser doppelte Betrug ist wie ein Keulenschlag und zerstört das weibliche Selbstvertrauen. Eine Frau beschrieb dieses Gefühl als emotionale Sackgasse, in der sie weder vor noch zurückkonnte.

Ruhm und Geld können eine Frau nicht davor schützen, durch Untreue verletzt zu werden. Als man Hugh Grant mit einer Prostituierten bei der »Erregung öffentlichen Ärgernisses« erwischte, war seine Freundin Elizabeth Hurley sichtbar erschüttert. In der *Los Angeles Times* wurde sie mit den Worten zitiert: »Ich bin immer noch traurig und mitgenommen von den Ereignissen der letzten Zeit und fühle mich außerstande, irgendwelche Zukunftsentscheidungen zu treffen.«

Viele Frauen fühlen sich durch die Untreue ihres Partners am

Boden zerstört. Sie haben das Gefühl, das Ende ihrer Liebe – und ihrer Ehe – stehe kurz bevor. Im Gegensatz dazu denken viele Männer, trotz ihrer Affären, gar nicht daran, ihre Ehe zu beenden. Sie wollen einfach eine Frau, ein glückliches Zuhause und eine hübsche, junge Freundin, wobei sie ihr Doppelleben fein säuberlich in zwei getrennte Bereiche aufteilen und hoffen, das diese sich niemals überlappen werden. Viele Frauen entscheiden sich aus einer Vielzahl persönlicher, sozialer und finanzieller Gründe, verheiratet zu bleiben und genau diese Situation zu tolerieren. Weder Reichtum noch sozialer Status stellen in dieser Hinsicht einen Schutz dar.

Aus den vielen Berichten von Frauen, die mir von den Affären ihrer Männer berichteten oder schrieben und von ihren Versuchen, damit zurechtzukommen, lässt sich ein gewisses Fremdgeh-Muster ableiten. Da jedoch keine Ehe einer anderen gleicht, ist auch jede Affäre anders. Es gibt untreue Ehemänner, die ihr ganzes Eheleben hindurch fremdgehen. Für andere ist die Geliebte eine Art zweite Familie. Manche Männer stürzen sich von einem Abenteuer ins nächste und erzählen ihrer Frau jedes einzelne, schmutzige Detail. Andere haben nicht die geringste Absicht, ihre Ehe aufzugeben, und stellen dennoch stolz ihre langjährige Geliebte zur Schau. Trauriger Weise erfuhr ich nur allzu häufig, wie sehr Frauen unter der Untreue ihres Mannes litten, um sich am Ende doch unfreiwillig scheiden lassen zu müssen. Weitaus seltener hört man von Frauen, die ihren untreuen Ehemann verlassen; aber diejenigen, die es tun, berichten von einer ganz neuen Zuversicht und Zufriedenheit nach der Scheidung.

Am ehesten bereit, mit einem untreuen Mann zusammenzubleiben, zeigen sich Frauen über fünfzig, die seit vielen Jahren (meist mehr als fünfzehn Jahre) verheiratet sind, Kinder haben, über einen geringen Bildungsgrad beziehungsweise nur wenig Berufserfahrung verfügen und kaum eigene finanzielle Mittel besitzen. Die gesellschaftliche Ungleichbehandlung von Männern und Frauen im Hinblick auf Aussehen, Alter, Familienstand und Untreue scheint zu bewirken, dass Frauen mit zunehmendem Alter immer stärker an ihrer Ehe festhalten. Unabhängig davon, wie sehr sie ihren Mann zu lieben meinen, nimmt das Engagement von Frauen für ihre Ehe zu, je mehr ihre anderweitigen Aussichten abnehmen.

Der feste Glaube an eine Ehe ist zwar bewundernswert, aber nicht immer wirklich im Interesse einer Frau. Eine unglaublich hohe Zahl von Frauen muss auf schmerzliche Art und Weise erfahren, dass ihr großes Engagement für Mann und Ehe am Ende nicht belohnt wird. Erst wenn sie ihren Mann mit einer jüngeren Frau davontanzen sehen, fragen sie sich, warum sie so lange an einen treulosen Mann geglaubt haben.

Die nun folgenden Geschichten schildern die haarsträubenden Erfahrungen von Ehefrauen untreuer Männer. Nur wenige dieser Berichte haben ein glückliches Ende, viele warten immer noch auf irgendeine Lösung – und das tun auch die Frauen an der Seite eines Mannes, der sich nicht zwischen seiner Ehefrau und seiner Geliebten entscheiden kann oder will. Am traurigsten von allen sind die Leidensgeschichten der Frauen, die sich trotz allem entschlossen, bei ihrem Mann zu bleiben, um nach vielen Ehejahren dennoch verlassen zu werden. Alle diese Geschichten stehen stellvertretend für die unzähligen anderen, von denen ich während meiner Studien für dieses Buch erfuhr.

Sie blieb und wurde trotzdem verlassen

Eine berühmte Frau musste sich im Laufe ihrer achtunddreißigjährigen Ehe durch ein wahres Minenfeld der Untreue bewegen. Sie erhielt häufig anonyme Briefe von Frauen, die glaubten, ein Anrecht auf ihren Mann zu haben. Außerdem bekam sie im Laufe der Zeit zahlreiche Briefe – einige ebenfalls anonym und sehr verletzend –, in denen sie dafür kritisiert wurde, sich nicht scheiden zu lassen.

Von allen Geschichten, die ich hörte, ist kaum eine so niederschmetternd wie Hollys. Holly und ihr Mann haben viele erinnernswerte Jahre miteinander verbracht – achtunddreißig, um genau zu sein –, und trotz aller gravierenden Probleme wollte Holly den Mann, den sie liebte, nicht verlassen. Sie hatte Ehe und

Familie ihr ganzes Leben gewidmet und dachte nicht daran, diese aufzugeben. Für sie wäre das Ende ihrer Ehe gleichzusetzen mit Versagen – ihrem Versagen. Also blieb sie. Trotz der versteckten Anspielungen und Hinweise, der Blicke, dem Getuschel und dem bösen Gerede. Sie hielt an ihrer Ehe fest, weil sie ihren Mann liebte. Sie war seine Lebenspartnerin, und das war ihr heilig. Doch leider halten nicht alle Männer ihre Ehe für heilig.

Für Holly und Keith gab es keinen glücklichen Lebensabend, denn Holly wurde trotz ihrer Aufopferung für Mann, Ehe und Familie verlassen. Und ihre Situation, so traurig sie auch sein mag, ist keine Seltenheit. Ein Mann verlässt seine Frau just in dem Moment, wo sie im Begriff stehen, ihren gemeinsamen Lebensabend zu genießen. Nach einem hektischen Leben – in dem sie Kinder großgezogen und er Karriere gemacht hat – und an der Schwelle zu einem neuen gemeinsamen Leben im Ruhestand, flüchtet er zu einer jüngeren, unabhängigeren Frau.

Kurz bevor Holly und Keith in ihr neu gebautes Traumhaus ziehen wollten, ließ er sie wegen einer jüngeren Frau sitzen. Holly landete schließlich allein in einem kleinen Häuschen, während die neue Frau ihr Traumhaus bezog und in ihr Leben schlüpfte!

Hollys Erfahrungen zeigen, dass auch die Entscheidung, den untreuen Mann nicht zu verlassen, kein Garant dafür ist, dass ein Paar zusammenbleibt, »bis dass der Tod uns scheidet«. Selbst wenn eine Frau sich zum Bleiben entschließt, heißt das noch lange nicht, dass der Mann auch bei ihr bleiben wird. Bei allem Bemühen, das Treiben zu ignorieren oder die kränkende Situation einfach hinzunehmen, kann es dennoch passieren, dass sie am Ende ohne Mann dasteht. Welch schreckliche Zeit- und Energieverschwendung!

Holly berichtete, dass sie trotz Trennungsgedanken weiter an ihrer Ehe festgehalten habe, weil »ich mich weiterhin grundsätzlich an meine Partnerschaft in der Ehe gebunden fühlte«. Sie nahm an, dass Keith aus persönlichen wie aus beruflichen Gründen blieb, während es bei ihr – wie bei vielen anderen Frauen – familiäre und finanzielle Aspekte waren. Sie wusste genau, wie wichtig ein Eigenleben für sie war. »Ich wusste, je mehr ich außer Haus unternahm, desto besser würde es für unser gemeinsames Leben sein.« Doch die Qualität ihres Ehelebens verbesserte sich leider nicht.

Inzwischen ist Holly geschieden und in vielen ehrenamtlichen Bereichen tätig, sie genießt ihre Kinder und Enkelkinder. Dennoch fragte sie sich immer wieder, warum sie so bereitwillig Jahrzehnte ihres Lebens für jemanden opferte, der in ihrem jetzigen Leben überhaupt keine Rolle mehr spielt.

Er sah keine Zukunft für sie

Kellys und Phillips Ehe hielt fünfundzwanzig Jahre, ehe er sie wegen einer jüngeren Frau verließ. Obwohl er zahlreiche Affären gehabt hatte, nahm Kelly sein Verhalten erst dann mit großem Entsetzen wahr, als er ihr mitteilte, dass er sie verlassen würde. Sie war geblieben, während er fremdging, und obwohl sie behauptet, die ganze Zeit über nichts davon gewusst zu haben, gibt sie zu, dass es oftmals »nicht gut gelaufen« sei. Dennoch war sie nie in ihn gedrungen, hatte ihm nie Fragen gestellt oder in seinen Taschen und Schubladen nach Hinweisen gesucht. »Ich glaube, ich habe nicht daran glauben wollen, dass er mich betrügen könnte«, meint sie im Nachhinein.

Kellys Beispiel sollte anderen Frauen als Warnung dienen, rechtzeitig aufzuwachen und die Signale zu sehen.

Ich bin einundfünfzig und mein früherer Mann zweiundfünfzig. Als er mich verließ, waren wir seit fünfundzwanzig Jahren verheiratet. Wir haben drei erwachsene Söhne, die alle über zwanzig sind. Zu Beginn unserer Ehe arbeitete ich Teilzeit, um Phillip, der Anwalt werden wollte, beim Jurastudium zu unterstützen.

Als ich herausfand, dass Phillip mich wegen einer anderen verlassen wollte, saß ich, glaube ich, monatelang zusammengekauert auf dem Sofa. Ich nahm Antidepressiva und hatte das Gefühl, durch die Hölle und wieder zurück zu gehen.

Obwohl vielen meiner Freundinnen genau das Gleiche passiert ist, hätte ich nie gedacht, dass es mir auch so ergehen könnte. Bis zu dem Tag, an dem Phillip das Haus verließ, hatte ich keine Ahnung, was vor sich ging. Erst als ich die Puzzleteile zusammensetzte, wurde mir klar, dass er mich schon seit Jahren betrog. Ich wusste zwar, dass etwas nicht stimmte, aber ich wusste nicht, was.

Erst wenige Wochen bevor er mich verließ, merkte ich, dass seine Ausreden schaler wurden. »Überstunden« wurden die Regel. Er hatte noch andere Ausflüchte, und sie häuften sich langsam derart, dass ich nicht länger darüber hinwegsehen konnte. Ständig kritisierte er mein Aussehen und meckerte ohne Grund herum.

Ich entschuldigte alles mit seinem beruflichen Stress. Er brachte abends immer mehr Arbeit mit nach Hause und überließ die Familie sich selbst. Er zog sich richtig zurück. Er entwickelte neue Hobbys, war besessen davon, Skifahren zu lernen, und nahm im Urlaub einmal sogar drei Übungsstunden an einem Tag. Mich behandelte er immer reservierter. Er kaufte sich neue Kleidung, vor allem Schlipse und seidene Unterhosen.

Hin und wieder bekam ich die berühmten »Geschenke aus schlechtem Gewissen«. Er fing an Wein zu trinken. Bald war es eine ganze Flasche Wein, dann ein Bier vor der Flasche Wein und dann eine Flasche nach der anderen. Er besuchte unsere guten alten Freunde nicht mehr und wurde immer besorgter über sein Image am Arbeitsplatz.

Es hat sich so viel verändert, aber ich lebte nur von einem Tag zum nächsten. Jetzt, wo ich mit anderen Augen zurückblicke, kann ich natürlich sehen, was vor sich ging. Aber damals habe ich es nicht gesehen oder ich wollte es nicht.

Immer, wenn ich mit ihm schlafen wollte, war er entweder zu müde oder zu gestresst oder er hatte einfach keine Lust. Wenn ich ihn fragte: »Was ist los? Gibt es da jemand anderes?«, stritt er es immer ab.

Er kaufte sich neue Sachen, einen Fernseher und ein Videogerät, die er in sein Arbeitszimmer stellte. Am Abend, bevor er ging, nahm er gar keine Notiz mehr von mir und sah allein fern. Am nächsten Morgen packte er seine ganzen teuren Alkoholika ein. Er wolle einen neuen Anfang machen, meinte er.

Ich erinnere mich jetzt, dass er einen Monat, bevor er ging, etwas sagte, was mich beunruhigte. Er sagte:»Was siehst du uns in fünf Jahren zusammen unternehmen?« Und dass er keine Zukunft für uns beide sähe. Wir hätten keine langfristigen Ziele zusammen und dass es in unserer Ehe keine Herausforderungen mehr gäbe.

Er ging an einem Samstag. Am nächsten Morgen rief er an und sagte:»Du fehlst mir. Ich brauche einige Zeit, um mit mir selbst ins Reine zu kommen. Ich muss wissen, wer ich bin.« Mit keinem Wort erwähnte er, dass da jemand anderes war, aber er sagte: »Ich glaube nicht, dass du mit dem Lebensstil zurechtkommen würdest.«

Bald darauf hörte er auf, die Rechnungen zu bezahlen. Nachdem man uns wegen unbezahlter Rechnungen den Strom abstellte, verklagte ich ihn auf Unterhalt. Wir hatten immer gut gelebt, aber die Finanzen waren seine Sache gewesen. Ich hatte nichts damit zu tun; er hatte das nicht gewollt. Er hielt alle Unterlagen in alten Aktentaschen versteckt.

Ich bin in den letzten beiden Jahren um zehn Jahre gealtert. Ich habe versucht ihn zurückzugewinnen, aber ich habe mich dabei völlig verausgabt. Finanziell stand viel für mich auf dem Spiel. Ich habe keine Berufsaussichten. Ich bin über fünfzig und habe keinerlei berufliche Qualifikationen, wer sollte mich da schon einstellen? Eine Scheidung bringt Frauen ins Armenhaus.

Was konnte ich schon machen? Ich musste ihn gehen lassen. Er dachte nur an sich. Wir hatten ein wunderbares Leben, ein Haus am Wasser, ein Boot, schöne Autos. Ich musste mir sogar Geld leihen, bis wir uns auf eine vorläufige finanzielle Regelung geeinigt hatten.

Er hat mich wegen einer Einunddreißigjährigen verlassen. Sie leben jetzt das Leben, das ich mir für uns beide vorgestellt hatte. Sie erntet die Früchte meiner harten Arbeit. Nachdem er gegangen war, sah ich zuerst keinen Sinn mehr im Leben. Dann, nach einigen Monaten, geschah etwas, was mich wieder auf die Beine brachte. Nicht alle meine Freundinnen haben mich unterstützt. Und eine Frau meinte:»Wenn es dir passiert ist, dann kann es auch mir passieren.«

Es war hart, mir ein neues soziales Umfeld aufzubauen. Ich könnte nie einen Gärtner heiraten; ich brauche einen Mann mit einem gewissen sozialen Status. Obwohl ich jetzt einen neuen Freund habe, macht Phillip mir hin und wieder immer noch zu schaffen. Er war mein Ein und Alles. Wir waren füreinander bestimmt. Es war Liebe, und deshalb ist es auch so schwer, darüber hinwegzukommen.

Phillip und ich sind jetzt seit fünf Jahren geschieden, und er spricht kein Wort mit mir. Ich glaube, es liegt an seinen Schuldgefühlen. Außerdem glaube ich, dass er auf mein neues Leben neidisch ist. Einmal hat er zu mir gesagt: »Ich hätte nicht gedacht, dass du es so gut schaffst.«

Ich weiß nicht, ob ich noch einmal heiraten werde. Nach der Trennung habe ich in zwei Monaten zwölf Pfund abgenommen, ich konnte nicht mehr schlafen und nicht mehr essen. Ich will so etwas nie wieder durchmachen.

Ich habe mir neue Kleider gekauft und bin in ein kleineres Haus gezogen, das ich mir so eingerichtet habe, wie es mir gefällt. Im Grunde geht es mir besser als je zuvor. Ich bin wirklich glücklich und inzwischen sehr zufrieden damit, allein zu leben. Mein Ehe war fünfundzwanzig Jahre lang wunderbar, aber am Ende hat jeder nur noch für sich gelebt. Jetzt habe ich mein eigenes Leben und einen wunderbaren Gefährten. Ich bin gesund und habe alles, was ich brauche.

Ich habe Selbstvertrauen und eine positive Lebenseinstellung. Trotz allem, was passiert ist, habe ich immer noch Glück gehabt, und darauf kommt es doch an im Leben. Es war ein Albtraum damals, aber ich habe es geschafft. Ich habe Nächte durchgeweint und mich stumpfsinnig getrunken – aber wofür? Ich war die Einzige, die litt. Diese jüngeren Frauen wissen ganz genau, was sie wollen, und machen sich um jeden Preis an einen verheirateten Mann heran. Phillip hat Natalie geheiratet, und jetzt gehören ihr all die Dinge, für die ich und Phillip gearbeitet haben. Ich finde es beängstigend, dass wir so sehr an einen anderen Menschen – an einen anderen Mann – glauben können, und dann macht er sich einfach davon.

Wie Holly glaubte auch Kelly fest an ihren Mann und hing an ihrer Ehe. Trotzdem verlor sie ihren langjährigen Partner an eine andere Frau. An Hinweisen hatte es nicht gefehlt, aber Kelly hat sie nicht wahrgenommen, ob aus Unschuld, aus Vertrauen zu Phillip oder aus Verleugnung.

Die Frage, ob sie nicht doch geblieben wäre und die Affären ihres Mannes toleriert hätte, wenn es ihr möglich gewesen wäre, bleibt offen. Es war Phillip, der die Entscheidung zur Trennung traf, und Kelly hatte keine andere Wahl. Wir können nur spekulieren, ob sie an der Seite eines untreuen Mannes wirklich glücklicher gewesen wäre als in ihrem Leben als geschiedene Frau.

Trotz der schmerzvollen Entdeckung von Phillips Untreue und des anschließenden Scheidungskampfes schaffte es Kelly, ihre Selbstachtung wieder zu finden und sich ein neues Leben aufzubauen, das sie wirklich genießen kann. Sie hat die Freuden der Unabhängigkeit entdeckt und sich seit dem Ende ihrer Ehe in vieler Hinsicht weiterentwickelt.

Sie hat es versucht, dann ging sie

Es gibt deutlich mehr Frauen, die mit einem untreuen Mann weiter zusammenleben, als solche, die ihn verlassen. Trotzdem packen manche dieser betrogenen Frauen irgendwann doch ihre Koffer, um zu gehen und ein neues Leben anzufangen. Barbara Cochran Berry ist eine von ihnen und sie ist selbst erstaunt über ihren Mut. Wie sie in ihrem Buch *Life After Johnnie Cochran: Why I Left the Sweetest-Talking Most Successful Black Lawyer in Los Angeles* beschreibt, wurde sie in dem Glauben erzogen, dass eine Frau, die heiratet und Kinder bekommt, um jeden Preis bei ihrer Familie zu bleiben hat. Barbara lebte mit Cochran, der später der Hauptverteidiger im O.J.-Simpson-Prozess wurde, nicht »glücklich und zufrieden bis ans Ende aller Tage«. In ihrem Buch schildert sie ihre siebzehn Jahre während Ehe mit einem Mann, den sie als »Albtraum im täglichen Zusammenleben« bezeichnet und der mit seiner langjährigen weißen Geliebten ein Kind bekam.

Barbara beschreibt, welchen Druck Familie und Freunde auf sie ausübten, doch über die Liebesgeschichten ihres Mannes hinwegzusehen, da er den Lebensunterhalt verdiente. Sie versuchte jahrelang ihre Ehe zusammenzuhalten, aber sie konnte sich nie mit seiner Untreue abfinden.

Als sie es schließlich leid war, ihn ständig zu verdächtigen, heuerte sie einen Privatdetektiv an und erfuhr, dass er eine Geliebte hatte – und ein Kind. Die Wahrheit zu erfahren war die größte Demütigung, die ihr je widerfahren sei, meint sie. Aber im Endeffekt habe es sie auch enorm gestärkt. Sie beschloss, dass es sich nicht länger lohne, die Ehe weiter aufrechtzuerhalten. Sie empfand keine Bewunderung und keinen Respekt mehr für ihren Mann und, was noch viel schlimmer war, auch nicht mehr für sich selbst; also beendete sie die Ehe, um ihre Selbstachtung wieder zu finden.

Es sei für sie schwer zu begreifen, dass sie es mit ihrem untreuen Mann so lange ausgehalten habe, vor allem nachdem sie von dem Kind erfuhr, schreibt Barbara in ihrem Buch. Erst nach dem Ende ihrer Ehe wurde ihr klar, wie viel sie von sich selbst aufgegeben hatte, indem sie gemeinsam mit ihrem Mann alles unter den Teppich kehrte, um ihre wacklige Beziehung aufrechtzuerhalten.

Geheime Abkommen

Bei manchen Paaren besteht in Bezug auf Affären eine Art Geheimabkommen. Auch wenn die Frau die Untreue ihres Mannes weder billigt noch verzeiht, macht sie dennoch gemeinsame Sache mit ihm. Sie zieht Vorteile aus der Tatsache, verheiratet zu sein – den Lebensstil und ihren Status beispielsweise –, dafür kann er tun und lassen, was und mit wem er will. Solche Abkommen sind allerdings recht selten und tauchen meist nur in sehr wohlhabenden Familien auf, wo es sich der Mann leisten kann, ein Doppelleben zu finanzieren.

Unter den von mir interviewten Paaren mit einem solchen »Arrangement« war dennoch keiner der Partner bereit, seine

Ehe als »offene Beziehung« zu bezeichnen. Stattdessen schilderten sie ihre Situation so, dass der Mann eben hin und wieder fremdgehe oder häufig mit ein und derselben Frau ein langjähriges Verhältnis habe. Dennoch betonten die Männer immer, wie sehr sie an ihrer Frau und ihrer Familie hängen und dass sie nicht die Absicht hätten, diese zu verlassen. In diesen »Liebesabkommen« profitieren also beide, Mann und Frau, von der Ehe und wollen an ihr festhalten, auch wenn der Mann seit Jahren eine Geliebte hat. Auch Ehefrauen gehen gelegentlich fremd, normalerweise jedoch mehr aus Einsamkeit oder Langeweile als aus Interesse an einem weiteren Sexualpartner.

Manche dieser Abkommen halten jahrzehntelang; wobei die meisten Frauen glauben, sie müssten diese Situation akzeptieren, sich mit ihr arrangieren und dankbar sein für das, was sie haben, statt sich auf die Nachteile eines Lebens mit einem untreuen Mann zu konzentrieren. Der Fall von Rose (50) und ihrem Ehemann David, einem bekannten Großunternehmer, und dessen Geliebten, Brittany (30), ist ein gutes Beispiel. Ihr Beziehungsdreieck wird von Zeit zu Zeit noch um weitere Frauen erweitert, da David neben seiner Frau auch seine Freundin Brittany mit gelegentlichen One-night Stands und Wochenendabenteuern betrügt.

Auch wenn die Rose-David-Brittany-Beziehung rein äußerlich betrachtet funktioniert, gefällt Rose diese Einrichtung nicht wirklich, und auch Brittany weiß, dass ihre Zeit mit David begrenzt ist. Er ist bekannt dafür, junge Frauen zunächst zu fördern, dann mit ihnen zu schlafen, um sie nach einigen Jahren fallen zu lassen. Der einzig wirkliche Nutznießer dieses komplizierten Arrangements scheint David zu sein. Er hat den größten Teil seiner über zwanzigjährigen Ehe außer Haus gelebt, auch wenn er nicht vorhat, sich von Rose scheiden zu lassen. Schließlich müsste er sein beträchtliches Vermögen mit ihr teilen, wenn es zur Scheidung käme. Der Status quo dagegen bietet ihm eine sichere Heimstatt mit Ehe und Familie, während er gleichzeitig die Freiheit hat, zu tun und zu lassen, was er möchte, ohne seiner Frau Rechenschaft ablegen zu müssen.

Rose gibt zu, dass Davids Bedürfnis nach anderen Frauen sie

permanent verletzt. Die Tatsache, dass er auch seine Geliebte betrügt, ist für sie daher eine große Erleichterung und Genugtuung. Sie weiß, dass David ständig attraktiven und talentierten jungen Frauen begegnet und seine Machtposition ausnutzt, um seine sexuellen Gelüste zu befriedigen. Sie könne sich glücklich preisen, mit ihm verheiratet zu sein, denn sie wolle lieber nicht nur »eines seiner jungen Dinger« sein, redet Rose sich ein. Sie lebt allein in einem wunderschönen Haus am Wasser, kümmert sich um ihren Garten, ist viel auf Reisen, trifft sich mit Freunden zum Essen und ist in der höheren Gesellschaft ein gern und häufig gesehener Gast. Sie genießt diese Seite ihres Lebens und möchte, auch wenn sie im Scheidungsfall finanziell gut dastehen würde, ihr Leben mit David nicht aufgeben, nur weil dieser ein »Serienfremdgänger« ist, wie sie es nennt.

Da David anderswo lebt und arbeitet und nur gelegentlich zu Besuch vorbeikommt, glaubt Rose, von allem nur das Beste zu bekommen. Sie hat ihre Freiheit und David die seine, und sie ist trotzdem seit mehr als zwanzig Jahren verheiratet und hat zwei erwachsene Kinder.

Ihre Hauptsorge ist, dass David sie eines Tages wegen einer seiner zahlreichen festen Geliebten, die er im Laufe der Jahre gehabt hat, doch noch verlassen wird. Außerdem empfindet sie ihre Besuche bei ihm als quälend. Seine derzeitige Freundin hat er in einem Apartment in der Nähe seines eigenen untergebracht und nimmt sie zu allen gesellschaftlichen Ereignissen, die mit seiner Arbeit zusammenhängen, mit. Wenn Rose zu Besuch ist, begleitet sie ihn und hat das Gefühl, bei diesen Anlässen von Blicken durchbohrt zu werden. Obwohl sie versucht, sich nichts anmerken zu lassen und über Davids Verhalten zu stehen, empfindet sie es dennoch als demütigend, dass so viele Menschen über Davids Freundinnen Bescheid wissen.

Sie sei jahrelang ein Wrack gewesen, erzählt Rose, habe viel getrunken und sich bei anderen Leuten über Davids Verhalten ausgeheult. Schließlich sei sie es leid geworden, dass alle Menschen ihr Schicksal übergingen, sich David unterwarfen und seine Affären rechtfertigten. Die Tatsache, dass er in ihrer Beziehung alle Macht besitzt, hat sie bitter werden lassen. »Jeder,

der uns kennt, scheint David gegenüber ein Auge zuzudrücken. Gleichzeitig sehen sie auf mich herab und werfen mir vor, verbittert zu sein. Natürlich bin ich verbittert! Wer wäre das nicht?«

Dies ist ihre Geschichte:

Schließlich fand ich mich mit seinem Verhalten ab. Ich brauchte fast achtzehn Jahre, um an den Punkt zu gelangen, wo mich sein Verhalten innerlich nicht mehr so tief verletzen konnte. Ich glaube, ich war einfach zu erschöpft und konnte keine weitere Kraft darauf verschwenden, ihn von etwas abzubringen, von dem er sich doch niemals würde abbringen lassen. Ich habe ihn mehr oder weniger aufgegeben und mich mit seiner Untreue abgefunden. Jetzt geht es mir viel besser – relativ gesehen jedenfalls. Ich unternehme jetzt mehr für mich und kümmere mich um meine Interessen. Ich habe einen wunderbaren Garten, dem meine ganze Liebe gilt. Ich gestatte mir, zu kaufen, was ich mir dafür wünsche, weil ich finde, dass ich das mit meiner Ehe verdient habe.

Unser Liebesleben findet zweimal im Jahr statt, in den Ferien. Mehr scheint David von mir nicht zu wollen. Trotzdem leben wir nicht völlig getrennt. Wir besuchen uns gegenseitig und reden miteinander. Sein Arbeitsplatz liegt nicht mehr in der Nähe unseres großen Hauses, deshalb dient uns seine Arbeit als Ausrede für das Getrenntleben.

Manchmal frage ich mich allerdings, was mit seiner Freundin geschehen wird. Ich glaube schon, dass er bei mir bleiben wird, und doch ist da diese junge Frau, die eben jene Jahre, in denen sie selbst eine Familie gründen könnte, an einen Mann verschwendet, der ihr nie gehören wird. Ich beneide sie wirklich nicht. Wenigstens bin ich vor dem Gesetz seine Frau und juristisch gesehen seine Finanzpartnerin. Mir geht es gut, und es würde mir auch gut gehen, wenn er mich sitzen ließe. Ich weiß, dass ich mehr Glück habe als andere Frauen. Ich bin mit dem Mann verheiratet, den ich liebe, und er ist einer der erfolgreichsten Männer, die ich kenne.

David liegt mir wirklich sehr am Herzen, aber ich empfinde keine Leidenschaft mehr für einen Mann, den es um jeden Preis zu anderen Frauen zieht. Ich werde die Selbstbestätigung nie verstehen, die er daraus zieht. Vielleicht liegt es daran, dass er nicht besonders gut aussieht und dass ihm die viele Aufmerksamkeit schmeichelt. Die meisten Frauen beachten ihn doch nur, weil er so mächtig ist. In seiner Position kann er für eine ehrgeizige junge Frau viel bewegen. Und er öffnet ihnen in gesellschaftlicher Hinsicht Tür und Tor; ich glaube, viele benehmen sich in seiner Gegenwart wie Edel-Callgirls. Schließlich geht es definitiv um einen Austausch von Waren und Dienstleistungen.

Im Moment jedenfalls bin ich zufrieden. Manchmal beschleicht mich allerdings die Angst, dass ich David zuliebe zu viel aufgebe. Ich bin jetzt über fünfzig und für Männer kaum noch attraktiv, das ist ein Grund mehr, bei dem Mann zu bleiben, den ich habe. David hat seine Fehler, aber ich kenne sie, und wir kommen sehr gut miteinander aus. Vielleicht kann ich mich wirklich glücklich schätzen – ich habe ein wunderbares Heim, ein schönes Leben, das ich genießen kann, ohne dass ständig ein lästiger Ehemann um mich herum ist. Manche mögen sogar sagen, ich sei zu beneiden. Das mag wohl sein, aber ich bin schrecklich einsam. Es geht mir gar nicht um Sex, sondern darum, auf ganz spezielle Art etwas Besonderes zu sein für den Mann, den ich liebe – und vermisse und nicht verlieren möchte.

Ich glaube nicht, dass ich David je verlassen würde, weil wir uns wirklich gut verstehen, wenn er da ist. Allerdings habe ich Angst, dass wir uns durch die räumliche und emotionale Distanz irgendwann so auseinander gelebt haben werden, dass er sich nicht mehr die Mühe machen wird, nach Hause zu kommen.

Es kränkt mich, dass mein Mann Beziehungen mit anderen Frauen braucht. Besonders in den Nächten vermisse ich ihn am meisten. Das ist die Zeit, in der wir eigentlich zusammen sein sollten. Nicht nur körperlich – auch geistig. Wenn sich das bei seinem nächsten Besuch nicht ändert, werde ich mich fragen müssen, wozu ich eigentlich noch länger verheiratet bin. Aber dann wird mir wieder klar, dass ich gar nichts anderes mehr kenne als die Ehe. Ich kann mich an keine andere Art zu leben mehr erinnern. Ich bin zwar die meiste Zeit des Jahres allein, aber ich fühle mich David und unserer Ehe trotzdem tief ver-

bunden. Ich bin nicht ganz allein in der Welt, so wie es der Fall wäre, wenn ich mich scheiden ließe.

Wenn die Leute sagen, bei Sex gehe es bloß um Sex, dann kann ich ihnen teilweise zustimmen. Sex ist sicher nicht so wichtig, wie er immer hingestellt wird, aber er kann mit Sicherheit auch große Probleme verursachen. Inzwischen fange ich nicht mehr ständig an zu heulen. Ich glaube, ich habe für alle Zeiten genug geweint. Aber verzweifeln könnte ich immer noch. Auf Dauer kann ich Davids ständige Untreue, glaube ich, nicht verkraften. Eine Ehe muss sich auch auf bessere Art führen lassen.

Durch ihren Reichtum und ihren Status hat Rose Möglichkeiten, die vielen anderen betrogenen Ehefrauen verwehrt sind. Sie könnte ihren Mann verlassen, ohne finanziell oder gesellschaftlich entwurzelt zu werden. Trotzdem geht es ihr wie vielen anderen Frauen auch: Sie liebt ihren Mann aufrichtig und möchte ihre Ehe gar nicht beenden. Auch wenn sie David nur wenige Male im Jahr sieht, ist ihre Ehe für beide ein Anker. Die Familie ist beiden sehr wichtig. David aber verhält sich, als hätten seine anderweitigen sexuellen Aktivitäten mit Frau und Familie nichts zu tun. Das ist für Rose – wie für die meisten Frauen – schwer nachvollziehbar.

Obwohl es ihr offensichtlich lieber wäre, wenn David keine Freundinnen hätte, hält sie lieber an ihrer Ehe fest, als diese wegen seiner sexuellen Affären aufzugeben. Auf merkwürdige Art und Weise fühlt sich Rose allen seinen »Mädchen« überlegen, weil sie sich einredet, diejenige zu sein, die ihm am wichtigsten ist.

Als Rose in den frühen Jahren ihrer Ehe zum ersten Mal von Davids Untreue erfuhr, bekam sie schlimme Depressionen und ein Alkoholproblem. Inzwischen hat sie ihr Leben wieder im Griff. Sie lehnt seine Abenteuer nach wie vor ab, aber sie hat sich mit der Tatsache abgefunden, dass sie ihn nicht ändern kann. Er tut, was er will, egal, wie sehr es sie verletzen oder ihr missfallen mag.

Die große Frage für Rose – und alle anderen Frauen in einer solchen Situation – lautet: Was geschieht, wenn es ihrem Mann mit einer seiner Geliebten doch ernst wird und er sich entschließt, seine Frau zu verlassen? Dieser Gedanke lässt Rose nicht ruhen, und doch hat sie keine Möglichkeit, eine Antwort darauf zu finden.

Alles in allem hat Rose ihre Situation genau abgewogen und die Tatsache akzeptiert, dass ihre Bedürfnisse durch die Fortsetzung ihrer Ehe mit David am besten erfüllt werden. Auch wenn ihre Situation für viele andere Frauen untragbar wäre, ist sie das, was Rose für am besten hält.

Viele Frauen, die mit einem extrem erfolgreichen Mann verheiratet sind, führen ein solches Leben. Erfolgreiche Männer neigen mehr als alle anderen dazu, ihre Ehefrauen zu betrügen, und sie verfügen über genug Einkommen und frei einteilbare Zeit, um ihr Tun zu verbergen. Aber selbst wenn die Untreue ans Licht kommt, können sie ihre Frau durch Kontroll- und Einschüchterungsmethoden beeinflussen.

Auch eine andere Frau, mit der ich sprach, muss sich mit einer ähnlichen Situation zufrieden geben wie Rose. Tania gehört ebenfalls zur gehobenen Gesellschaft, ihr Mann Morgan ist ein erfolgreicher Anwalt. Er ist viel unterwegs und wird dabei immer von seiner Geliebten, Collette, begleitet. Seine Arbeitskollegen kennen Collette als Morgans ständige Reisebegleiterin. Daher fühlt sich Tania in Gegenwart von Morgans Kollegen und deren Frauen immer unwohl, weil sie zu Recht annimmt, dass diese über Collette bestens informiert sind. Dennoch akzeptiert sie Morgans Untreue, wenn auch widerwillig, weil sie fest an die Institution der Ehe glaubt.

Tania ist in vielen Wohlfahrtsorganisationen engagiert, und sie und Morgan leben jeder ein sehr eigenständiges Leben. Es verletzt Tania, dass Morgan seiner Geliebten ein Apartment in der Innenstadt finanziert und sich auf Reisen lieber von ihr begleiten lässt. Tania fühlt sich ausgeschlossen und übersehen, aber sie weiß keinen Ausweg aus dieser Situation. In ihren einundzwanzig Ehejahren war sie mit keinem anderen Mann als Morgan zusammen und sie hat die Interessensbekundungen anderer Männer stets zurückgewiesen. Trotz Morgans fortgesetzter Untreue ist Tania ihm immer treu geblieben.

Tania lässt sich Morgans unschönes Verhalten tatenlos gefallen, weil sie weiter mit ihm verheiratet bleiben will. Die Belohnung für ihre Toleranz sieht sie in einem angenehmen Leben und in Morgans Versprechen, sich nicht von ihr zu trennen. Dennoch hat sie Angst, dass er sein Versprechen brechen könnte.

Beide, Rose und Tania, leben in schrecklicher Ungewissheit. Sie finden sich widerstrebend mit der Untreue ihres Ehemannes ab und fürchten doch ständig, er könnte sich scheiden lassen. Aus Liebe in völliger Ungewissheit zu leben ist bei Frauen, die mit ihren untreuen Männern zusammenbleiben, nichts Ungewöhnliches. Nach außen wirken sie völlig intakt und scheinen alles im Griff zu haben, trotzdem sind sie mit ihrer Situation todunglücklich und berichten von Einsamkeit und innerer Leere durch das Leben mit einem Mann, der die meiste Zeit mit anderen Frauen beschäftigt ist.

Rose, Tania und die vielen anderen Frauen, die ihren Männern treu bleiben, sollten genau abwägen, was sie um ihrer Liebe willen aufgeben. Liebe ist etwas Wunderbares, aber ein Mann, der seine Frau immer wieder betrügt, zeigt ihr gegenüber keinerlei Liebe.

Treu an Ehe und Ehemann festzuhalten, ist bewundernswert. Noch wichtiger aber ist es, sich selbst gegenüber treu zu bleiben.

Eine Stadt, zwei Familien

Wenn eine Stadt nicht einmal groß genug ist für einen Mann, seine Frau und seine Geliebte, wie soll sie dann groß genug sein für einen Mann, der zwei Familien hat? Kein Ort ist groß genug, um das Geheimnis eines notorischen Frauenhelden mit zwei Familien auf Dauer zu verbergen. Max, zweiundsechzig, hat ein erfolgreiches Unternehmen auf die Beine gestellt. Er ist seit vierundzwanzig Jahren mit Jessica verheiratet und hat zwei Kinder mit ihr. Außerdem hat er zwei Kinder aus der Ehe mit seiner ersten Frau, die an Krebs verstarb. Schon während dieser ersten Ehe ging Max fremd und auch in seiner zweiten hat er damit nicht aufgehört. Er betrügt selbst seine langjährige Geliebte Alexa, mit der er ebenfalls ein Kind hat.

Max, Jessica und Alexa leben alle seit ihrer Kindheit in derselben Kleinstadt. Jessica arbeitete vor ihrer Heirat im Bereich Öffentlichkeitsarbeit und stammt aus einer sehr angesehenen Familie. Alexa dagegen kommt aus einer Arbeiterfamilie. Max, der ebenfalls aus dem Arbeitermilieu stammt, wurde durch sein Geschäft sehr wohlhabend und ist inzwischen einer der reichsten Männer der Stadt. Dennoch glaubt er weiterhin auf Jessica angewiesen zu sein, um gesellschaftlich akzeptiert zu werden.

Die Affäre mit Alexa begann Max, nachdem seine erste Frau, die ebenfalls aus begüterten Verhältnissen stammte, an Krebs erkrankt war. Als sie von der Affäre erfuhr, strich sie Max aus ihrem Testament und hinterließ ihr gesamtes Vermögen den Kindern. Nach ihrem Tod glaubte Alexa fest, dass Max sie nun heiraten würde. Stattdessen traf und heiratete er Jessica, die Elegantere und Wohlhabendere von beiden. Dennoch setzte Max das Verhältnis mit Alexa weiter fort und zeugte sogar ein Kind mit ihr.

Die Wege der beiden Frauen in Max' Leben kreuzten sich erst, als Alexas Tochter, inzwischen ein Teenager, in der Schule einen Unfall hatte. Da das Krankenhaus Alexa telefonisch nicht erreichen konnte, rief man stattdessen bei Max an, der als Vater in den Akten stand. Auf diese Weise brachte ein scheinbar harmloser Vorfall das lange und wohl gehütete Geheimnis seines Doppellebens ans Licht.

Als Jessica von Alexa erfuhr – und von Max' zweiter Familie – begriff sie, dass alle seine Verwandten und auch seine Mutter schon lange von Alexas Existenz wussten und sie als Teil seines Lebens akzeptiert hatten. Jessica war am Boden zerstört. Sie suchte einen Scheidungsanwalt auf und setzte Max vor die Tür. Als diesem klar wurde, wie teuer ihn eine Scheidung zu stehen kommen würde, versprach er Jessica, seine Beziehung mit Alexa zu beenden und sie nie wieder zu sehen.

Jessica lebte nun allein in der großen Familienvilla, während Max mit Alexa in ihrem wesentlich bescheideneren Haus wohnte, obwohl er eigentlich versprochen hatte, sie zu verlassen.

Doch schon bald gefiel ihm dieses Arrangement nicht mehr und er überredete Jessica, ihn wieder in die Familienvilla ziehen zu lassen. Er brach die Verbindung zu Alexa zwar kurzzeitig ab, aber nicht für lange. Schon bald verbrachte er die eine oder andere Nacht wieder bei ihr, obwohl er Jessica weiterhin intensiv den Hof machte, indem er sie zum Essen einlud und sie mit Geschenken überschüttete.

Während dieser ganzen Zeit schlief Max, wenn er geschäftlich unterwegs oder im Ausland war, auch weiterhin mit anderen Frauen, und weder Jessica noch Alexa ahnten, dass er noch eine weitere langjährige Freundin hatte, die er auf Geschäftsreisen in eine unweit gelegene Stadt regelmäßig aufsuchte.

Keiner der drei scheint sich entschließen zu können, dieses leidige Beziehungskonstrukt zu beenden, also besteht es fort, auch wenn ziemlich offensichtlich ist, dass Max als Einziger davon profitiert.

Nach einer ausgedehnten Europareise ohne ihren Mann entschloss sich Jessica, die Ehe mit ihm fortzuführen und sich darauf zu konzentrieren, »ihm die Seitensprünge auszutreiben«. Erstaunlicherweise hält auch Alexa weiter an ihrer Beziehung fest, weil sie immer noch hofft, dass Max sie eines Tages heiraten wird. Von Jessica weiß ich, dass sie Max immer noch liebt und sein neuerliches Werben um sie genießt. Sie schläft auch weiter mit ihm. Für sie ist Alexa ein Stachel im Fleisch, der sich nicht entfernen lässt, aber sie ist entschlossen, ihre Ehe dennoch aufrechtzuerhalten. Sie hat sich mit dem zweiten Leben ihres Mannes abgefunden, macht aber erstaunlicherweise Alexa dafür verantwortlich. Wenn diese verschwinden würde, so glaubt sie, könnten sie ihre Ehe sicher wieder in die richtige Bahn bringen.

Auch wenn Jessica mit ihrer Situation nicht sehr glücklich ist, hat sie beschlossen, das Beste daraus zu machen. Wenn sie schon ihren Mann nicht ganz für sich haben kann, dann leistet sie sich eben alle Kleider und Luxusgüter, nach denen ihr der Sinn steht. Für sie ist dies ein gewisser Ausgleich für ein gebrochenes Herz und eine Art Schutz gegen eine zerbrochene Ehe. So hat sie zu Max einmal gesagt: »Wenn du dafür sorgst, dass mein Schrank immer voller Designer-Kleider ist und der Keller voll vom besten Champagner, dann gehe ich dir auch wegen Alexa nicht auf die Nerven!«

Wenn Frauen es zulassen, dass ein Mann sich in jede Richtung auslebt – wie Jessica und Alexa es tun –, dann wird er das wahrscheinlich auch weiterhin tun. Solange niemand eine Entscheidung herbeiführt, die diesen Zustand beendet, werden Ehefrau und Geliebte weiter in der Luft hängen, statt als freie Menschen neue Wege beschreiten zu können.

Ein Mann, der eine Frau wirklich verlassen will, um eine andere zu heiraten, tut dies so oder so. Einer meiner Bekannten betrog seine Frau acht Jahre lang. Sechs davon tolerierte sie sein Verhalten stillschweigend, auch wenn sie nicht mehr miteinander schliefen. Am Ende verließ er sie dennoch und heiratete eine andere, jüngere Frau. Die Frau war zu diesem Zeitpunkt zweiundfünfzig und hatte wenig Aussichten, noch einmal einen neuen Partner zu finden. Hätte sie die Zügel eher in die Hand genommen und sich früher von ihrem Mann getrennt, dann wären ihre Aussichten auf ein schöneres Leben wesentlich besser gewesen. Stattdessen wurde sie in einem Alter fallen gelassen, als ihre Chancen schon relativ schlecht standen.

Je länger Frauen in unbefriedigenden Ehen ausharren, desto mehr haben sie zu verlieren, wenn die Beziehung am Ende doch auseinander geht. Ob es uns gefällt oder nicht, während der Wert eines Mannes mit zunehmendem Alter steigt, widerfährt Frauen genau das Gegenteil.

Jessica stammt aus einer gesellschaftlich viel höher stehenden Familie als Max. Sie hat ihre eigenen Interessen, Vermögen und genießt hohes gesellschaftliches Ansehen. Warum also bleibt sie bei ihm? Sie sagt: »Weil ich ihn liebe.« Sie ist eine Frau, die ihren untreuen Mann ohne Probleme verlassen könnte. Sie hat das Geld und den Status, um in persönlicher, gesellschaftlicher und finanzieller Hinsicht relativ ungeschoren davonzukommen, und doch bleibt sie bei einem Mann, der sie permanent betrügt. Es fällt schwer, diese Entscheidung nachzuvollziehen, doch Jessica hat ihre Gründe. Ob ihre Entscheidung letztendlich gut für sie ist oder nicht, ist eine andere Frage.

Nicht vor und nicht zurück

Frauen bleiben aus einer Vielzahl sehr persönlicher Gründe bei einem untreuen Mann. Einer der Hauptgründe ist ihr mangelndes Vertrauen in die Fähigkeit, sich ohne den treulosen Mann ein eigenes, schöneres Leben aufzubauen. Es ist mitunter wirklich ein Rätsel, was ein Paar in einem Gespinst aus Lügen und Betrug zusammenhält. Aber für viele Frauen wäre ein besseres Leben – ohne Lug und Betrug – durchaus möglich, wenn sie sich nur die Macht zurückholen würden, die sie an ihren Mann abgegeben haben.

Mein Leben wird weiter die Hölle sein, aber jedes Mal, wenn ich ihn sehe, werde ich wieder schwach.

Während meiner Arbeit an diesem Buch konnte ich nur darüber staunen, wie viel Zeit und Energie Frauen weiter in ihren untreuen Mann investieren, auch wenn es nicht das geringste Anzeichen dafür gibt, dass er sein Verhalten ändern wird. Frauen mögen heutzutage viele Scheidungen initiieren, aber viele harren auch weiterhin bei einem untreuen Gefährten aus, in der Hoffnung, ihre Liebe werde ihn verändern und er werde seine Seitensprünge irgendwann für immer aufgeben.

Eine zu Herzen gehende Geschichte stammt von Hannah, einer vierundfünfzigjährigen Frau, die nach fünfunddreißig Jahren Ehe völlig in der Luft hängt. Ihr Mann Taylor hat seit einigen Jahren ein Verhältnis mit seiner Mitarbeiterin Brooke. Obwohl er zu Hause ausgezogen ist, harrt Hannah weiter aus, weil sie immer noch hofft, er werde es sich anders überlegen und merken, dass sie, trotz allem, die Frau seines Lebens ist. Doch allmählich wird die Situation für sie unerträglich. Sie will, dass sich ihr Leben verändert, egal wie, aber sie ist nicht in der Lage oder nicht gewillt, das Notwendige zu tun, um sich entweder mit Taylors Affäre abzufinden oder um die Ehe zu beenden. Keiner in dieser Dreiecksbeziehung unternimmt irgendwelche Schritte, um an der Situation etwas zu ändern.

Hannah will ihren Mann weder mit Brooke noch mit einer anderen Frau teilen und doch toleriert sie seine Affären. Sie glaubt, die einzige Chance, ihn zu halten, bestehe darin, nach seiner Pfeife zu tanzen, und das bedeutet für sie, trotz seiner außerehelichen Aktivitäten bei ihm zu bleiben und vergeblich darauf zu hoffen, dass er die anderen Frauen irgendwann aufgibt. Dies ist ihre Geschichte:

Ich habe während unserer Ehe nie richtig gearbeitet, aber in den letzten Jahren habe ich mich hin und wieder als Immobilienmaklerin betätigt. Auf diese Weise komme ich unter die Leute und verdiene ein bisschen Geld.

Taylor ist vor achtzehn Monaten ausgezogen, etwa anderthalb Jahre nach dem Beginn seiner Affäre mit Brooke, einer Frau aus seinem Büro. Er kennt sie schon seit Jahren und weiß, dass sie auch mit anderen in der Firma Affären hatte, einschließlich des Chefs.

Die ersten zwanzig Jahre unserer Ehe waren wunderbar, außer vielleicht nach siebzehn Jahren, als Taylor mit einem jungen Mädchen aus seiner Firma ein Verhältnis hatte. Ich bin dahinter gekommen, weil er jeden Freitag Überstunden gemacht hat. Einmal kam er erst um ein Uhr nachts zurück, und da sagte unser Sohn, der damals zwölf war: »Kein Mensch arbeitet von sieben Uhr früh bis ein Uhr nachts.«

Taylor und ich haben früh geheiratet, und ich war seine erste Freundin. Er hatte wohl das Gefühl, ein sehr abgeschirmtes Leben geführt zu haben, und wollte ein wenig verlorene Zeit nachholen. Als ich ihn zur Rede stellte, stritt er alles ab. Er leugnete, bis ich glaubte, den Verstand zu verlieren, da gab er es zu. Damals schlief ich noch mit ihm, weil ich ihm beweisen wollte, dass ich besser bin als das junge Ding aus seinem Büro. Er beendete die Sache, und alles war wie vorher.

Dann, nach etwa einem Jahr, merkte ich, dass er mich wieder betrog. Diesmal warf ich ihn hinaus. Nach drei Tagen kam er angekrochen. Ich sagte ihm, dass ich versuchen würde die Sache zu vergessen, aber verzeihen könnte ich ihm nicht. Wahrscheinlich habe ich ihn danach deutlich weniger liebevoll behandelt als vorher, aber ich war einfach zu wütend auf ihn. Seine Affären haben bei mir viel von dem Respekt, der Liebe und der Zuneigung zerstört, die ich für ihn empfunden habe. Nachdem er mich belogen und mein Vertrauen missbraucht hatte, ließen sich diese tiefen Gefühle für ihn einfach nicht mehr zurückholen.

Vielleicht hat er damals angefangen, mit allen möglichen Frauen zu schlafen, weil ich ihn so kühl behandelt habe. Zurückblickend glaube ich, dass er vielleicht deshalb so ekelhaft zu mir war, weil er wollte, dass ich ihn auch betrog. Er gab mir die Schuld an allem!

Hinter sein jetziges Verhältnis mit Brooke bin ich gekommen, als ich ihn nach einer Geschäftsreise umarmen wollte und er plötzlich stocksteif dastand. Da »wusste« ich es ganz einfach. Da er mit ihr zusammen verreist war, kam ich auf Brooke. Mein Verdacht bestätigte sich, als Brooke anfing zu allen möglichen Zeiten bei uns anzurufen und Taylor sprechen wollte. Sie schob irgendwelche Gründe vor, aber mir war klar, was sie damit bezweckte. Sie wollte mich wissen lassen, dass es sie gibt. Sie hat keinen Respekt, weder vor mir noch vor unserer Ehe.

Ich war am Boden zerstört, als ich zwei und zwei zusammenzählte und begriff, dass sie eine Affäre hatten. Ich nahm rapide ab, weil ich weder richtig essen noch schlafen konnte. Meine Eltern waren überhaupt keine Hilfe. »Sei einfach nett zu ihm«, rieten sie mir und redeten mir immer wieder zu »Halte durch – halte durch.«

Taylor zog zu Brooke, und ich fing an in Kneipen zu gehen, um mir Männer anzulachen. Ich wollte mich an Taylor rächen und brauchte dringend ein wenig Selbstbestätigung. Ich musste mir beweisen, dass ich noch nicht zu alt oder zu hässlich war, um einem Mann zu gefallen. Nach drei oder vier kurzen Abenteuern fühlte ich mich besser. Ich wusste nun, dass ich mir immer noch einen Mann angeln konnte, aber ich erkannte bald, dass ich gar keinen wollte. Ich wollte mich einfach nur begehrenswert fühlen. Ich ging nach diesen One-night Stands zwar weiterhin aus, um zu flirten, aber ich hörte auf herumzuschlafen. Das war eine große Erleichterung für mich, weil ich noch nie der Typ für die »freie Liebe« war.

Ich bin in dieser Zeit vielen Männern begegnet, die eine neue Frau suchten. Aber wenn ich mich von Taylor scheiden lasse, habe ich genug Geld, dann brauche ich keinen Mann, der mich *versorgt, und ich werde meine Zeit bestimmt nicht damit vertun, dem nächsten die Socken zu waschen.*

Es hat mich wirklich überrascht, wie vielen impotenten Männern über fünfzig ich begegnet bin. Mein Mann hatte auch Erektionsprobleme, kurz bevor er sich mit Brooke einließ. Aber dann hat er irgendwann zu mir gesagt: »Bei ihr kann ich vierundzwanzig Stunden am Tag. Jedes Mal, wenn ich sie ansehe, kriege ich Lust, mit ihr ins Bett zu gehen.«

Neulich hat Taylor mir gesagt, dass er keine Scheidung möchte. Und ich muss zugeben, dass mir das recht war. Aber in den letzten zwei Wochen haben sich meine Gefühle für ihn verändert. Ich empfinde jetzt richtigen Hass. Er war gerade auf Geschäftsreise, und ich habe ihn im Hotel angerufen. Weil er nicht auf seinem Zimmer war, fragte der Mann an der Rezeption, ob ich für Herrn und Frau Soundso eine Nachricht hinterlassen wolle. Er hatte Brooke unter meinem Namen eingecheckt! Ich bin so geschockt, dass ich ihn im Moment weder sehen noch sprechen will. Meine Gefühle sind deutlich abgekühlt. Es ist schlimm genug, dass er bei ihr eingezogen ist, obwohl er mich immer noch sehen will, aber dass er sie jetzt als seine Frau ausgibt, ist mehr, als ich verkraften kann.

Taylor hängt sehr an seinen beiden erwachsenen Kindern. Er will seine Familie in der Nähe haben, ich soll seine beste Freundin sein, und mit Brooke will er ins Bett. Können Sie sich vorstellen, dass er zu mir gesagt hat: »Sie bügelt meine Hemden besser als du!«? Was für ein Mann sagt seiner Frau so etwas ins Gesicht? Soll sie von jetzt an eben alles für ihn bügeln!

Außerdem hat er angefangen mir vorzuwerfen, ich sei dicker als Brooke und älter – als könnte ich an meinem Alter irgendetwas ändern. Außerdem bin ich immer noch jünger als er.

Taylor war wirklich mein bester Freund, und wir haben uns prima verstanden. Aber neulich hat er zu mir gesagt: »Nach fünfunddreißig Jahren Ehe ist der Sex mit dir einfach nicht mehr das, was er früher war.«

Durch seine erste Affäre habe ich richtiggehend die Lust auf ihn verloren. Danach war ich fast drei Jahre lang überhaupt nicht empfänglich für ihn. Ich konnte nichts dafür, es geschah nicht aus Absicht. Ich hatte einfach Probleme damit, körperlich weiter auf ihn zu reagieren, nachdem er mich so verletzt und mein Vertrauen missbraucht hatte. Vielleicht hätte ich ihn damals schon verlassen sollen, denn unsere Beziehung – sowohl was den Sex angeht als auch die Freundschaft – war nie mehr so wie vorher. Irgendein Gefühl für ihn ist damals in mir drin gestorben. Danach haben wir uns nie mehr richtig geliebt, es ging immer nur um Sex, und das finde ich weder befriedigend, noch kann ich es genießen. Trotzdem habe ich weiter mit ihm geschlafen, auch wenn ich ihn kaum noch errege. Er hat sogar schon mal zu mir gesagt: »Ich kriege ihn kaum noch hoch für dich.«

Seit er bei Brooke eingezogen ist, hat keines unserer Kinder ihn mehr angerufen. Unsere Tochter meint: »Er ist weg und damit basta.« Weder sie noch ihr Bruder wollen etwas mit ihm zu tun haben, nach dem, was er mir angetan hat.

Taylor erzählt mir immer wieder: »Ich komme zu dir zurück, wenn ich sie erst einmal aus dem Kopf habe.« Ich bin nicht verzweifelt und ich finde langsam zu mir selbst. Aber es verwirrt mich, wenn er so etwas zu mir sagt. Ich muss mir jetzt darüber klar werden, ob ich ihn noch will. Ich weiß es nicht. Dass sie sich im Hotel als Ehepaar eingecheckt haben, hat mich wirklich auf die Palme gebracht. Er hat wieder gelogen. Seine Lügen machen mich einfach fertig, und ich frage mich, was ich ihm überhaupt noch glauben kann. Wenn er bei so etwas lügt, warum soll ich ihm dann noch glauben, wenn er sagt, er käme wieder zurück? Oder wenn er sagt, er will keine Scheidung?

Ich glaube, Taylor will mich einfach behalten, falls die Sache mit Brooke schief geht. Ich mache mir jetzt nichts mehr vor. Diese Hotelgeschichte steckt mir immer noch in den Knochen. Taylor ist solch ein kluger Kerl, außer wenn sein Schwanz ins Spiel kommt. Und im Moment dreht sich alles um seinen Schwanz. Der liebe Gott hat den Männern einen Schwanz und ein Gehirn gegeben, aber er hat vergessen ihnen zu sagen, wie sie beides gleichzeitig benutzen können!

Taylor hat keine Chance, Brooke aus dem Weg zu gehen. Sie stehen beide ganz oben in der Firma und sind ständig zusammen unterwegs. Er kann sie gar nicht loswerden, vor allem weil der Chef sie mag und viel zu viel Angst hätte, sie zu feuern, weil sie auch miteinander geschlafen haben. Der Chef ist verheiratet, und der Skandal wäre sofort in allen Medien. Taylor meint, er müsse Brooke erst aus dem Kopf kriegen, aber ich habe keine Lust mehr, darauf zu warten.

Vielleicht sollte ich ihn verlassen, aber er vertraut mir jetzt so viel an. Er will mein bester Freund sein, sagt er. Ich glaube, in Wirklichkeit will er mich dazu bringen, ihn so zu hassen, dass ich am Ende Schluss mache. Er ist ein Feigling, und ich glaube, er will mich dazu bringen, das zu tun, was er sich nicht traut oder was sein schlechtes Gewissen ihm verbietet.

Es wird allmählich lächerlich. Taylor kommt drei- oder viermal in der Woche zum Mittagessen vorbei, und es fühlt sich an, als betrüge er seine Freundin mit seiner Familie! Ich vermute, dass sie ihn drängt, sie zu heiraten, und vielleicht kommt er zu mir, um dem zu entgehen. Er tut nichts, um die Situation zu verändern. Vermutlich kann er weder sie noch mich gehen lassen. Ich verstehe nicht, warum er so oft zu mir kommt, wenn er mich in seinem Leben nicht mehr haben will. Es bringt mich durcheinander und macht mich wütend. Aber je länger ich mit ihm zusammenbleibe, desto mehr Geld bekomme ich, falls wir uns doch noch scheiden lassen. Er verdient jedes Jahr mehr, und je länger ich warte, desto mehr springt bei einer Scheidung für mich raus.

Als er noch abends vorbeikam, kamen wir gut miteinander aus. Wir haben uns aneinander geschmiegt und gekuschelt, aber sexuell reagiert er auf mich überhaupt nicht mehr. Es ist sechs Monate her, seit er das letzte Mal eine Erektion bei mir hatte. Anfangs, nachdem er bei Brooke eingezogen war, haben wir noch miteinander geschlafen. Ich fand es furchtbar, aber ich wollte nicht darauf verzichten, meinen Mann in den Armen zu halten, und ihn der anderen auch nicht in die Arme treiben.

Ich weine jedes Mal, wenn er zu Brooke zurückgeht. Er müsse zu seiner Entscheidung, bei ihr zu leben, stehen, hat er zu mir gesagt. Und was ist mit seiner Entscheidung, mich zu heiraten? Ich weiß, dass ich meine Gefühle abstellen sollte, aber etwas in mir sagt immer wieder: »Gib ihm noch eine Chance.« Ich weiß aber nicht, wie viele Chancen ich ihm noch geben kann. Ich mache möglichst jeden Monat eine kleine Reise, um mich zu trösten, aber selbst das hilft mir nicht mehr.

Mir ist klar, dass Taylor schwach ist und dass ich wahrscheinlich viel zu gut zu ihm bin. Er will, dass ich ihm Halt gebe. Er weigert sich, seine Sachen abzuholen, weil er doch zurückkommen werde, wie er sagt. Ich warte darauf, dass er eine Entscheidung über unsere Zukunft trifft. Brooke wartet darauf, dass er eine Entscheidung über ihre Zukunft trifft. Aber es trifft niemand eine Entscheidung. Niemand geht durch irgendeine Tür.

Mir liegt jeden Tag weniger an Taylor, aber wir verstehen uns immer noch gut, und ich führe ein angenehmes Leben. Wir sind wie Bruder und Schwester, und daran scheint sich nichts zu ändern. Es ist zu viel passiert. Mir ist vieles egal geworden. An einem Tag will ich ihn zurückhaben, am anderen wieder nicht.

Seine Frau und seine Geliebte bekommen das, was übrig bleibt, und er bekommt alles. Wahrscheinlich müsste ich mit dem Fuß aufstampfen und sagen: »Nein – genug ist genug.« Stattdessen laufe ich hin und her, wünsche mir, dass sich etwas ändert, um es dann doch so zu akzeptieren, wie es ist. Ich weiß nicht, was schlimmer ist: ihn zu verlieren oder so zu leben wie jetzt und darauf zu hoffen, dass etwas passiert.

Vielleicht schaffe ich es jetzt, etwas zu unternehmen, weil ich mich durch diese Hotelgeschichte sehr von ihm entfernt habe. Ich habe ihm schon Ultimaten gestellt, aber es funktioniert nicht, weil ich immer wieder nachgebe. Solange er mit ihr weitermacht, wird mein Leben weiter die Hölle sein. Aber jedes Mal, wenn ich ihn sehe, werde ich wieder schwach.

Hannahs Geschichte ist leider kein Einzelfall. Sie steckt im Treibsand mit einem untreuen Mann, der sich weder von ihr trennen noch ganz für seine Ehe entscheiden will. Hannah ist in einer extrem schwierigen Situation, denn sie wird immer wieder Argumente finden, um Taylor zu entschuldigen, während sie gleichzeitig gute Gründe hat, ihn zu verlassen. Ihre Gedanken und seine zweideutigen Handlungen werden sie jahrelang in der Schwebe halten – es sei denn, sie ergreift die Initiative und beendet ihre Ehe. Hannah berichtet, wie schwer ihr der Gedanke fällt, Taylor zu verlassen. Doch indem sie ihm gestattet, alles zu haben, was er sich wünscht, signalisiert sie ihm, dass sie bereit ist, sich derart misshandeln zu lassen. Hannahs Grundüberlegung basiert auf der Annahme, Taylor werde eines Tages zu ihr zurückkommen, wenn sie ihn nur weiterhin liebt und für ihn da ist. Doch vielleicht gibt ihr die Hotelgeschichte den notwendigen Anstoß, um aufzuwachen und zu erkennen, dass sie zu viel von sich selbst aufgibt, wenn sie weiter auf die Rückkehr ihres Mannes wartet. Die Befreiung aus Taylors emotionalen Fesseln wird ihr erster Schritt in ein neues Leben sein.

Hannah kämpft wie eine Verrückte um den Mann, den sie liebt, gleichzeitig aber ist sie nicht einmal mehr sicher, ihn wirklich zu mögen. Sie lebt in der Vergangenheit, obwohl sie sich unbedingt auf die Gegenwart konzentrieren müsste. Dabei ist Hannah die Einzige in diesem Beziehungsdreieck, die ihre abgegebene Macht wieder an sich nehmen könnte. Nur sie selbst kann tun, was getan werden muss, um ihre Situation zu verändern. Wenn sie weiter darauf wartet, dass Taylor die Entscheidung trifft, wird sie nie wissen, ob diese Entscheidung jemals kommt. Und ihr Leben verharrt unterdessen in der Warteschleife. Sie muss ihre Geschicke selbst in die Hand nehmen und eine eigene Entscheidung treffen, nur dann kann sie sicher sein, dass ihre Interessen auch wirklich berücksichtigt werden.

Vor dem Absprung

Die vierundvierzigjährige Dawn hängt mit Leib und Seele an ihrem Mann und ihrer Ehe. Sie ist seit acht Jahren mit Andrew verheiratet und hat ihn nie betrogen. Als Anzeigenchefin einer einflussreichen Zeitschrift ist sie geschäftlich viel unterwegs und häufig Gast bei gesellschaftlichen Ereignissen der Stadt. Vor ihrer Ehe war sie eine viel begehrte Frau und sie ist auch weiterhin sehr beliebt. Ihre Prioritäten im Leben seien eine liebe- und vertrauensvolle Beziehung und ein interessanter Beruf, erzählte sie mir.

Von ihrem Ehemann wünschte sich Dawn, dass er ihr bester Freund und ihr immer treu sein würde. Da sie schon früher von erfolgreichen, charmanten Herzensbrechern verletzt worden war, konnte sie sich nicht vorstellen, mit einem solchen Menschen verheiratet zu sein. Als sie Andrew begegnete, sah sie in ihm ihren Seelenverwandten. Zu ihrem großen Entsetzen betrog er sie bereits in der Frühphase ihrer Beziehung mit zwei verschiedenen Frauen. Dawn kam jedes Mal dahinter. Sie beschreibt ihre Ehe:

Andrew benahm sich plötzlich ganz anders. Als ich ihn darauf ansprach, stritt er es rundweg ab, bei beiden Frauen. Selbst als ich mir die Blöße gab und es den Frauen auf den Kopf zusagte, leugnete er weiter, etwas mit ihnen zu haben. Wir waren damals zwar noch nicht verheiratet, aber er hatte mir das Gefühl gegeben, wir hätten eine feste Beziehung und strebten eine Heirat an.

Es war der größte Fehler, den ich je gemacht habe, dass ich ihn damals, nach diesen Geschichten, wieder zurückkommen ließ. Ich denke, es waren »Zeichen«, dass ich ihn damals an Ort und Stelle hätte verlassen müssen. Stattdessen fingen wir von vorne an und heirateten schließlich. Ich habe Andrew klipp und klar gesagt, dass ich nicht bei einem Mann bleiben würde, der mich betrügt. Ich dachte, er hätte mich verstanden, aber das war offensichtlich nicht der Fall. Entweder hat er angenommen, ich würde nicht dahinter kommen, oder er war überzeugt, mir die Trennung wieder ausreden zu können, so wie damals, als wir noch nicht verheiratet waren.

Die ersten Jahre unserer Ehe waren sehr schön, Andrew widmete mir mehr Zeit und Aufmerksamkeit als je zuvor. Ich hatte das Gefühl, dass es richtig gewesen war, bei ihm zu bleiben und ihn zu heiraten. Ich wollte aus unserer Ehe etwas Besonderes machen. Ich habe Kinder nie besonders gemocht. Sie würden mich von meiner Karriere und meinen Beziehungen ablenken, habe ich immer gedacht. Schon vor Jahren hatte ich beschlossen, dass ich mich, sollte ich je heiraten, nicht dazu überreden lassen würde, Kinder zu bekommen.

Andrew war der perfekte Mann für mich, denn auch er mag

keine Kinder. Wunderbar!, dachte ich, wir können uns beide auf unseren Beruf konzentrieren und trotzdem ein herrliches Leben als Liebende und Freunde führen. Und für eine Weile war unsere Ehe genau so, wie ich es mir vorgestellt hatte.

Aber jetzt hat Andrew Affären mit jüngeren Frauen, obwohl er acht Jahre älter ist als ich und ich schließlich auch noch nicht zum alten Eisen gehöre. Ich sehe sogar jünger aus, als ich bin, und da ich im Mode- und Medienbereich arbeite, halte ich mich natürlich fit und bin in Sachen Trends und Mode immer auf dem Laufenden. Trotzdem hat Andrew eine Art pathologischen Drang, sich ständig irgendwelcher Sekretärinnen und anderer Frauen anzunehmen, die ihn vielleicht brauchen könnten. Sein Modus Operandi läuft darauf hinaus, dass er sie zuerst zum Mittagessen einlädt, dann zum Abendessen und dann ins Bett. Er spielt bei allen den netten Kerl, und wer kann es ihnen verübeln, wenn sie auf ihn hereinfallen? Natürlich macht sich keine von ihnen Gedanken darüber, dass an Herrn Wunderbar vielleicht doch nicht alles ganz so toll ist, wenn er seine Frau belügt und betrügt.

Andrew hat mir schon einmal sehr wehgetan, aber dieses Mal ist es noch schlimmer, weil auch die alten Wunden wieder aufgebrochen sind. Außerdem fühle ich mich schrecklich übergangen, wenn er andere Frauen zum Essen ausführt und mich zu Hause gar nicht zur Kenntnis nimmt. Andere Frauen überschüttet er mit Aufmerksamkeit und Zuneigung, nur nicht seine eigene Frau. Ich fühle mich schrecklich leer, trotz meiner tollen Arbeit und meiner Freunde, weil der Mann, den ich liebe, mich derart behandelt.

Er gibt sich kaum noch Mühe, seine Seitensprünge vor mir zu verbergen. Wenn ich ihn direkt frage, streitet er natürlich alles ab und behauptet, meine Fantasie ginge mit mir durch. Der Gedanke, dass dies der Mann ist, dem ich mehr vertraut, auf den ich mich mehr verlassen habe als auf jeden anderen Menschen in der Welt, bringt mich zur Verzweiflung. Wie kann er mir das nur antun?

Ich habe dauernd Gelegenheit, mich mit sehr attraktiven Männern einzulassen, aber ich habe mich immer dagegen entschie-

den, weil ich grundsätzlich gegen außereheliche Affären bin. Ich lege Wert darauf, als treu und zuverlässig zu gelten, in der Ehe wie als Vorgesetzte. Selbst wenn Andrew es nie herausfinden würde, wüsste ich es doch und hätte immer ein schlechtes Gewissen. Andererseits wünsche ich mir häufig, ich könnte einfach fremdgehen, um Andrew zu zeigen, dass mich ein anderer attraktiv findet und mir Aufmerksamkeit schenkt, aber ich weiß, dass ihn das nicht kümmern würde. Er und seine ganze Familie sind schlichtweg unfähig, menschliche Wärme zu entwickeln.

Ich weiß nicht einmal mehr, warum Andrew und ich überhaupt geheiratet haben. Er fasst mich nicht mehr an, und ich habe keine Ahnung, wann wir das letzte Mal miteinander geschlafen haben. Dabei habe ich wirklich ein gutes Gedächtnis. Früher hat er mir Komplimente gemacht, aber jetzt meckert er nur noch an meinem Aussehen herum. Er ist ständig kühl und distanziert. Wenn er ans Telefon geht und jemand anderes ist dran, dann wirkt er richtig enthusiastisch – aber bei mir klingt er jedes Mal wie:»Ach, du bist es bloß.«

Ab und zu ist er ein bisschen nett zu mir und dadurch hält er mich bei der Stange. Letzthin hat er mich monatelang kaum angesehen, aber dann fragte er eines Tages, ob ich nicht über Nacht mit ihm verreisen wolle. Natürlich wollte ich – ich dachte, es wäre eine wunderbare Gelegenheit, unser Liebesleben wieder aufleben zu lassen. Falsch gedacht! Er nahm sich Arbeit mit, und ich musste mir die Gegend allein ansehen. So, wie es war, habe ich mich dort noch einsamer gefühlt als zu Hause.

Anderen Frauen macht er etwas vor und lässt sie glauben, seine Ehe wäre in Gefahr. Einmal habe ich gehört, wie er am Telefon sagte:»Ich möchte lieber nicht so viel über meine Ehe sprechen.« Ich nehme an, er glaubt, wenn er seine Ehe nicht erwähnt, werde seine Freundin annehmen, er sei ernsthaft an ihr interessiert. Es tut mir schrecklich weh, dass er unsere Ehe so abkanzelt. Warum sind wir überhaupt noch verheiratet, wenn er so denkt?

Ich überlege mir nun, mich zu trennen. Was mich wirklich dazu treibt, ihn zu verlassen, ist die Tatsache, dass er mich ignoriert, obwohl ich gleichzeitig weiß, dass er anderen Frauen den Hof macht. Ich habe ihn geheiratet, weil ich einen echten Partner im Leben wollte, und jetzt muss ich erkennen, dass ich keinen habe. Ich will mich nicht aus meiner Ehe heraus angreifen lassen; das passiert mir in der Außenwelt oft genug. Ich will es nicht auch noch von dem Mann, den ich liebe.

Andrew wird mir fremd durch seine Lügen, und das Letzte, was ich will, ist, ihn anzufassen, wenn er mich so offensichtlich betrügt. Wohin soll das führen? Warum soll ich mit ihm zusammenbleiben und andere Chancen ungenutzt verstreichen lassen, wenn ich in meiner Ehe doch nicht finde, was ich wirklich suche?

Manchmal denke ich, mit ihm verheiratet zu bleiben ist besser, als zu gehen, aber dann denke ich wieder, eine Ehe voller Lügen ist das Schlimmste, was es gibt. Der Gedanke, mich für den Rest meines Lebens anlügen lassen zu müssen und meine Bedürfnisse nach Nähe und Zuneigung nicht erfüllt zu sehen, macht mich wahnsinnig. Ich will mich in meiner Ehe nicht für den Rest meines Lebens einsam fühlen.

Im Moment empfinde ich gar nichts für Andrew. Ich könnte nachts genauso gut allein schlafen, ich habe ohnehin das Gefühl, das Bett mit einem Fremden zu teilen – einem Fremden, den ich nicht einmal kennen möchte.

Alle in meinem Arbeitsumfeld gehen fremd, aber ich habe einen ausgeprägten Sinn für Treue und für Recht und Unrecht. Ich kann es nicht erklären, aber ich finde es nicht in Ordnung, seinen Partner zu betrügen, egal, ob man verheiratet ist oder nicht. Jeder Mensch braucht einen Menschen, der einen nicht schlecht macht oder betrügt, und dieser Mensch möchte ich für Andrew sein. Ich wünschte nur, er würde mir das Gleiche anbieten.

Wenn ein Mann seine Frau betrügt, es dann bedauert und sich entschuldigt und ihr anschließend für immer treu bleibt, ist das eine Sache. Aber Andrew entschuldigt sich nicht nur nicht bei mir, er sagt im Grund genommen sogar: »Was regst du dich auf? Ich tue, was mir passt, und du wirst mir nie vorschreiben, was ich zu tun und zu lassen habe.« Mit einer solchen Einstellung sehe ich für uns keine Chance. Mit einem Mann, der mich so schlecht behandelt, will ich nicht verheiratet sein.

Im Moment bin ich fürchterlich wütend auf Andrew, aber die meiste Zeit bin ich einfach nur enttäuscht, dass er so gar nichts in mich und unsere Beziehung investiert. Ich fühle mich um die Chance betrogen, eine gute Ehe zu führen, denn dafür müssen beide Partner das Gleiche wollen, und das ist bei uns offensichtlich nicht der Fall.

Ich könnte noch weitere fünfzig Jahre mit ihm zusammenleben, und wir würden in Bezug auf Treue doch nie zueinander finden. Er geht einfach davon aus, dass es okay ist, andere Frauen zu verführen, ohne dass es mir etwas ausmachen sollte. Aber es macht mir etwas aus, weil ich es falsch finde. Ich fühle mich beschmutzt, wenn ich auf diese Weise betrogen werde.

Ich habe die Welt – und die Ehe – immer realistisch gesehen. Ich habe nie erwartet, dass es in einer Beziehung keine Reibungen gibt, aber ich verstehe nicht, warum Andrew die Probleme unbedingt durch andere Frauen schaffen muss. So, wie manche Männer mit Frauen umgehen, wundert es mich, dass nicht mehr Frauen lesbisch sind.

Alles, was ich mir wünsche, ist ein glückliches und zufriedenes Privatleben und einen treuen Mann an meiner Seite. Das ist sicher nicht zu viel verlangt, aber mit Andrew scheine ich das nicht zu bekommen. Ich sehe keinen Sinn mehr darin, verheiratet zu sein, wenn ich von meinem Mann auf Fragen keine ernsthafte Antwort mehr erwarten kann. Ich kann ihn nicht einmal mehr fragen, wie sein Tag war, ohne dass er das Gefühl hat, ich spioniere ihm nach. Wenn ich mich nach seiner Mittagspause oder seiner Arbeit erkundige, brüllt er mich an, dass ich mich in seine Privatangelegenheiten mische. Also bitte! Ich möchte doch einfach nur seine Erfahrungen mit ihm teilen. Darum geht es doch in einer Ehe, finde ich.

Ich habe mein eigenes Geld und meine eigenen Freunde, also ist es unsinnig, weiter mit einem Mann verheiratet zu bleiben, der mir das eine, was ich in einer Ehe finden möchte, nicht bieten kann – eine loyale und liebevolle Partnerschaft. Ich will mehr vom Leben als einen Mann, der mir ausgerechnet das antut, was mir am meisten wehtut.

Dawn lebt in einer Art Schwebezustand. Dennoch hat sie, im Gegensatz zu vielen anderen Frauen, die ich interviewte, wesentlich konkretere Vorstellungen von dem, was ihr Leben ausmachen soll, und sie ist stärker gewillt, diese Ziele auch zu erreichen. Generell halten ältere Frauen (also jene über fünfzig) eher an sinnentleerten Ehen fest, als dass sie versuchen sich ein neues Leben aufzubauen. Frauen wie Dawn dagegen, die jünger sind und über einen eigenen Beruf und eigenes Geld verfügen, neigen eher dazu, einen untreuen Mann zu verlassen. Auch wenn sie ihren Mann immer noch lieben, glauben sie doch fest an gegenseitige Treue und machen sich, wenn diese nicht vorhanden ist, lieber auf, um anderweitig nach ihr zu suchen.

Frauen – und Männer –, die ihrem Partner außereheliche Sexualbeziehungen nachsehen, sind äußerst selten. Offene Beziehungen, wie sie etwa in Filmen wie *Der Eissturm*, mit seiner Handlung aus den 70-er Jahren, verewigt wurden, funktionieren nicht. Sie führen zu sexueller Eifersucht und wecken Verlustängste und, was noch schlimmer ist: Sie sind das Gegenteil von einer innigen Beziehung.

Hin- und hergerissen

Es gibt sicher einige Paare, die sich auf das Bedürfnis des Mannes nach »Abwechslung« einzustellen versuchen, aber nur wenige sind damit erfolgreich. Eine Frau, die ihrem Mann andere Frauen »zugesteht«, erzählte mir, sie sehe sich die andere Frau gern an, um festzustellen, ob sie eine Bedrohung für ihre Ehe darstelle oder nicht. Wenn sie merken sollte, dass sie auf mehr als Sex aus ist, dann spreche sie ihr Veto aus. In Wirklichkeit ist dieses vermeintlich »offene Arrangement« gar nicht so offen, wie es scheint, denn die Ehefrau ist nach wie vor dagegen, dass sich eine andere Frau zwischen sie und ihren Mann stellt. Sie versucht lediglich, dem Wunsch ihres Mannes nach anderen Sexualpartnerinnen gerecht zu werden, weil sie befürchtet, er würde sie sonst fallen lassen. Sie würde jedoch einen treuen Ehemann bevorzugen. Den Geliebten ihres Mannes zu begegnen und sie zu »befragen«, ist lediglich ihre Art, die Seitensprünge ihres Partners unter Kontrolle zu halten.

Was diese und andere Frauen in ähnlicher Situation dabei nicht berücksichtigen, ist der so genannte »Man-kann-nie-wissen«-Faktor. Wenn ein Mann fremdgeht, besteht immer das Risiko, dass er sich ernsthaft in eine andere Frau verliebt und seine Ehefrau verlässt. Und je häufiger ein Mann fremdgeht, desto größer ist die Chance, dass es ihm eines Tages mit einer seiner Geliebten wirklich ernst wird.

Egal, wie sehr sich eine Frau bemühen mag, die Situation unter Kontrolle zu halten, außereheliche Affären sind immer ein Risiko, und zwar für alle Beteiligten. Jede Frau muss für sich entscheiden, ob die Untreue ihres Mannes ihr ein (Ehe-)Leben in ewiger Ungewissheit beschert oder ob sie das Verhalten ihres Mannes als Sprungbrett in ein besseres Leben nutzen möchte. Eine Frau, die sich weigert, mit einem untreuen Mann zusammenzubleiben, wird sich am Ende vielleicht glücklicher und selbstbewusster fühlen als eine, die bei ihm bleibt. Allerdings muss jede Frau diese Entscheidung anhand ihrer persönlichen Situation selbst treffen.

Merke!

- Ihre Entscheidung, bei Ihrem Mann zu bleiben, ist keine Garantie dafür, dass er Sie nicht irgendwann doch verlässt.
- Auch wenn Sie bei Ihrem Mann bleiben, werden Sie sich tagtäglich immer wieder aufs Neue fragen: »Soll ich bleiben oder gehen?«
- Nehmen Sie jeden Tag Ihres Lebens ernst.
- Wenn Sie bei einem Mann bleiben, der Sie belügt und betrügt, verzichten Sie damit vielleicht auf ein besseres Leben – vielleicht sogar auf ein Leben mit einem Mann, der Sie respektiert und Ihnen treu ist. Ein Leben, in dem Sie sich nicht ständig darum sorgen müssen, wo Ihr Mann gerade ist, was er gerade tut und mit wem er es tut.

10. Kapitel
Die Entscheidung: Bleiben oder gehen?

Vergiss nicht, dich selbst zu lieben.
Sören Kierkegaard

Ehemänner unterscheiden sich so wenig, dass man genauso gut den ersten behalten kann.
Adela Rogers St. John

Die einzigen beiden, auf die es in einer Ehe ankommt, sind die beiden, die sie führen.
Hillary Clinton zu Matt Lauer in der *Today Show*, im Januar 1998

Bleiben, gehen oder fremdgehen?

Ein Mann, der fremdgeht, betrügt Sie hinter Ihrem Rücken und lässt Sie über sein Verhalten im Dunkeln. Denken Sie gut darüber nach, ob Sie so leben wollen. Sie haben eine Wahl.

Untreue ist allgegenwärtig, dennoch ist dies keine Legitimation, zumindest nicht, wenn Sie sich eine starke, glückliche und dauerhafte Ehe wünschen. Trotzdem passieren Seitensprünge überall, und niemand ist davor gefeit. Vielleicht ist auch für Sie im Moment nichts wichtiger als die Frage, ob Sie bei Ihrem untreuen Mann bleiben sollen oder nicht.

Wenn Ihr Mann Sie betrügt, müssen Sie sich genau überlegen, wie Sie mit der Situation umgehen wollen. So etwas wie »ein bisschen Untreue« gibt es nicht, daher gibt es auch keine einfache Antwort auf die Frage, die Sie sich selbst stellen müssen: »Soll ich bei meinem untreuen Mann bleiben oder nicht?«

Für einen Fehltritt ist immer Platz. Aber hinter zweien steckt System. Fragen Sie sich, ob Ihr Mann seine Seitensprünge wirklich aufgeben wird oder ob er das nächste Mal nur diskreter und heimlicher vorgeht, um sein Tun vor Ihnen zu verbergen.

Die Interviews in diesem Buch zeigen, dass Untreue ganz verschiedene Gesichter haben kann. Ob ein Mann sich gern auf One-night Stands einlässt, gelegentlich eine Prostituierte aufsucht oder ein dauerhaftes, enges Verhältnis mit einer anderen Frau hat, wird die Entscheidung einer Frau maßgeblich beeinflussen. Für die meisten ist jede Art von Untreue schlimm, dennoch bleiben viele bei ihrem Mann und versuchen sein Verhalten zu tolerieren. Dabei empfinden viele Frauen ein flüchtiges Abenteuer als weniger bedrohlich als eine dauerhafte Affäre.

Niemand weiß genau, wie viele Männer zwanghaft untreu oder vom Sex besessen sind; doch für die Ehefrauen solcher Männer kann der Versuch, mit seinem Verhalten zurechtzukommen, sehr entmutigend und deutlich schwieriger sein, als wenn es sich um einen »Gelegenheitsstreuner« handelt. Echte Beziehungen – solche mit einer tiefen emotionalen und sexuellen Bindung zwischen einem verheirateten Mann und einer anderen Frau – bereiten Ehefrauen im Allgemeinen die größten Probleme, sie sind am schlechtesten zu tolerieren und der häufigste Anlass für eine Frau, ihre Ehe zu beenden.

Alle Formen von außerehelichem Verkehr stellen für Ihr seelisches Gleichgewicht, Ihre körperliches Wohl und für Ihre Ehe eine Bedrohung dar. Und wenn noch so viele Männer es behaupten mögen: Es gehen nicht alle Männer fremd!

Ist Ihrem Mann bewusst, wie sehr er Sie mit seiner Untreue verletzt?

Wenn Sie Ihre Situation einzuschätzen versuchen, sollten Sie besonders darauf achten, ob Ihr Mann in der Lage ist zu begreifen, dass seine Untreue für Sie ein Problem darstellt. Lacht er über das, was Sie sagen? Schreit er Sie an? Wechselt er das Thema? Wischt er Ihre Einwände beiseite und besteht darauf, weiter fremdzugehen? Oder wirft er Ihnen vor, sich alles nur einzubilden? An der Art und Weise, wie er auf Ihre Versuche, über seine Untreue zu sprechen, reagiert, können Sie erkennen, wie viel Respekt er vor Ihnen empfindet.

Fordert Ihr Mann Sie auf, endlich erwachsen zu werden und sich mit seinen Affären abzufinden? Oder entschuldigt er sich bei Ihnen, will er sein Verhalten ändern und bittet Sie um Hilfe? Wenn ein Mann mit seiner Frau über seine Affäre sprechen kann, ist das ein großer Schritt vorwärts, um die mit seiner Untreue verbundenen Schwierigkeiten zu beseitigen.

Veränderungen fallen niemandem leicht, schon gar nicht, wenn sich jemand nicht verändern beziehungsweise er andere Sexualpartnerinnen nicht aufgeben will. Selbst für denjenigen, der ernsthaft etwas verändern will, wird es noch schwer genug. Ganz unmöglich aber ist es, einen anderen Menschen zu verändern, wenn dieser nicht von ganzem Herzen bereit dazu ist. Wenn Ihr Mann Ihnen nicht treu sein möchte, können Sie wenig tun, um ihn umzustimmen.

Leoparden können ihre Flecken nicht ablegen, und wir können aus Äpfeln keine Birnen machen. Wenn Sie darauf warten, dass Ihr Mann eines Tages beschließt, Sie nicht mehr betrügen zu wollen, dann sollten Sie noch einmal genau darüber nachdenken. Ich weiß von vielen Männern, die mir erzählten, für sie habe es keine Umkehr mehr gegeben, nachdem sie ihre Frau einmal betrogen hatten. Einmal untreu – immer untreu, scheint häufig die Devise zu sein. Sind Sie bereit, sich damit abzufinden? Können Sie das wirklich akzeptieren? Können Sie in einer Ehe überleben – oder, viel wichtiger, gedeihen –, die nur dem Namen nach existiert? Wollen Sie es überhaupt versuchen? Sie haben die Wahl! Sie müssen nichts akzeptieren, was Sie in Wirklichkeit ablehnen.

Nicht wenige der Frauen, die versuchen an der Seite eines notorischen Ehebrechers ein produktives und glückliches Leben zu führen, beschrieben mir ihre Situation als emotionale Sackgasse. Sie bewegen sich immer wieder im Kreis, ohne dass sich etwas verändert, und sind am Ende deprimiert und niedergeschlagen. Viele dieser Frauen leben in einem beständigen Gefühlschaos.

Sich selbst und die eigenen Prioritäten kennen

Ich kenne Frauen, die ausziehen, sobald ihr Mann den ersten Fehler begeht. Das ist verrückt. Sie müssen sich entscheiden, was und wen sie wollen.
Supermodel Jerry Hall (Exfrau von Mick Jagger)

Sie müssen feststellen, was Ihnen wirklich wichtig ist, und sich dann überlegen, wie Sie erreichen können, was Sie sich von Ihrer Ehe erhoffen. Vielleicht bekommen Sie nicht immer, was Sie sich wünschen, aber Sie haben gute Chancen, wenigstens das zu vermeiden, was Sie absolut nicht wollen. Das Leben besteht im Privaten wie im Beruflichen aus einer Reihe von Tauschgeschäften. Finden Sie heraus, was Sie in der Ehe und im Leben generell glücklich machen würde. Stellen Sie fest, was Sie von Ihrem Ehemann brauchen, um glücklich zu sein, und überprüfen Sie dann, ob er jemals in der Lage sein wird, diese Bedürfnisse zu erfüllen.

Warum wollen Sie bei Ihrem untreuen Mann bleiben? Schreiben Sie alle Gründe für Ihr Bleiben auf einen Zettel und dann sämtliche Gründe, warum Sie besser gehen sollten. Was müsste sich an Ihrem Eheleben ändern, damit Sie, wenn Sie blieben, damit zufrieden wären? Berücksichtigen Sie bei der Beantwortung dieser Fragen die folgenden Faktoren, die auf die Entscheidung vieler Frauen, zu bleiben, wesentlichen Einfluss hatten:

Was ist Ihnen in Ihrer Ehe wichtig?

- Geld? Brauchen Sie die finanzielle Stabilität und Sicherheit der Ehe?
- Sexuelle Ausschließlichkeit? Möchten Sie eine monogame Ehe führen?
- Freundschaft? Soll Ihr Ehemann Ihr bester Freund sein?
- Beruflicher Erfolg? Lohnt es sich, Ihre Berufsaussichten aufs Spiel zu setzen, um bei einem untreuen Mann zu bleiben?

- Ein glückliches Familienleben/Kinder? Bleiben Sie bei Ihrem Mann, weil Sie glauben, es sei das Beste für Ihre Familie?

Schreiben Sie alles auf, was Ihnen in Bezug auf die Ehe und auf Ihre Ehe im Besonderen wichtig ist. Notieren Sie alle Vorzüge und Nachteile Ihres Mannes. Womit können Sie sich in Ihrer Ehe arrangieren und womit nicht? Auf welchen Gebieten sind Sie kompromissbereit? Haben Sie eine Reihe nicht verhandelbarer Wünsche? Falls ja, welche Wünsche sind das? Sind Sie dabei auch realistisch? Sie sollten sich diesen Fragen unbedingt stellen und ernsthaft über Ihre Antworten nachdenken. Sie werden Ihnen helfen sich zu entscheiden, ob Sie bleiben oder gehen sollen.

Eine meiner Interviewpartnerinnen, die achtundvierzigjährige Nicole, entschloss sich, ihren untreuen Mann zu verlassen und ein neues Leben anzufangen. Mehr als anderthalb Jahre lang hatte Nicole vermutet, dass ihr Mann Scott sie betrügt. Er musste plötzlich jedes Wochenende arbeiten, verreiste mit einem Mal noch häufiger als üblich und verhielt sich ihr gegenüber ausgesprochen ruppig, wenn sie mit ihm zusammen sein wollte. Auch sexuell zog er sich zurück, und Nicole litt unter seinem veränderten Verhalten. Alle zwei bis drei Monate unternahm sie einen neuen Versuch, ihn anzusprechen und herauszufinden, was ihm durch den Kopf ging. Sie wusste, dass er mit anderen Dingen beschäftigt war, und wollte wissen, was in seinem Leben vor sich ging. Aber Scott wies sie immer wieder ab. Schließlich fragte sie ihn gerade heraus, ob er mit einer anderen liiert sei. Scott leugnete – ein ganzes Jahr lang.

Nachdem Nicole unzählige Male versucht hatte, ihrem Mann ihre Zuneigung zu zeigen und wie sehr ihr seine Nähe fehlte, sagte er ihr schließlich die schreckliche Wahrheit: Er hatte eine Geliebte, und diese war im achten Monat schwanger! Nicole war am Boden zerstört, nicht nur wegen des Betrugs und der Schwangerschaft, sondern weil sie Scott zahllose Male gefragt hatte, ob es eine andere Frau gebe, und er sie immer wieder belogen hatte.

Er brauche Zeit, um sich zu entscheiden, wie er mit dieser Situation umgehen wolle, sagte Scott seiner Frau. Ob er sich seiner Geliebten (einer Mitarbeiterin aus seiner Kanzlei) und ihres zukünftigen Kindes zuliebe von ihr trennen oder lieber verheiratet bleiben, sich aber trotzdem um sein Kind kümmern wolle. Nicole nahm ihm die Entscheidung ab und setzte ihn noch am gleichen Tag vor die Tür.

Seither hat Nicole ihre Entscheidung, die Ehe zu beenden, nie bereut. Schon während der langen Ungewissheit hatte sie Schlimmes ausgestanden und war von Tag zu Tag wütender auf ihren unaufrichtigen Mann geworden. Als er ihr schließlich die Wahrheit eingestand – die ihre schlimmsten Erwartungen übertraf –, beschloss sie, dass sie ohne einen Mann, der sie belügt und betrügt, besser dran sei.

Inzwischen lebt Nicole seit zwei Jahren allein. Sie ist nach der Scheidung in eine andere Stadt gezogen, hat ihre einzige Tochter aufs College geschickt, sich einen neuen Arbeitsplatz und neue Freunde gesucht und in einem örtlichen Wanderklub einen neuen Mann kennen gelernt. Es sei nicht auszudenken, welch trauriges Leben sie wohl führen würde, wäre sie bei Scott geblieben, meint sie. Sie wollte keinen Anteil am Leben eines Kindes, das der Mann, den sie einmal geliebt hat, mit einer anderen Frau gezeugt hat, und sie hat den kleinen Jungen, der nun der Halbbruder ihrer Tochter ist, nie gesehen (Scott hatte seine frühere Mitarbeiterin in der Zwischenzeit geheiratet).

Rückblickend wünsche sie sich ihr früheres Leben um keinen Preis zurück, meint Nicole. Auch wenn sie Scott bis zum letzten Tag ihrer Ehe geliebt hat und die Erinnerung an glückliche Zeiten ihr auch heute noch gelegentlich wehtun, bedauert sie keinesfalls, für sich eingestanden und sich aus einer Situation befreit zu haben, an der sie keinen Anteil haben wollte. Und so lebt Nicole mit achtundvierzig Jahren ihr eigenes Leben – und genießt das neue Kapitel, das sie selbst aufgeschlagen hat.

Bleiben oder gehen?
Soll ich bei einem Mann bleiben, der mich betrügt?

Wunschliste
- Listen Sie in der Reihenfolge ihrer Bedeutung alle Punkte auf, auf die es Ihnen in einer Beziehung ankommt (z. B. sexuelle Treue)

Wirklichkeitsliste
- Führen Sie hier in absteigender Reihenfolge alles auf, was Sie in Ihrer Beziehung wirklich haben.

Zusammen betrachtet werden Ihre Wunsch- und Ihre Wirklichkeitsliste Ihnen ein genaues Bild davon vermitteln, was Sie sich von Ihrer Ehe versprechen und was Sie offensichtlich vermissen. Sie sollten unbedingt erkennen lernen, dass Sie mit dem Mann, der Sie betrügt, einen »Privatvertrag« abgeschlossen haben. Sie akzeptieren die Vorteile, die er Ihnen bietet, und nehmen im Gegenzug auch die Nachteile in Kauf.

Wir alle gehen in unserem täglichen Leben und in unseren Beziehungen solche Tauschgeschäfte ein. Der Trick dabei ist, sich darüber klar zu werden, wie viel wir für welche Gegenleistung zu geben bereit sind. Viele Frauen nehmen für den Status einer Ehefrau die Untreue ihres Mannes in Kauf. Andere Frauen wären für alles Geld der Welt nicht bereit, sich mit einem untreuen Mann abzufinden. Es liegt ganz bei Ihnen, wie Sie sich entscheiden, denn es ist Ihr Leben, das Sie leben müssen.

Das Leben mit einem untreuen Mann kann Ihre Gesundheit gefährden

> *Ich wäre gestorben, wenn ich bei Mick geblieben wäre.*
> Marianne Faithful, einstige Geliebte von Mick Jagger

Manche Tauschgeschäfte sind gravierender als andere und der Versuch, sich in einer Ehe mit einem chronisch untreuen Mann wohl zu fühlen, kann selbst die toleranteste und liebevollste

Ehefrau auf eine harte Geduldsprobe stellen. Sie setzen sich nicht nur dem Risiko aus, sich durch Ihren Mann mit einer Geschlechtskrankheit zu infizieren, sondern riskieren durch das Zusammenleben mit einem unehrlichen Mann auch andere gesundheitliche Schädigungen wie Depressionen, Alkoholismus oder Fettleibigkeit.

Es hat sich gezeigt, dass fehlende Kontrolle über eine Situation Menschen anfälliger für Herzerkrankungen macht. Fehlende Kontrolle über die eigenen Lebensumstände – und das Leben mit einem untreuen Partner führt mit Sicherheit zu einer spannungsgeladenen Atmosphäre – führt außerdem nachweisbar zu vermehrten Depressionen.

Wenn eine Frau sich fast regelmäßig in einer unerträglichen Situation wiederfindet und keine Möglichkeit sieht, sich aus dieser Situation zu befreien, setzt die so genannte »erlernte Hilflosigkeit« ein und sie wird angesichts ihrer Lage zunehmend depressiv. Das Leben mit einem untreuen Partner kann für eine Frau eine solche auswegslose Situation schaffen. Sie glaubt, keine Möglichkeit zu haben, ihn zu verlassen, noch ihn vom Fremdgehen abzuhalten. Die Lage ist also in jeder Beziehung niederschmetternd. In dieser Situation befindet sich die Frau in einer körperlichen wie seelischen Abwärtsspirale. Die langfristigen Auswirkungen eines Lebens an der Seite eines untreuen Mannes sind zwar noch nicht bekannt, aber viele betroffene Frauen berichteten mir davon, bei Alkohol und/oder übermäßigem Essen Zuflucht gesucht zu haben, um mit den Minderwertigkeitsgefühlen fertig zu werden, die die Affären ihres Mannes bei ihnen auslösten. Doch die Untreue des Partners kann für Frauen noch weitere Folgen haben.

Wut und Feindseligkeit sind der Gesundheit erwiesenermaßen nicht zuträglich. Unterdrückte Wut wird mit Herzkrankheiten, Bluthochdruck, Depression, Selbstmord und einem erhöhten Erkrankungsrisiko für bestimmte Krebsarten in Verbindung gebracht. Betrogene Frauen kochen vor Wut, aber viele von ihnen wurden gelehrt, dass es unweiblich ist, Wut zu zeigen, also unterdrücken sie ihre Gefühle. Stattdessen fangen sie vielleicht an zu trinken oder übermäßig zu essen. Auch Depressionen können auf Wut zurückgehen. Sie werden häufig sogar als nach innen gewandte Wut angesehen. Wenn eine Frau das Gefühl hat, ein Problem nicht offen angehen zu können, unterdrückt sie ihre Gefühle. Zwangsläufig verschaffen sich diese irgendwann in einer Reihe anderer Probleme Raum, angefangen bei Schlafstörungen, über Kopfschmerzen bis hin zu Magenbeschwerden.

Viele Frauen, die ich für dieses Buch interviewte, leiden unter ständiger Unruhe und Niedergeschlagenheit, was zu den Nebeneffekten des Zusammenlebens mit einem untreuen Mann zu gehören scheint. Schließlich ist es verletzend und belastend, ständig belogen, betrogen und übergangen zu werden, und nichts davon trägt dazu bei, ein ruhiges, friedvolles Leben zu führen. Bei anderen Frauen kommen die Alarmsignale aus dem Bauch. So leiden einige meiner Interviewpartnerinnen, die sich mit den Affären ihres Mannes arrangieren, unter ständigen Magenbeschwerden. Mitunter sagt uns unser Körper eben Dinge, die unser Verstand nicht wahrhaben möchte. Hören Sie auf Ihren Körper; er wird Sie wissen lassen, wann Sie genug haben.

Die Seitensprünge des Partners können sich auch negativ auf die Psyche einer Frau auswirken. Untreue ist eine Form von seelischer Grausamkeit, die durch ständige Lügen und Täuschungen das Selbstvertrauen und das Selbstwertgefühl einer Frau zerstören kann.

Sollen Sie die Beziehung beenden, weil Ihr Partner Sie betrügt?

Eine Ehe ist in erster Linie eine juristische Vereinbarung. Mann und Frau sind in einer Ehe Geschäftspartner. Würden Sie mit einem Geschäftspartner zusammenbleiben, der Sie wiederholt täuscht und hereinlegt? Genau das tut ein Ehemann, der fremdgeht. Er belügt und betrügt nicht nur seine Geschäftspartnerin, sondern die Frau, der er öffentlich seine Liebe erklärt hat. Und für die er geschworen hat, auf alle anderen zu verzichten. Möchten Sie eine Partnerschaft mit einem solchen Mann aufrechterhalten?

**Was springt für Sie dabei heraus? –
Wollen Sie eine Ehe, die nur auf dem Papier besteht?**

Fragen Sie sich, was Sie zu gewinnen haben, wenn Sie mit einem Mann weiterleben, der Sie ständig um Liebe und Vertrauen betrügt. Wie lange wird es dauern, bis Sie emotional am Ende sind?

Im Geschäftsleben trennt man sich von einem Kompagnon und in der Ehe von einem Partner. Doch trotz der scheinbar großen Popularität, haben Ehescheidungen noch immer einen schlechten Beigeschmack. Ist eine Scheidung wirklich schlimmer als eine Ehe, die nur noch auf dem Papier besteht? Mit jedem weiteren Tag an der Seite eines Mannes, der Sie betrügt, vergeben Sie eine weitere Chance, glücklich zu werden. Je länger Sie mit ihm verheiratet bleiben, desto mehr kostbare Zeit geht Ihnen dafür verloren, sich ein offenes, ehrliches Leben aufzubauen.

Viele Frauen warten darauf, dass ihr Mann seine Affären aufgibt. Sie wollen nicht selbst die Initiative ergreifen, weil sie Angst haben, ihren Mann unter Druck zu setzen und ihn womöglich zur Scheidung zu treiben. Von der Mehrzahl meiner Interviewpartnerinnen weiß ich, dass sie versuchen, so gut wie möglich zurechtzukommen, während sie ihrem Mann weiter »gestatten«, sich mit anderen Frauen zu treffen, in der Hoffnung, dass er sein Tun irgendwann leid wird. Eine Frau beschrieb dies mit den Worten: »Ich bleibe hier, bis er wieder zur Vernunft kommt und die Affäre den Bach runtergeht.«

Andere Frauen bleiben bei ihrem Mann, weil sie glauben, er habe seine Geliebte verlassen und seinen Affären abgeschworen. Mitunter werden diese Frauen zukünftig mit einem treuen Mann belohnt. Doch leider vertreten manche Männer die Ansicht, sie könnten, nachdem sie einmal eine Affäre gehabt haben, auch in Zukunft nicht mehr darauf verzichten. Sie schwören ihrer

Frau zwar zukünftige Treue, in Wirklichkeit aber werden sie nur noch vorsichtiger und führen ihre Affären sozusagen im »Untergrund« fort.

Selbst für einen Mann, der aufrichtig bemüht ist, weiteren Affären zu entsagen, kann es schwer genug werden, vor allem dann, wenn er mit der ehemaligen Geliebten weiter befreundet oder in dem Arbeitsumfeld bleibt, das vorher der Schauplatz seiner Affäre war. Auch wenn er wirklich treu sein möchte, können äußere Faktoren – wie das häufige Zusammentreffen mit verführerischen Frauen – dazu führen, dass er weiter fremdgeht.

So schwer und verlockend es auch sein mag, ein Mann hat immer die Möglichkeit nein zu sagen! Genauso wenig wie eine Frau für jedes Kleid, das ihr gefällt, ihr Portemonnaie aufmachen kann, sollte ein Mann für jede Frau, die ihm über den Weg läuft, die Hose aufknöpfen.

> »*Ich versuche das hier nicht zu tun. Ich versuche brav zu sein.*«
> Laut Monica Lewinsky war dies Bill Clintons Erklärung dafür, dass sie ihr Verhältnis nicht fortsetzen konnten.
> Aus dem Starr-Report für das amerikanische Repräsentantenhaus, September 1998

Ist Ihre Ehe wirklich noch eine Ehe, wenn Ihr Mann Sie betrügt? Ein Mann, der mit anderen Frauen schläft, entzieht seiner Ehefrau nicht nur seine Treue, sondern lässt sie auch über Dinge im Unklaren, die sie unmittelbar betreffen. Da die meisten Ehebrüche ohne das Einverständnis der Partnerin geschehen, findet Untreue in einem Gestrüpp aus Lügen und Geheimnissen statt, was das Vertrauen der Frau in ihren Ehepartner ad absurdum führt.

Möchten Sie Ihre wertvollen und wichtigen Lebensjahre wirklich für jemanden opfern, der Sie so wenig wertschätzt, dass er Sie belügt? Untreue beinhaltet immer auch Betrug – manchmal sind es offene Lügen, mindestens aber Ausweichmanöver. Und beides ist Gift für eine gute Partnerschaft.

Für manche Frauen ist eine Scheidung ebenso unvorstellbar wie ein Ehebruch. Warum sollen sie sich scheiden lassen?, fragen sich manche. Um was zu tun? Sich an den nächsten treulosen Mann zu binden? Warum einen Fehler gegen einen anderen eintauschen?, überlegen sie. »Alle Männer gehen fremd. Also kann ich genauso gut bei meinem ersten Mann bleiben«, ist eine oft geäußerte Überzeugung.

Die meisten Frauen, mit denen ich sprach, wünschen sich trotz der Untreue ihres Mannes inständig, ihre Beziehung am Leben zu erhalten. Viele von ihnen glauben fest an die Ehe und sind aufrichtig gewillt, an der Beziehung zu ihrem Mann zu arbeiten, auch wenn es häufig den Eindruck macht, sie ordneten die Liegestühle auf der Titanic, weil ihre Ehe früher oder später doch zum Scheitern verurteilt ist.

Manche entscheiden sich bewusst dafür, zu bleiben, und sie konzentrieren sich darauf, sich das Leben so angenehm wie möglich zu machen, so weit dies im Rahmen einer von Untreue gekennzeichneten Beziehung möglich ist. Andere entscheiden sich, zu gehen und ein neues Leben aufzubauen. Es gibt immer eine Wahl. Wir schaffen uns unsere Möglichkeiten selbst, und die Situation ist nie aussichtslos. Hören Sie nie auf, daran zu glauben, sich ein eigenes Leben gestalten zu können, ob Sie nun einen Mann an Ihrer Seite haben oder nicht.

Die Ehe als Status quo

Menschen sind, bis zu einem gewissen Grad, Gewohnheitstiere, und die Ehe ist sicherlich gewohnheitsbildend. Auch Menschen, die sich scheiden lassen, neigen dazu, wieder zu heiraten. Die Ehe bietet uns Sicherheit und Stabilität in einer ansonsten chaotischen Welt. Viele Männer erkennen das, und damit erklärt sich auch, warum viele von ihnen ihre Frau nicht verlassen, auch wenn sie außerdem eine Geliebte haben.

Frauen sind offensichtlich bereit, jede Form von Arrangement oder Restbeziehung auszuprobieren, ehe sie sich entschließen, einen untreuen Mann zu verlassen. Für Frauen bietet die Ehe im besten Fall einen sicheren Hafen vor den Widrigkeiten des Lebens. Wenn sie jedoch aus dem Inneren ihres eigenen Heims heraus angegriffen werden, dann ist die behaglich-warme Sicherheit des eigenen Heims für sie vielleicht doch nicht so wohltuend wie gedacht.

Der Demütigungsfaktor

Viele Frauen berichten von der Demütigung, die sie empfanden, als sie von der Untreue ihres Mannes erfuhren. Besonders gravierend ist diese Demütigung, wenn die Ehefrau als Letzte von der Sache erfährt. Häufig wissen die Freunde früher als die betroffene Frau selbst, dass sie von ihrem Mann betrogen wird, und nicht selten ist es eine ihrer Freundinnen, mit der ihr Mann eine Affäre hat! Dies verschlimmert den Schmerz und die Kränkung, die eine Frau angesichts der Untreue ihres Mannes empfindet.

Betrogene Frauen berichten von dem Gefühl »nicht gut genug zu sein, um sein Interesse wach zu halten«. Eine Frau sollte sich fragen: »Wie viel Demütigung kann ich ertragen? Was ist demütigender für mich: Einem untreuen Mann oder mir selbst treu zu bleiben? Gebe ich mich in einer Ehe voller Lügen nicht selbst auf?«

Jede von uns muss irgendwann in ihrem Leben mit Demütigungen fertig werden. Das Einzige, was wir dagegen tun können, ist, stolz den Kopf oben zu behalten und mit unserem Leben weiterzumachen. Wenn Ihr Mann Sie demütigt, indem er Sie betrügt, beantworten Sie sich bitte die folgenden beiden Fragen: »Was ist das Schlimmste, was mir passieren kann, wenn ich bleibe? Was ist das Schlimmste, was mir passieren kann, wenn ich gehe?« Die Untreue eines Mannes wird Sie immer verletzen, aber Sie müssen sich von ihr nicht zerstören lassen.

Damit eine Frau in einer von Untreue betroffenen Ehe weiterleben kann, muss sie innerlich so viel Distanz gewinnen, dass sie den Zorn, den das Verhalten ihres Mannes bei ihr auslöst, nicht mehr spürt. Das Problem dabei ist, dass diese gefühlsmäßige Distanz zum Schutz vor negativen Empfindungen es ihr auch erschwert, positive Gefühle zu empfinden. Indem sie Wut und Enttäuschung zurückhält, macht sie sich auch unempfänglich für die Wärme und Liebe, die sie in ihrer Ehe eigentlich zu finden hofft. Ist der Verbleib bei einem untreuen Ehemann es wirklich wert, auf die Lebensfreude zu verzichten? Kann es sein, dass Sie sich bei dem Versuch, einen untreuen Partner zu akzeptieren, selbst aufgeben?

**Ist der Spatz in der Hand
wirklich besser als die Taube auf dem Dach?**

Viele Frauen fragen sich, welche Chancen sie wohl haben, einen neuen Mann zu finden, den sie lieben können, der ihre Liebe erwidert und, was noch wichtiger ist, der ihnen treu ist. Manche von ihnen entscheiden sich für ein neues Leben, andere bleiben lieber bei ihrem untreuen Mann und arrangieren sich mit ihm, so gut es eben geht.

In der Regel fällt es Frauen ungeheuer schwer, sich mit einem untreuen Partner abzufinden, vor allem dann, wenn sie eine glückliche und dauerhafte Beziehung anstreben. Anhaltende Untreue ist mit einer wirklich engen und glücklichen Beziehung ganz und gar unvereinbar. Es ist sehr schwer, aufrichtig zu sein, wenn man eigentlich damit beschäftigt ist, die Spuren seines Betrugs zu verwischen – was jedoch notwendig ist, um weiter fremdgehen zu können.

Sex ist nicht schwer zu bekommen, gute Beziehungen dagegen sind wesentlich seltener. Das Wichtigste in einer Partnerschaft sind gegenseitiger Respekt und Zuneigung. Sie sind das, was zwei Menschen zusammenhält. Sich nahe, also regelrecht Seelenverwandte zu sein, wenn einer von beiden den anderen ständig belügt, ist daher gänzlich unmöglich. Auf diese Weise erodiert Untreue auch das solideste Ehefundament.

Viel zu viele Frauen geben ihre Interessen auf, ihren Beruf und andere Möglichkeiten – ja, häufig sogar sich selbst –, um eine Beziehung mit einem Mann aufrechtzuerhalten, der nicht einmal bereit ist, eine Affäre aufzugeben! Wenn Sie anfangen sich zu verändern, wenn Sie sich selbst nicht wiedererkennen oder wenn Sie beginnen sich selbst zu hassen, werden Sie wissen, dass es Zeit ist zu gehen. Wenn Sie verbittern, anderen gegenüber misstrauisch und ablehnend werden, dann haben Sie schon viel zu lange gewartet, und Sie müssen vielleicht Ihre Ehe aufgeben, um sich selbst zu retten.

Viele Frauen glauben, sie müssten bei ihrem untreuen Mann bleiben, weil sie keine andere Wahl haben. Sie fühlen sich finanziell instabil, innerlich wie tot und gesellschaftlich geächtet. Trotzdem! Mit Untreue fertig zu werden, erfordert Zeit und Kraft – Kraft, die Sie in den Aufbau eines eigenen Lebens viel besser investieren können.

Natürlich müssen Frauen bei der Entscheidung, ob sie ihren Mann verlassen sollen oder nicht, praktische finanzielle Überlegungen anstellen. Eine Ausbildung und der Aufbau einer soliden beruflichen Karriere sind die besten Lebensvoraussetzungen für finanzielle Sicherheit. Je weniger Sie diesbezüglich auf einen Mann oder eine Ehe angewiesen sind, desto zufriedener werden Sie sich fühlen. Mit einem eigenen Beruf und eigenem Geld haben Sie wesentlich mehr Möglichkeiten als Frauen, die finanziell völlig auf einen Mann angewiesen sind.

Von den von mir interviewten Frauen bedauerten diejenigen, die sich von ihrem untreuen Mann scheiden ließen, fast ausnahmslos nur die verschwendete Zeit:

• Ich wünschte, ich wäre gegangen, als er mich das erste Mal betrogen hat. Ich fürchte, dadurch, dass ich fünf seiner Affären mitgemacht habe, dachte er wahrscheinlich, er könne mich wie Dreck behandeln. Ich habe jetzt ein viel besseres Verhältnis zu mir selbst.

• Ich kann selbst nicht glauben, dass ich es so lange bei ihm ausgehalten habe. Ich bedaure nur, dass ich nicht früher gegangen bin.

Sie müssen Ihr Leben nicht verrinnen lassen, während Sie darauf warten, dass Ihr Mann entscheidet, wie es mit Ihnen weitergeht. Nur Sie selbst bestimmen über Ihr Leben. Sie haben Entscheidungs- und Wahlmöglichkeiten; Sie müssen sich nur entscheiden, diese wahrzunehmen.

Merke!

- Verlassen Sie sich bei der Entscheidung, zu gehen oder zu bleiben, ganz auf Ihr eigenes Gefühl. Es hat keinen Zweck, Ihre Mutter, Freunde, Arbeitskolleginnen oder andere Menschen um Rat zu fragen, denn Sie und nur Sie allein müssen mit der Situation zurechtkommen.
- Wenn Sie sich glücklich und zufrieden fühlen, obwohl Sie mit einem untreuen Mann verheiratet sind, dann ist Bleiben für Sie vielleicht die richtige Entscheidung.
- Wenn Sie körperliche und seelische Beschwerden haben und Sie sich permanent unausgeglichen fühlen, dann ist der Versuch, einen untreuen Mann zu tolerieren, für Sie vielleicht nicht das Richtige.
- Manche Frauen finden einen Weg, mit dem Verhalten ihres Mannes umzugehen. Für viele andere jedoch wird das Zusammenleben mit einem untreuen Mann zu einer Art persönlichen Ehehölle.
- Das Leben ist viel zu kurz, um es zu verschwenden. Sie sollten jeden Tag davon leben und genießen.

Dritter Teil
Wie Sie nach einer demütigenden Erfahrung wieder glücklich werden

11. Kapitel
Die Folgen von Untreue

Ich will mein Leben zurück.
Monica Lewinsky an ihrem fünfundzwanzigsten Geburtstag,
im Juli 1998. Zitiert aus: *Time*, August 1998

Wie konnte er nur ungeschützten Verkehr mit jemandem haben,
den er nicht einmal kennt.
Die Frau eines untreuen Mannes

Sex verändert alles.
Ein untreuer Ehemann

Außereheliche Affären –
»Geschenke«, die sich weiterverschenken

Fragen Sie jeden, der im Laufe seiner Ehe schon einmal in einer Dreiecksgeschichte gesteckt hat; die meisten werden Ihnen bestätigen, dass es vielleicht ein paar sexuelle Highlights gab, aber im Nachhinein gibt es bei Affären keine echten Gewinner. Affären entpuppen sich gern als Geschenke, die sich weiterverschenken – obwohl sie keiner mehr haben will. So gut wie jeder an einer Affäre Beteiligte erleidet früher oder später Schaden, sei es in emotionaler, sexueller, persönlicher oder in beruflicher Hinsicht. Der vielleicht beste Film über Untreue überhaupt, *Eine verhängnisvolle Affäre*, zeigt überdeutlich, dass, wenn ein Mann glaubt, sein kleines Abenteuer sei vorüber, der Albtraum in Wirklichkeit erst richtig losgeht.

Auch wenn einige Menschen durchaus über die möglichen Konsequenzen ihrer außerehelichen Aktivitäten nachdenken mögen, macht sich die Mehrheit keinerlei Gedanken darüber, welche Folgen ihr Tun für Partner und Familie haben kann. Sie wollen sich »berauschen lassen« und nicht über Konsequenzen oder eventuelle Probleme grübeln. Im Gegenteil! Der Wunsch, gewissen Problemen aus dem Weg zu gehen, wird von vielen Männern als Grund dafür genannt, dass sie überhaupt fremdgehen. Sie sehen in außerehelichen Affären die Möglichkeit, der Langeweile und Alltäglichkeit ihres Ehelebens zu entfliehen – den Sorgen um Kinder und Hypotheken –, ihrem Verlangen nach hemmungslosem Sex nachzugeben und ihr narzisstisches Bedürfnis nach Aufmerksamkeit zu stillen.

Affären mögen ein Mittel gegen die in manchen Ehen vorherrschende Langeweile sein, aber was ist mit den emotionalen und finanziellen Folgen für die Beteiligten? Wer gewinnt? Wer verliert? Ist ein kurzfristiger Gewinn wichtiger als ein langfristiger Verlust? Die meisten Menschen stellen sich diese Fragen erst, wenn ihre Affäre aufgeflogen ist und ihre Ehe und ihr Leben bereits schweren Schaden genommen haben. Die Wahrheit kommt immer ans Licht.

Es gibt keinen »Safe Sex« – nur »Safer Sex«

Wenn Wissen Macht ist, dann kann Ihnen Nichtwissen Schaden zufügen. Und heutzutage kann es Sie sogar umbringen.

Schützen Sie sich vor Geschlechtskrankheiten

Frauen haben Angst, sich mit einer Geschlechtskrankheit zu infizieren, wenn sie weiter mit ihrem Mann schlafen, obwohl dieser auch mit anderen Frauen verkehrt. Gleichzeitig scheuen sich diese Frauen jedoch davor, nicht mit ihrem Mann zu schlafen, weil dieser sich dann einreden könnte, er habe allen Grund, mit anderen Frauen ins Bett zu gehen. Egal, wie sich eine Frau verhält, sie hat viel zu verlieren. Einerseits könnte sie ihren Mann an eine andere Frau verlieren, andererseits kann sie sich eine Geschlechtskrankheit zuziehen.

Die Angst vor Geschlechtskrankheiten ist durchaus gerechtfertigt, denn ein Mann, der fremdgeht, setzt sich und seine Frau einer ganzen Reihe von Ansteckungsgefahren aus. Aus einer Studie des amerikanischen »Center for Disease Control and Prevention«, die 1997 in der Tageszeitung *USA Today* veröffentlicht wurde, ist jeder fünfte Amerikaner Träger des Erregers von Herpes genitalis. Weiterhin wird berichtet, einundneunzig Prozent der Träger wüssten gar nicht, dass sie diese Krankheit in sich tragen, und am häufigsten trete sie bei Menschen mit häufig wechselnden Sexualpartnern auf.

Millionen nichts ahnende und monogam lebende Ehefrauen infizieren sich durch den Verkehr mit ihrem untreuen Ehemann mit Geschlechtskrankheiten. Deshalb muss jede Frau selbst entscheiden, ob das weitere Zusammenleben mit einem untreuen Mann es wert ist, dafür die eigene Gesundheit aufs Spiel zu setzen.

Nicht viele Männer verwenden Kondome, wenn sie mit anderen Frauen schlafen. Eine von der Zeitschrift *Philadelphia* durchgeführte Untersuchung vom Dezember 1992 ergab, dass sich siebenundfünfzig Prozent aller Männer und Frauen vor dem ersten Geschlechtsverkehr mit einem neuen Partner nicht über Schutzmaßnahmen unterhalten. Eine ähnliche Studie, die 1996 für die Burroughs Wellcome Company durchgeführt und ebenfalls in *USA Today* veröffentlicht wurde, zeigt, dass vierzig Prozent aller Männer sich nicht über ihre sexuelle Vergangenheit äußern, ehe sie ein neues Verhältnis eingehen; und auch einunddreißig Prozent der Frauen sprechen nicht über ihre sexuellen Vorerfahrungen.

Es gab eine Zeit, in der Männer, wenn sie fremdgingen, vor allem mit Prostituierten und anderen Professionellen verkehrten. Damals sorgten sie sich um mögliche Krankheiten, die sie an ihre ahnungslose Ehefrau weitergeben könnten. Heutzutage aber verwenden die wenigsten Männer ein Kondom, wenn man sie im Hotel mit heruntergelassenen Hosen erwischt. Bei einem One-night Stand werden Vorsichtsmaßnahmen in der »Hitze des Gefechts« häufig außer Acht gelassen. Mitunter vertreten Männer und Frauen sogar die Meinung, wenn es »einfach so« und nicht mit Vorsatz passiere, sei es gar kein Seitensprung beziehungsweise Ehebruch. Und unter »vorsätzlich« verstehen nicht wenige eben den Gebrauch eines Kondoms. Daher praktizieren viele ansonsten überaus intelligente Menschen keinen »Safer Sex«, weil es für sie bedeuten würde, dass ihr sexuelles Abenteuer »geplant« war und somit – nach ihrem Verständnis – ein Ehebruch.

Trotz der großen Risiken lassen sich also viele Menschen leichtfertig auf sexuelle Abenteuer ein, und der Grund dafür ist bei den meisten Männern und Frauen das Bedürfnis nach sexueller Selbstbestätigung durch jemanden, mit dem sie nicht verheiratet sind.

Ich sprach mit einem verheirateten Mann, der während einer Geschäftsreise eine Nacht mit einer fremden Frau verbrachte. Am nächsten Morgen stellte er fest, dass die Frau das Zimmer bereits verlassen hatte, aber nicht, ohne auch seine Geldbörse und das darin enthaltene Bargeld, seine Kreditkarten, den Führerschein und die Visitenkarte seiner Frau mitzunehmen. Außerdem hatte sie mit Lippenstift eine schockierende Nachricht auf den Badezimmerspiegel geschrieben: »Jetzt bist du der Dumme. Aids.«

Der Mann war verzweifelt. Wollte sie ihm damit sagen, dass sie aidsinfiziert ist? Würde sie seine Frau anrufen und die Katze aus dem Sack lassen? Meinte sie es wirklich ernst? Er bedauerte sein Verhalten der vergangenen Nacht zutiefst und fragte sich, wie er so naiv sein konnte, für einen Orgasmus mit einer Fremden buchstäblich alles aufs Spiel zu setzen.

Ich konnte nur staunen, wie viele Frauen mir berichteten, sich durch ihren untreuen Ehemann eine Geschlechtskrankheit zugezogen zu haben. Am häufigsten genannt wurde dabei Herpes genitalis. In einem Fall hatte der Ehemann gar seine Frau beschuldigt, herumzuschlafen und ihn angesteckt zu haben, obwohl sie beide wussten, dass er schon mehrere Affären hinter sich hatte, während sie ihm treu war. Immer wieder ist zu hören, dass Männer ungeschützt mit ihren Geliebten schlafen und zu Hause weiter mit ihrer ahnungslosen Ehefrau. Dabei gibt es in diesen Zeiten keinerlei Entschuldigung mehr für solch leichtfertiges Verhalten. Frauen, deren Ehemann fremdgeht, sollten sich über das Thema Geschlechtskrankheiten jedenfalls ernsthafte Gedanken machen.

Im Juli 1997 berichtete die *New York Times*, dass von den zwischen 1980 und 1996 registrierten Aidsfällen die Hälfte der betroffenen Frauen im Alter zwischen dreißig und neununddreißig Jahren sich die Krankheit auf sexuellem Wege und nicht durch Drogenkonsum oder Bluttransfusionen zugezogen habe. Im gleichen Artikel wurde auch berichtet, dass immer mehr über Fünfzigjährige an Aids erkranken. (Wissenschaftler weisen in diesem Zusammenhang auf die Voreingenommenheit vieler Ärzte hin, die ältere Menschen für sexuell nicht mehr aktiv halten. Daher wird bei ihnen seltener nach Symptomen von Geschlechtskrankheiten oder HIV-Infektionen geforscht.)

Ein Vierundsechzigjähriger berichtete im gleichen Artikel, dass er nach einem einmaligen Seitensprung in seiner zweiunddreißigjährigen Ehe an mehreren Krankheiten erkrankte, darunter Gehirnhaut- und Lungenentzündung. Erst bei seinem dritten Krankenhausaufenthalt befragten ihn die Ärzte nach seiner sexuellen Vergangenheit und diagnostizierten daraufhin eine HIV-Infektion.

Laut Dr. Mark Johnson, einem in dem Artikel zitierten Experten für Infektionskrankheiten, sind Frauen »einem erhöhten Aidsrisiko ausgesetzt, wenn sie die Menopause hinter sich haben und ... keinen Grund mehr zur Verhütung sehen. Viele dieser Frauen haben keine Ahnung von den außerehelichen Liebschaften ihres Mannes.« Eine Einundsechzigjährige, die nach dem Ende ihrer dreiundzwanzigjährigen Ehe mit mehreren Männern aus ihrem Highsociety-Umfeld verkehrte, leidet inzwischen an Aids. »Man weiß nie, wie die sexuelle Vergangenheit von jemandem aussieht. Nie. Vielleicht bildet man sich ein, man wüsste es, aber das stimmt nicht«, sagte sie im Interview mit der *New York Times*.

Es gibt keinen »sicheren Sex«. Wir können nur versuchen ihn sicherer zu machen. Doch viele von uns sind nicht bereit, im Bezug auf unsere sexuelle Vergangenheit die Wahrheit zu sagen. Und selbst dort, wo bei außerehelichen Affären ein Kondom benutzt wird, besteht immer noch das Risiko, dass etwas schief geht. Wer sich auf außerehelichen Verkehr einlässt, gefährdet nicht nur sich selbst, sondern auch die Gesundheit und das Leben eines Unschuldigen – seines ahnungslosen und vertrauensvollen Partners.

Wissenschaftlich erwiesen ist, dass Männer, die fremdgehen, ihre Frau einer erhöhten Ansteckungsgefahr mit Aids, Herpes, Tripper und anderen Geschlechtskrankheiten aussetzen. Nun haben neuere Forschungen zudem gezeigt, dass, wenn Männer sich durch wechselnde Sexualpartnerinnen mit dem Papilloma-Virus infizieren, bei ihrer Frau ein fünf- bis neunmal höheres Risiko besteht, an Gebärmutterhalskrebs zu erkranken. Das Krebsrisiko steigt mit der Zahl der Sexualpartnerinnen, die ein Mann hat. Kurz gesagt, mit je mehr Frauen ein Mann schläft, desto wahrscheinlicher wird er sich das Virus zuziehen – und desto größer wird auch für seine Frau die Gefahr, an Gebärmutterhalskrebs zu erkranken.

Die gleichen Forschungen belegen auch, dass die auf sexuellem Wege recht häufig übertragenen Infektionskrankheiten durch Chlamydien, so genannte Ureaplasma-Infektionen, ebenfalls das Risiko für Frauen, an Gebärmutterhalskrebs zu erkranken, erhöhen. Da sowohl das Papilloma-Virus als auch Chlamydien-Infektionen im Anfangsstadium relativ wenige Symptome hervorrufen, merken viele Männer nicht einmal, dass sie sich eine Geschlechtskrankheit zugezogen haben.

Es kann für eine Frau also tragische körperliche und seelische Folgen haben, wenn sie lieber den Kopf in den Sand steckt, um das Tun ihres Mannes zu ignorieren. Wenn Sie mit einem Mann zusammenleben, der fremdgeht, und Sie schlafen weiter mit ihm, obwohl er auch mit anderen Frauen Verkehr hat, sollten Sie diese Entscheidung gründlich überdenken. Sie setzen vielleicht Ihre Gesundheit aufs Spiel.

»Kinder der Liebe«

Nicht wenige Männer wurden schon von der schockierenden Nachricht überrascht, dass ihre derzeitige oder frühere Geliebte ein Kind von ihnen erwartet. Manche Männer fordern von ihrer Geliebten eine Abtreibung, doch viele Frauen entschließen sich, das Kind zu behalten – sehr zum Missfallen des Mannes, der schließlich meist schon eine Familie hat. Eine Frau, die von der Affäre ihres Mannes erfährt, wird normalerweise fuchsteufelswild. Ist bei der Affäre jedoch eine schwangere Geliebte oder gar bereits ein Kind von ihrem Mann im Spiel, kommt dies einer allseitigen Katastrophe gleich.

Irgendwann erfahren die meisten Frauen von den außerehelichen Kindern ihres Mannes. Manchmal dauert es Jahre, mitunter bis zum Tod des Mannes, und willkommen ist diese Nachricht *nie*. Bei manchen meiner Gesprächspartnerinnen bedeutete die Neuigkeit das Ende ihrer Ehe beziehungsweise das Ende einer Illusion von Ehe, bei der das Paar zwar offiziell zusammenblieb, aber von da an ein getrenntes Leben führte.

Wenn ein Mann mit seiner Geliebten ein Kind zeugt, wird das Kind für die Ehefrau eine lebenslange Erinnerung an die Untreue ihres Gatten. Das Kind wird der lebende Beweis für sein Doppelleben – ein Leben, das die Ehefrau meist weder zur Kenntnis nehmen noch teilen will. Außerdem macht ein solches »Kind der Liebe« es einer Ehefrau sehr schwer, die Existenz der anderen Frau zu leugnen.

Wenn Geliebte Zeitdiebinnen sind, dann können aus Geliebten mit Kindern regelrechte Zeit- und Geldfresser werden. Wenn sich ein Mann entschließt, am Leben seines unehelichen Kindes Anteil zu nehmen und trotzdem weiter verheiratet zu bleiben, wird dies von seiner ursprünglichen Familie viel Zeit, Kraft, Aufmerksamkeit und Geld abziehen.

Wenn Affären heikel werden ... Und das tun sie häufig

Irgendjemand hat einmal gesagt, alle Affären enden schlecht, oder warum sollten sie sonst enden? Manche Affären aber scheinen für einen oder gar alle Beteiligten besonders grausame oder schmerzhafte Folgen zu haben. Vor einigen Jahren wurde in Manhattan ein angesehener Richter verurteilt, der seine ehemalige Geliebte, nachdem sie die Affäre mit ihm beendet hatte, fortgesetzt belästigte. Er peinigte sie derart, dass seine berufliche Karriere damit ein Ende fand, er im Gefängnis landete und man in New York begonnen hat, über Gesetzesverschärfungen nachzudenken.

Selbst eine scheinbar völlig harmlose Internet-Beziehung kann einen eifersüchtigen Ehemann zur Raserei treiben. Im Januar 1997 berichtete die *New York Post* von einem Radiomoderator, der einer sympathischen Frau, mit der er öfter im Internet »chattete«, Blumen schickte, weil sie traurig klang und er »ihr den Tag versüßen wollte«. Wenige Tage später war zu lesen, dass die Frau von ihrem Ehemann erstochen wurde.

Die Polizei gab an, die Frau habe mit sieben Männern über das Internet korrespondiert und sich vermutlich mit einem von ihnen auch getroffen, jedoch nicht mit dem Radiomoderator. Als ihr Mann die Blumen sah, habe das für ihn vermutlich das Fass zum Überlaufen gebracht, mutmaßte die Polizei. Die *New York Post* erhielt diverse Zuschriften von Menschen, die mit dem Ehemann sympathisierten und behaupteten, Männer und Frauen könnten »nicht einfach nur Freunde« sein. »Ich bin sicher, dass da noch mehr gewesen ist«, schrieb einer. »Männer schicken nur dann Rosen, wenn sie irgendetwas wollen.«

Es scheint, dass manche Männer sich von jeder Art von Aufmerksamkeit für eine Frau provoziert fühlen, vielleicht weil für sie die sexuelle Doppelmoral gilt: Was ich darf, darfst du noch lange nicht!

Karriereeinbrüche

Nicht wenige berufliche Karrieren kamen durch die Enthüllung einer außerehelichen Affäre unvermittelt zum Stillstand oder legten sogar eine echte Bruchlandung hin.

Im Juli 1997 trat der Präsident und Vorsitzende des Organisationskomitees der Olympischen Winterspiele von 2002 in Salt Lake City zurück, weil behauptet wurde, er habe in einer Auseinandersetzung um eine außereheliche Affäre seine Frau geschlagen und eingesperrt. Seit 1985 hatte der Mann Tag und Nacht dafür gearbeitet, die Spiele in die Stadt zu holen, und nun musste er mit ansehen, wie sich seine Karriere und sein Leben in Rauch auflösten, nachdem er »enge Beziehungen« zu einer unbekannten Frau eingestand.

Solche oder ähnliche Geschichten sorgen ständig in den Medien für Schlagzeilen. Ob ein Mann beim Verlassen des Apartments seiner Geliebten oder beim Küssen einer Minderjährigen im Park fotografiert wird oder ob man ihn bei Zärtlichkeiten mit einer Frau im Flur vor dem Büro erwischt, in jedem Fall setzen Männer durch außereheliche Affären ihr Berufs- und ihr Privatleben aufs Spiel. Es spielt keine Rolle, ob die Affäre durch Videobänder, Kassetten oder die Kamera eines Fotografen dokumentiert wird, die Neuigkeit kommt meist ans Licht. Ein Bild oder Brief sagt eben mehr als tausend Dementis.

Vor Gericht

In einem Dutzend US-amerikanischer Staaten und in einigen anderen Ländern der Erde können Menschen wegen »Liebesentzug« vor Gericht ziehen. Dort können sie von der Person, die ihnen einen geliebten Menschen entzogen hat, finanziellen Schadensersatz verlangen. In einem Fall vom August 1997 wurde einer Frau aus North Carolina eine Million Dollar Schadensersatz zugesprochen; bezahlen musste diese Summe ihre Rivalin, die ihr, wie sie behauptete, nach neunzehn Jahren Ehe den Mann »gestohlen« hatte. Der Mann ließ sich von seiner Frau scheiden und heiratete später seine Geliebte.

Die Folgen überstehen

Außereheliche Affären bleiben nie folgenlos. Wie bei einer Explosion entstehen auch hier so genannte »Kollateralschäden«. Auch wenn die Folgen nicht überall gleich schlimm sein mögen, entstehen fast immer Schmerz und Leid. Geschlechtskrankheiten, Scheidungen, Karriereeinbrüche und finanzieller Ruin – all das sind Folgen außerehelicher Affären. Gewinner gibt es dabei nur selten, aber fast immer einige Verlierer. Ob es die Sache wert war, können nur die Beteiligten selbst entscheiden.

Egal, ob eine Frau für kurze oder für alle Zeit mit ihrem treulosen Mann weiterlebt, auch sie gehört zu den Trümmern, die seine Affären zurücklassen. Wie lange sie sich den Qualen aussetzen will, die eine Ehe mit einem Ehebrecher normalerweise mit sich bringt, hängt von persönlichen, sozialen und finanziellen Aspekten ab. Aber früher oder später beginnen die meisten Frauen sich kritische Fragen über das Verhalten ihres Mannes zu stellen. Wenn sie bereit ist, den Schleier über seinen Umtrieben zu lüften, dann wird sie prüfen müssen, ob es wirklich zu ihrem eigenen Besten ist, weiter mit einem untreuen Mann zusammenzuleben.

Jede Beziehung – ob zu einer Freundin, einem Arbeitskollegen oder einem geliebten Menschen – verlangt Kompromisse und Opfer. Ob aber das Tauschgeschäft in einer Ehe mit einem Ehebrecher wirklich den Preis wert ist, den eine Frau dafür zu zahlen hat, muss jede selbst entscheiden.

Merke!

- Der Grundstein jeder außerehelichen Beziehung ist ihre Unvorhersehbarkeit. Sie können schlicht und einfach nie wissen, was während oder nach einer Affäre passiert.
- Dreiecksbeziehungen gehen selten gut aus. Häufig sind die Folgen eine zerbrochene Ehe, berufliche Einschränkungen, »plötzlich« auftauchende uneheliche Kinder, erschöpfte Finanzen oder Geschlechtskrankheiten, die Sie ein Leben lang verfolgen.
- Denken Sie genau nach, bevor Sie sich auf eine außereheliche Affäre einlassen, denn wenn Sie es tun, wird nichts in Ihrem Leben jemals wieder so sein wie vorher.
- Außereheliche Verhältnisse haben meist für keinen der Beteiligten ein Happy End.

12. Kapitel
Untreue im Rampenlicht:
Die Affären der Reichen und Schönen

»How much more poetic it is to marry one and love many.«
Oscar Wilde

Stars im Rampenlicht

F. Scott Fitzgerald sagte einmal über steinreiche Menschen: »Sie sind anders als du und ich.« Und er hat Recht. Reiche sind tatsächlich anders – sie haben mehr Affären! Ebenso wie Prominente, Politiker und namhafte Sportler. Film- und Fernsehstars und andere bekannte Gesichter sind berühmt für ihre heimlichen Eskapaden. Doch wenn es schon für ganz normale Menschen nicht leicht ist, seine Affären geheim zu halten, können Sie sich vielleicht vorstellen, wie schwer es sein muss, wenn man auf Schritt und Tritt von Kameras begleitet wird.

Kein Wunder, dass die meisten Prominenten »pressescheu« sind. Eine gute Ehe zu führen ist auch in den besten Zeiten kein Kinderspiel, für Menschen jedoch, deren Leben sich fast gänzlich im Licht der Öffentlichkeit abspielt, ist es fast unmöglich, ihr Privatleben verborgen zu halten. Jedes Zusammentreffen mit dem anderen Geschlecht, und sei es noch so unbedeutend, wird diskutiert und analysiert oder zumindest laut hörbar weitergeflüstert. Wenn Sie bei jeder Begegnung mit dem anderen Geschlecht fotografiert und in der Presse als »heimliches Liebespaar« tituliert würden, wäre das wahrscheinlich ausreichend, um auch die solideste Ehe zu erschüttern.

Besonders schwierig wird es für die Männer und Frauen im Rampenlicht, wenn sich die Medien mit ihrem Liebesleben befassen. Das Gros der Menschen empfindet eine schier grenzenlose voyeuristische Faszination für die außerehelichen Eskapaden der Reichen und Berühmten. Wenn eine prominente Persönlichkeit fremdgeht oder vom eigenen Partner betrogen wird, ist das für die Öffentlichkeit eine sensationelle Neuigkeit. Eine betrogene Prominente empfindet vermutlich den gleichen Schmerz wie jeder andere Mensch, doch sie muss ihren Schmerz und die Demütigung im Scheinwerferlicht ertragen.

Frauen wirken wie Magneten auf männliche Filmstars, Sportler, Politiker und erfolgreiche Geschäftsleute. Bei so viel Versuchung können berühmte Männer oft nicht widerstehen. Doch da das öffentliche Interesse an ihrem Privatleben ausgesprochen groß ist, erhöht sich auch die Wahrscheinlichkeit, dass sie irgendwann einmal erwischt werden. Eine Ehe zu führen, ist niemals leicht, für Reiche und Prominente ist es jedoch besonders schwer, weil zu den üblichen Belastungen einer Beziehung noch die ständigen Einmischungen durch die neugierige Öffentlichkeit und die Presse hinzukommen.

Auch wenn die Geschichten über Prominente und ihre sexuellen Eskapaden eine ganze Bibliothek füllen könnten, ist dies nicht der Fokus dieses Buches. Mich interessieren diese Affären vor allem im Hinblick auf die Botschaften und die Bilder, die sie ganz normalen Menschen vermitteln, weil prominente Zeitgenossen gern als Vorbilder betrachtet werden.

Eine ganze Reihe berühmter Persönlichkeiten musste sich in aller Öffentlichkeit mit der Untreue ihres Partners auseinander setzen, und ihre Ehen blieben dabei intakt. Viele Ehefrauen wurden schon durch ihren berühmten, aber untreuen Mann öffentlich gedemütigt. Es stellt sich die Frage, wie diese Frauen mit dem Schmerz und dem Vertrauensbruch fertig werden, während sie gleichzeitig in der Öffentlichkeit Würde und Haltung zu bewahren wissen. Und natürlich fragt sich jeder, warum und wie diese Frauen es schaffen, mit einem Mann zusammenzubleiben, der sie so schamlos und vor aller Augen betrogen hat.

Die folgenden Beispiele von Reaktionen prominenter Ehefrauen auf die Untreue ihres Mannes sind nur die Spitze des Eisbergs. Jede Person im öffentlichen Leben – und das schließt die Ehegatten berühmter Persönlichkeiten mit ein – absolviert ihre öffentlichen Medienauftritte mit einem Maximum an Kontrolle.

Jede Bewegung wird sorgfältig bedacht, um der Öffentlichkeit genau das Bild zu vermitteln, das die betreffende Person oder das jeweilige Paar weitergeben möchte. Haben die beiden Händchen gehalten – haben sie sich berührt –, oder hat sie ihm die kalte Schulter gezeigt? Solche oder ähnliche Fragen gehen uns durch den Kopf, sobald sich Prominente in der Öffentlichkeit zeigen, besonders dann, wenn die betreffenden Personen gerade eine Krise durchmachen. Das Interpretieren der Körpersprache ist ein hervorragendes Hilfsmittel, um festzustellen, wie es um zwei Menschen tatsächlich bestellt ist. Trotzdem kann niemand genau wissen, wie es zwischen zwei verheirateten Menschen tatsächlich aussieht.

Unsere Versuche, zu erraten und zu verstehen, warum eine Frau bei einem untreuen Mann bleibt, sind abhängig davon, wie wir selbst zu Aspekten wie Ehe, Vertrauen, Männer und Untreue stehen. Ehe eine betrogene Frau nicht selbst davon berichtet, wie es ihr geht und warum sie trotz des Vertrauensbruchs weiter verheiratet bleibt, können wir nur raten, was sich hinter den verschlossenen Türen ihres Heims abspielt.

Interviews mit Frauen in ähnlicher Lage, deren Beziehungen jedoch nicht den bohrenden Blicken der Öffentlichkeit ausgesetzt sind, können uns Anhaltspunkte dafür liefern, wie und warum eine Frau in Hillary Rodham Clintons Position die beharrlichen Gerüchte über die sexuellen Ausschweifungen ihres Mannes erträgt, ihm dennoch treu bleibt und ihn in einer mehr als peinlichen und vermutlich unsagbar demütigenden Situation so aufrichtig unterstützt.

Mick Jagger & Jerry Hall: Sympathy for her Devil?

Es gibt nichts Demütigenderes, als ihm seine Affären zu verzeihen.
Jerry Hall

Noch vor einiger Zeit zeigten Pressefotos Jerry Hall, das schöne Exmodel, und ihren Gatten Mick Jagger glückstrahlend mit Baby Gabriel auf dem Arm auf dem Weg von London nach Südfrankreich. Diese Bilder standen bereits in krassem Widerspruch zu Zeitungsberichten über eine bevorstehende Scheidung und die Vaterschaftsklage eines brasilianischen Models. Das Ehedrama der beiden wird schon seit Jahren auf der öffentlichen Bühne ausgetragen. In der Zeitschrift *New York* vom Dezember 1996 wurde auf ein neues Schmuckstück Jerry Halls verwiesen, einen mit Diamanten und Rubinen besetzten Anhänger. Die Zeitschrift kommentierte: »Jedes Mal, wenn Mick mit den Fingern in der Bonbondose erwischt wird, bekommt Jerry ein neues Schmuckstück. Eines kostbarer als das andere. Und wenn nicht, droht Jerry mit der Scheidung.«

Immer wieder war zu lesen, Jerry Hall habe jahrelang die Augen zugemacht, wenn Mick sich mit anderen Frauen vergnügte. Als er sich dann jedoch für ein neues Model ganz besonders zu interessieren schien, mit dem er, Gerüchten zufolge, ein ganzes Jahr zusammen war, habe Jerry die Frau kurzerhand angerufen und gesagt: »Lass meinen Mann in Ruhe!« Dann ging sie mit ihrer Geschichte an die Öffentlichkeit. Der Londoner *Daily Mail* berichtete sie 1996: »Ich kann bestätigen, dass Mick und ich uns getrennt haben, und ich denke, wir werden uns scheiden lassen. Es tut mir zu weh, als dass es noch länger so weitergehen könnte.«

Wenn Jerry Hall damit eine Strategie verfolgte, dann ging ihr Plan zunächst auf: Sie und Jagger versöhnten sich, und Wut und Schmerz wurden unter den Teppich gekehrt.

Dass die meisten Gefühle sich doch irgendwann Raum verschaffen, war schon 1995 in einem Interview zu lesen, das Jerry Hall der Zeitschrift *Texas Monthly* gab. Darin schob sie ihre Eheprobleme teilweise auf ihre pränatale Depression, bei der sie angesichts seiner sexuellen Eskapaden ihren üblichen »Sinn für Humor« verloren habe. Über Mick Jaggers Anteil an ihren Eheproblemen sagte sie lediglich: »Er hat sich sehr, sehr schlecht benommen.«

Die Scheidung der beiden im Jahr 1999 zeigt deutlich, dass es für Mick und Jerry »no satisfaction« mehr gab.

Wie der Fall des Supermodels und des alternden Rockstars anschaulich demonstriert, ist auch eine Frau, die groß, schön, reich und die Mutter seiner Kinder ist, nicht davor gefeit, von ihrem Mann betrogen zu werden. Auch eine schöne Frau kann irgendwann vor der qualvollen Frage stehen, wie sie sich angesichts der Untreue ihres Partners verhalten soll: Soll sie ihn weiter lieben, bei ihm bleiben und sich bemühen, ein Verhalten zu akzeptieren und zu tolerieren, das sie zutiefst verabscheut; oder soll sie ihn verlassen, obwohl sie ihn immer noch liebt und sie ihre Kinder nicht ohne Vater großziehen will. Diese fundamentale Frage stellt sich allen Frauen, deren Leben von Untreue berührt wird, egal, welche gesellschaftliche Stellung sie innehaben.

Das Privileg der großen Bosse

Auch wenn der typische Erfolgsmanager, Wirtschaftsmagnat oder Politiker nicht das gleiche Prestige besitzt wie ein prominenter Schauspieler oder Rockstar, sind auch erfolgreiche Geschäftsmänner bei Frauen begehrt und gesucht. Männer in Anzügen wirken auf manche Frauen überaus verlockend, vor allem dann, wenn sie reich sind.

Einige Geschichten, auf die ich während meiner Arbeit stieß, sind dazu geeignet, dem in der Geschäftswelt gängigen Ausdruck der »Frühstücksabsprachen« eine völlig neue Bedeutung zu verleihen. So beschäftigt ein Mann mit weit reichenden Interessen einen Angestellten, dessen einzige Aufgabe darin besteht, Prostituierte für seinen Boss und dessen Manager zu organisieren. Außerdem unterhält dieser Geschäftsmann ein eigenes Apartment für diese heimlichen Zusammenkünfte. Manche Männer mögen dies als die ultimative »Sondervergütung« ansehen, anderen erscheint es wohl als gute Möglichkeit für eine spätere Erpressung, sollten sie irgendwann einmal aus den Diensten ihres großzügigen Arbeitgebers ausscheiden wollen. So ließ zumindest ein ehemaliger Angestellter der Frau des besagten Mannes bereits Fotos von seinen pikanten Treffen zukommen.

Mit ihren häufigen Geschäftsreisen und einem großen Einkommen gehören Unternehmer und Manager in Führungspositionen zu jenen Männern, die chronisch fremdgehen. Ihre Ehefrauen wissen häufig von den Affären. Obwohl sie nicht damit einverstanden sind, halten diese Frauen dennoch weiter an ihrer Ehe fest und konzentrieren ihre Wut und Kraft lieber darauf, eine vorbildliche Unternehmergattin zu sein, um ihrem Mann zu zeigen, wie wichtig sie für seinen Erfolg und für sein Leben ist. Trotz ihres Grolls spielen diese betrogenen Frauen lieber die Rolle der idealen Ehefrau.

Deckung für den großen Boss

Ehefrauen sind nicht die Einzigen, wenn es darum geht, die sexuellen Eskapaden mancher Bosse zu entschuldigen. Assistentinnen und Assistenten der Geschäftsleitung fangen so manche Anrufe von Geliebter und Ehefrau ab und koordinieren die Termine ihres Chefs so, dass sich beide niemals begegnen. Man kann nur staunen über die Geheimnisse, die manche Sekretärinnen in diesem Land aus Angst um ihren Arbeitsplatz oder aus Loyalität gegenüber dem Chef für sich behalten.

Doch nicht nur niedere Angestellte sorgen dafür, dass die Ehefrau des großen Bosses bei Laune bleibt. Ein Mann gab seine Stellung als leitender Buchhalter aus persönlichen Gründen auf, weil er nicht bereit war, die immensen Ausgaben für mehrere Geliebte und die Luxusautos, Kleider und Apartments der Ehefrau als Geschäftsausgaben zu vertuschen.

Gemessen an der Zahl der Leute, mit denen ich sprach, können wir davon ausgehen, dass mehr Menschen, als wir wahrhaben wollen, damit beschäftigt sind, ihren Chefs Ehefrau und Kritiker vom Halse zu halten, während sie gleichzeitig dafür sorgen, dass deren außereheliche Affären nicht auffliegen. Auch der inzwischen berühmt gewordene Starr-Report, »Der Bericht des unabhängigen Ausschusses an das US-amerikanische Repräsentantenhaus«, offenbart eine solche Form von Protektion. Die Art und Weise, wie Präsident Clintons Sekretärin Betty Currie der Praktikantin Monica Lewinsky Eintritt ins Weiße Haus verschaffte, nachdem diese ihre Arbeit dort beendet hatte, ist in amerikanischen Firmen, in denen der Boss fremdgeht, durchaus üblich.

Ist die Sekretärin allerdings selbst mit dem Chef liiert, wird die Angelegenheit vertrackt. In diesem Fall muss die Sekretärin nämlich einerseits die Frau des Chefs belügen, um die Affäre zu vertuschen, andererseits wird sie versuchen, die Frau von der Beziehung wissen zu lassen, um ihre eigenen Ansprüche anzumelden und an der Ehe zu rütteln. Viele Frauen wissen, dass eine Sekretärin eine wichtige Rolle dabei spielen kann, sie über die geschäftlichen und privaten Unternehmungen ihres Mannes im Dunklen zu lassen. Das ist einer der Gründe, warum es zwischen Ehefrauen und der Sekretärin des Mannes häufig zu Spannungen kommt. Bei so viel Sex und Lügen in den obersten Wirtschaftsetagen unseres Landes ist es ein Wunder, dass dort überhaupt noch ernsthaft gearbeitet wird.

Untreue Politiker

Sex. Sünden. Skandale. Die Klassiker kommen nie aus der Mode.
Werbeanzeige für die Fernsehserie *Melrose Place*

Prominente sind nicht die Einzigen, die vor laufenden Kameras von einem Bett ins nächste springen. Auch Politiker sind notorische Frauenhelden. Während sie einerseits die »Werte der Familie« preisen, unterhalten viele von ihnen gleichzeitig außereheliche Beziehungen, mit denen sie ihre eigene Ehe und Karriere aufs Spiel setzen. Politikerfrauen werden meist lächelnd und Hand in Hand mit ihrem mächtigen Ehemann gezeigt. Das ist verständlich, denn wenn eine Frau einen Großteil ihrer Energie auf die politische Karriere ihres Mannes verwendet und es mit dieser bergab geht, dann geht es auch für sie bergab. Was sich hinter verschlossenen Türen abspielt, ist hingegen eine ganz andere Sache. Wahrscheinlich geht in nicht wenigen Politikerhaushalten bei Auseinandersetzungen über die außerehelichen Aktivitäten des Mannes mitunter einiges Porzellan zu Bruch.

Sex und Macht

Henry Kissinger hat einmal gesagt, Macht sei das ultimative Aphrodisiakum, und in den Augen vieler Frauen sind Politiker die Verkörperung von Macht. Auch wenn die meisten Berufspolitiker keineswegs reich sind, gelten sie als die Personifizierung von Sex und Macht. Daher sind viele von ihnen regelrechte »Magneten«, die Frauen aller Altersstufen und Art anziehen, darunter auch Praktikantinnen im Weißen Haus!

Die armen Politikerfrauen. Sie müssen äußerste Diskretion wahren und werden doch nur allzu oft in einen Skandal hineingezogen, weil ihr Mann sich wieder einmal nicht beherrschen konnte. Die meisten Politikerfrauen entscheiden sich, wie Millionen andere, an ihrer Ehe mit dem untreuen Partner festzuhalten.

Einige in die Schlagzeilen gekommene Politikerehen werden von der Öffentlichkeit weiter mit großem Interesse verfolgt. Und jedes Mal kratzen wir uns verwundert am Kopf und fragen uns, warum sie weiter bei ihm bleibt, und wie sie es aushält, Nacht für Nacht mit einem Mann das Bett zu teilen, der, wie sie genau weiß, einer anderen das Bett gewärmt hat (oder es immer noch wärmt). Wie bringt sie es fertig, weiter zu lächeln, wenn alle Welt die intimsten Details der Liebschaften ihres Mannes kennt? Wir sind verblüfft, wie manche betrogenen Ehefrauen es fertig bringen, entweder in völliger Selbstverleugnung zu leben oder sich über die sexuellen Indiskretionen ihres Mannes etwas vorzumachen; wie sie es schaffen, immer wieder Entschuldigungen für ihn zu finden, beziehungsweise lächelnd an seiner Seite zu stehen und zu sagen, wie stolz sie auf ihn sind.

Wie Frauen mit öffentlicher Demütigung umgehen

1987 forderte der amerikanische Präsidentschaftsanwärter Gary Hart angesichts der Gerüchte über seine eheliche Untreue die Presse mit den Worten heraus: »Beschattet mich doch. Wenn mir jemand etwas anhängen möchte, bitte sehr. Es wird euch bald langweilig werden.«

Was die Reporter des *Miami Herald* herausfanden, gehört inzwischen ins Reich der politischen Folklore. Die Fotos von Gary Hart, der an Bord einer Jacht vor den Bahamas mit einer gut aussehenden jungen Frau namens Donna Rice herumtollte, zierten die Seiten der Zeitschrift *People* und zeigten Ms. Rice auf der Titelseite. Die Liebschaft kostete Gary Hart seine Anwärterschaft auf das Präsidentenamt, doch die Ehe von Lee und Gary Hart überlebte diese Herausforderung und hat bis heute Bestand. Freunde des Paares wurden 1998 in *People* mit den Worten zitiert, sie hätten »nie glücklicher ausgesehen als heute«.

Lee Hart hielt auch in den größten Wirren von »Donnagate« beharrlich zu ihrem Mann und die Belohnung dafür war der Fortbestand ihrer Ehe. Inmitten des Skandals verblüffte sie die Menschen mit den Worten: »Wenn es mir nichts ausmacht, dann sollte es, glaube ich, auch niemandem sonst etwas ausmachen.«

Wie Millionen andere Frauen entschied sich auch Lee Hart, bei ihrem Mann zu bleiben. Dennoch muss es ungeheuer belastend für sie gewesen sein, als ein Pornovideo auf den Markt kam, das sich über die Entgleisung ihres Mannes lustig machte und zwei Hauptfiguren aufwies, die »Donna Nice« und »Gary Hard« hießen. Scheinbar hat unser Herz seine eigene Sicht der Dinge, wenn es Frauen veranlasst, zu bleiben, auch wenn ihr Mann sie betrügt. Lee Hart hat die Entscheidung getroffen, die ihrer Meinung nach die beste für sie war.

Der Politiker und die Prostituierte

Einer der schlüpfrigsten politischen Skandale ereignete sich während des Nationalkonvents der amerikanischen Demokraten in Chicago 1996. Bill Clinton wurde davon allerdings nur am Rande berührt...

Im Scheinwerferlicht stand damals Clintons engster politischer Stratege, Dick Morris. Dieser trat von seinem Amt zurück, als Gerüchte ihm eine jahrelange Beziehung mit der Prostituierten Sherry Rowland nachsagten. Was die Menschen jedoch am meisten erstaunte, war die Enthüllung des Callgirls, dass

Morris sie angeblich Zeugin von Telefongesprächen mit dem damaligen Präsidenten Clinton werden ließ.

Der seit zwanzig Jahren verheiratete Dick Morris verbrachte die Wochentage an seinem Arbeitsplatz in Washington D. C. und die Abende bei Rendezvous mit Rowland, während seine Ehefrau Eileen McGann in Connecticut lebte und arbeitete. Rowland galt ein ganzes Jahr lang als Morris' »feste Freundin«.

Eileen McGann, eine Rechtsanwältin, wusste nichts von dem Doppelleben ihres Mannes. Erst als die Affäre öffentlich wurde, begriff sie das wahre Ausmaß seiner Lügen: Denn er hatte nicht nur eine feste Beziehung mit Sherry Rowland, sondern auch mit einer weiteren Frau in Texas, die außerdem eine Tochter von ihm besaß.

Trotz des Skandals hielt Eileen McGann unverbrüchlich zu ihrem Mann. Bei einem Presseauftritt im Garten ihres Hauses in Connecticut im August 1996 verkündete sie, sie wollten sich einen Hundewelpen zulegen, der ihnen helfen sollte, über die Sache hinwegzukommen.

McGann wurde scharf dafür kritisiert, dass sie ihren Mann in Schutz nahm und zu ihm hielt. Viele Menschen – die Presse ebenso wie ganz normale Bürger – zeigten sich bestürzt darüber, dass eine hoch gebildete, finanziell unabhängige, berufstätige Frau, die sich nicht einmal um Kinder Gedanken machen musste, bei einem derart untreuen Mann bleibt. Doch wie so viele andere blieb auch Eileen McGann ihrem Mann vermutlich deshalb treu, weil sie ihn liebte und ihn nach den vielen Jahren, die sie in ihre Ehe investiert hatte, nicht verlassen wollte.

Trotzdem wirkte ihre Entscheidung auf viele befremdend. Hier war endlich eine Frau in der Position, ihren untreuen Mann in die Wüste zu schicken, ohne dass ihr Beruf, ihr Lebensstil und ihre finanzielle Situation darunter leiden würden – und sie blieb! Viele zeigten sich darüber verwundert, denn nicht wenige Männer und Frauen sind der Meinung, dass Frauen nur aus Gründen finanzieller Abhängigkeit bei einem untreuen Ehemann bleiben. Doch das Beispiel von Eileen McGann zeigt, dass diese Erklärung nicht ausreicht. Eileen hatte die Mittel, um ihren untreuen Mann zu verlassen, und dennoch entschied sie sich, zumindest anfänglich, dagegen. Warum? Ich vermute aus dem gleichen Grund, aus dem auch Millionen andere Frauen über die unappetitlichen Seiten ihres Ehelebens hinwegsehen: L-I-E-B-E. Aus Liebe zu ihrem Ehemann und weil sie nicht gewillt war, ihn aufzugeben, auch wenn er schreckliche und sehr verletzende Dinge getan hat.

Monate später verließ Eileen McGann ihren Mann dennoch. Und was wurde aus ihrem Dick? Ironischerweise wurde er politischer Sachverständiger beim FOX-Television-Nachrichtensender und tat sich mit Kommentaren zu Bill Clintons »Sexkapaden« hervor.

Letzten Berichten zufolge hat sich das Paar Morris – McGann inzwischen wieder versöhnt, dann erneut getrennt und abermals versöhnt. Wer weiß, wie dieses Spiel irgendwann einmal enden wird. Es gibt weder für Affären noch für die Zeit danach feste Regeln. Die beiden haben in ihrer langjährigen Ehe, wie die meisten anderen Paare auch, ihren Anteil an guten und schlechten Zeiten erlebt; und den Wunschtraum von einer gemeinsamen Zukunft aufzugeben fällt vielen Frauen schwer. Kurz nachdem sie von der Untreue ihres Mannes erfuhr, sagte McGann in einem Interview mit der Zeitschrift *Time*: »Wenn Sie schon lange zusammen sind, können Sie, auch wenn Sie verletzt wurden, die guten und die schlechten Zeiten zusammennehmen und daraus ein Gesamtbild formen.«

Ein kluger Präsident, ein dummer Fehltritt

> ... *ist es wirklich zu viel verlangt, vom Präsidenten der Vereinigten Staaten zu erwarten, dass er nicht allen Versuchungen erliegt, die sich ihm bieten?*
> *Die Frauen sind wirklich verrückt nach ihm.*
> Aus einem Gespräch zwischen Katie Couric und Reverend Billy Graham in der *Today Show* am 6. März 1998.

Außereheliche Sexaffären, Skandale und Gerüchte sind schon lange ein fester Bestandteil der politischen Landschaft und fanden auch ihren Weg in die Administration von Präsident William Jefferson Clinton. Doch die Clinton-Lewinsky-Affäre ist zugleich gewöhnlich und außergewöhnlich. Es ist die klassische Geschichte eines verheirateten Mannes in mittleren Jahren, der sich auf ein Verhältnis mit einer jungen, koketten Frau einlässt, die ihm das Gefühl gibt, jung zu sein, wie er selbst sagt.

Es kommt zum Austausch von Zärtlichkeiten, Geschenken, telefonischen Nachrichten, sexuell anzüglichen Telefongesprächen zu später Stunde, einem in der Zeitung veröffentlichten Valentinsgruß und einem ganz besonderen Erinnerungsstück an ein gemeinsames intimes Erlebnis. Es ist die Geschichte einer unsicheren Frau auf der Suche nach Anerkennung. Einer Frau, die sich wie Millionen andere fragt, warum ein Mann sie nicht anruft, obwohl er es versprochen hat, und warum er nicht mehr Zeit mit ihr verbringt.

Die Clinton-Lewinsky-Affäre demonstriert einmal mehr, welche Heimlichkeiten, Lügen und emotionalen Achterbahnfahrten mit außerehelichen Affären verbunden sind. Es ist die Saga von heimlichem Sex unter einem Dach, das dieser Mann nicht nur mit seiner Frau, sondern mit der gesamten Nation teilt, und von der Angst, erwischt zu werden. Es geht um Sex hinter verschlossenen Türen, während die Ehefrau verreist ist, und um eine quirlige junge Frau, die sich ganz unerwartet verliebt.

Die Geschichte handelt von den Tränen und der Verzweiflung dieser Frau, als ihr verheirateter Geliebter die Beziehung beendet, und von ihrer Verwirrung, in der sie elf Menschen von ihrer Affäre erzählt – von denen einer eine Vorliebe für Gesprächsmitschnitte hat –, während sie ihrem Geliebten gleichzeitig schwört, den Mund zu halten. Es ist das Drama einer verletzten jungen Frau, die zusehen muss, wie ihr Geliebter sich mit seiner Ehefrau in der Öffentlichkeit zeigt. Es ist das Melodrama einer Idealistin, die sich fragt, ob ihr Liebster seine Frau um ihretwillen verlassen wird. Und es ist die traurige Geschichte einer Frau, die ihrem Geliebten vermutlich droht, die Affäre publik zu machen, wenn er sie nicht wieder sieht.

Wir erleben eine sexuell herausfordernde junge Frau und einen mittelalten Mann im Kampf gegen seine sexuellen Gelüste, der versucht, seiner Frau treu zu sein, und der sich selbst beschimpft, wenn er versagt. Der Clinton-Lewinsky-Stoff ist die Geschichte eines Mannes, der alles besaß und der ein Risiko einging, bei dem er alles aufs Spiel setzte. Und es ist ein weiteres trauriges Kapitel im Beziehungsalbtraum einer treuen Ehefrau.

Es stimmt, die Geschichte von Bill Clinton und Monica Lewinsky wurde uns schon von unzähligen anderen vorgelebt und wird sich auch in Zukunft immer wieder zutragen. Was sie jedoch so besonders, so verzweifelt macht, ist der Mann, um den es hier geht: William Jefferson Clinton, den damaligen Präsidenten der Vereinigten Staaten von Amerika; Ehemann, Vater und Staatsoberhaupt. Diese Affäre wird die daran Beteiligten in den kommenden Jahren immer wieder einholen – auch wenn es eine überaus unangenehme Geschichte ist.

Trotz aller Vertrautheit sind die Menschen auch weiterhin fasziniert von der Clinton-Lewinsky-Affäre, vom Präsidenten und seiner Praktikantin, die nur halb so alt ist wie er. Aber mehr als alles andere wundern wir uns über Hillary, die dritte Person in dieser denkwürdigen Dreieckskonstellation.

Königin der Verleugnung oder die personifizierte Würde?

Seit fast einem Vierteljahrhundert hat Hillary Clinton ihren Mann in einer ganzen Reihe von Skandalen immer wieder treu in Schutz genommen. Auch im Januar 1998, als die Gerüchte über die Lewinsky-Affäre an die Öffentlichkeit drangen, eilte sie ihm zur Hilfe und erklärte Matt Lauer in der *Today Show*: »Die einzigen beiden, auf die es in einer Ehe ankommt, sind die beiden, die sie führen.«

Als sich der Skandal ausweitete, trat Hillary standhaft für ihren Mann ein, und ihre Sympathiewerte in der Bevölkerung schossen im September 1998 auf bisher unerreichte neunundfünfzig Prozent, meldete die Zeitschrift *Time*. Durch alle Höhen und Tiefen ist Hillary ihrem Mann immer eine hingebungsvolle Partnerin gewesen. Doch wie ist ihre fortgesetzte Unterstützung zu erklären?

Hillary Clinton ist schon lange und für viele eine äußerst kontroverse Gestalt und sie war es nie mehr als in der Zeit der Lewinsky-Affäre. Viele haben ihr vorgeworfen, eine machthungrige Feministin zu sein, die nur in einer lieblosen Ehe verbleibe, um ihren politischen Einfluss zu sichern. Andere, weniger zynische Stimmen sehen sie als pflichtbewusste Ehefrau mit tiefen Gefühlen für ihren Mann.

Was also ist Hillary wirklich? Ist sie die Königin der Verleugnung, die die Augen verschließt und den Kopf in den Sand steckt, um ihren untreuen Mann tolerieren zu können? Oder ist sie die personifizierte Würde, die in vollem Bewusstsein des Tuns ihres Mannes und ebenso verletzt und gekränkt wie alle anderen Menschen in einer solchen Situation eine beispiellose Haltung zu bewahren weiß? Ist Hillary menschlich, fragen wir uns bei dem Gedanken an Bill und Monica allein im »Oval Office«? Und wenn ja, warum weint und schreit sie dann nicht angesichts seiner Fummeleien?

»Was wusste Hillary und wann erfuhr sie davon?«, waren heiß diskutierte Fragen. Wann hat sie die Wahrheit über Bill und Monica herausgefunden? Was wusste sie genau? Ist sie oder war sie über den Zigarrentrick im Bilde? Wir sind deshalb so sehr daran interessiert, was und wann Hillary von Bills Untreue erfuhr, weil wir uns ein Bild von ihr machen wollen. Wenn sie bereits im Januar 1998 davon wusste, so schlussfolgern wir, dann hat sie bei ihren Fernsehauftritten in der *Today Show* und in *Good Morning America* gelogen, als sie sagte: »Diese Gerüchte werden sich als unwahr herausstellen«, und vielleicht denken wir dann weniger positiv von ihr. Wenn sie die schmutzigen Details seiner Affäre tatsächlich erst wenige Tage vor seiner im Fernsehen ausgestrahlten Beichte am 17. August 1998 erfuhr, dann wäre sie, genau wie wir, in die Irre geführt worden, und wir könnten sie bedauern.

Unabhängig davon, was und seit wann sie es wusste, zählt einzig und allein, dass Hillary Clinton ihrem Mann wieder einmal beigestanden hat, und das, obwohl es sich um die demütigendste Erfahrung ihres Lebens gehandelt haben muss. Viele Menschen respektierten die Art und Weise, wie sie die Situation zu meistern versuchte. Nach Bill Clintons öffentlicher Beichte erreichten Hillarys Sympathiewerte das höchste Ergebnis seit dem Einzug der Clintons ins Weiße Haus.

Ebenso wie die Clinton-Lewinsky-Affäre ist auch Hillary Clintons Geschichte in diesem Buch nur eine von vielen: Eine treue Ehefrau, die von ihrem Mann fortgesetzt betrogen wird, entschließt sich immer und immer wieder, zu ihm zu halten.

Warum tut sie sich das alles an?

Wenn ein Mann fremdgeht, fragen sich die Menschen als Erstes, ob seine Frau davon weiß. Als Nächstes fragen sie sich, warum sie bei ihm bleibt. Auch wenn Millionen Frauen tagtäglich nichts anderes tun, wundern sich die Leute immer noch, wenn eine Frau, die im Licht der Öffentlichkeit steht, betrogen wird – und ihren Mann nicht noch vor dem Eintreffen der Fernsehkameras vor die Tür setzt. Eine erfahrene Politikerin wie Hillary Clinton würde ihre Gefühle sicher nicht öffentlich zur Schau stellen. Natürlich wird sie den Betrug ihres Mannes zuerst abstreiten, das tun die meisten Frauen. Dann folgen Gefühle von Wut, Zorn und Misstrauen, und bei einigen Akzeptanz und Vergebung. Von einer Frau im Rampenlicht wird erwartet, dass sie ihr gesamtes Gefühlsspektrum vor uns ausbreitet, auch wenn die wenigsten von uns selbst bereit wären, ihr Innenleben derart zu offenbaren.

Viele betrogene Frauen ziehen sich wochenlang ins Bett zurück; andere führen, ohne mit der Wimper zu zucken, ihr normales Leben weiter. Welche Gefühle eine Frau angesichts der Untreue ihres Mannes durchmacht, ist eine sehr individuelle und persönliche Angelegenheit.

Bei den meisten Frauen ist Zorn das alles beherrschende Gefühl. Doch die meisten richten ihn nicht auf den Mann, sondern auf etwas ganz anderes – auf die »Andere«, auf ein Boulevardblatt oder auf eine Videokassette. Alles und jeder ist ihnen recht, um ihren Groll nicht auf den eigenen Mann lenken zu müssen, auch wenn sie es häufig gerne täten. Stattdessen keilen sie in alle anderen Richtungen aus.

Warum also bleibt Hillary Clinton bei ihrem Mann? Ihre Gründe dafür sind weitgehend die gleichen wie die anderer Frauen, die ihren untreuen Mann nicht verlassen: L-I-E-B-E. Aus Liebe zu ihrem Mann, ihrer Tochter, ihrer Familie, ihrem Lebensstil, und ja, aus Liebe zu ihrer Position als First Lady. Für eine Frau, die ihr halbes Leben an Mann und Ehe festgehalten hat, ist es keine leichte Entscheidung, einfach loszulassen. Bill Clinton ist ein Teil von Hillarys Leben und sie von seinem. Eine solche Partnerschaft gibt man nicht kampflos auf.

Warum bleibt Hillary?

- Persönliche Gründe: wie »Ich liebe ihn«, ich liebe meine Tochter, ich liebe meine Familie und meine Rolle als First Lady. Ich habe meine ganze Kraft in sein/unser Leben investiert. Ich will ihn keiner anderen Frau überlassen.
- Gesellschaftliche Gründe: Frauen über fünfzig haben weniger Chancen, einen neuen Partner zu finden, als Männer. Frauen wollen nicht mehr zurück auf einen Kontaktmarkt, den sie als Haifischbecken ansehen. Sie glauben, andere Frauen würden sich um einen geschiedenen Mann reißen, selbst wenn er ständig fremdgeht. Daher wehren sich verheiratete Frauen auf Schritt und Tritt gegen diese Konkurrenz. Ganz allgemein werden die Berufsaussichten für Frauen mit zunehmendem Alter schlechter. Zwar sind die beruflichen Aussichten für Hillary Clinton besser als je zuvor, aber wie steht es mit den gesellschaftlichen? Männer sind noch immer im Vorteil.
- Finanzielle Gründe: Viele Frauen sind in finanzieller Hinsicht ganz oder teilweise von ihrem Mann abhängig. Allerdings war Hillary Clinton lange die Hauptverdienerin der Familie, daher bleibt sie nicht aus finanziellen Gründen bei ihrem Mann.

Bei näherer Betrachtung der Clinton-Ehe scheint es, dass Hillary mit ihrem Mann zusammengeblieben ist, weil die beiden viele gemeinsame Ziele haben, weil sie eine tiefe Freundschaft verbindet sowie echte Zuneigung und Anerkennung für das, was sie gemeinsam erreicht haben. Keine Frau – ob First Lady oder Grundschullehrerin – würde diese Dinge einfach wegwerfen, ohne lange und ausgiebig darüber nachzudenken.

Natürlich wird es für die Clintons ein langer, harter Weg werden, die Folgen der Lewinsky-Affäre zu überwinden. Das Schöne an einer Ehe ist, dass zwei Menschen beschließen, gute wie schlechte Zeiten gemeinsam zu durchleben, und Untreue sorgt zweifellos für eine schlechte Zeit. Dennoch muss es nicht bedeuten, dass einer von beiden das Handtuch wirft.

Mit Untreue zurechtzukommen und mit einem Mann weiterzuleben, der sie betrogen hat, ist für jede Frau schwer. Im Geiste zu wissen, dass der eigene Mann mit einer anderen Frau geschlafen hat, ist schlimm genug, noch schlimmer aber ist es, jedes schmutzige Detail zu kennen. Hillary Clinton berichtete in der *Today Show* im Januar 1998, sie werde mit Dingen fertig, indem sie sich innerlich davon distanziere und »tief Luft hole«.

Kritiker werfen Hillary Clinton vor, das Verhalten ihres Mannes erst zu ermöglichen. Indem sie bei ihm bleibe und ihm so erlaube, mit seinen Affären »durchzukommen«, sorge sie unabsichtlich dafür, dass er sein ehebrecherisches Tun fortsetzt. Manche behaupten sogar, sie habe ein heimliches Abkommen mit ihm: Sie toleriere seine Affären und profitiere im Gegenzug von ihrem Status als seiner Ehefrau.

In Wirklichkeit schließen wir alle »geheime Abkommen« und »ermöglichen« anderen Menschen bestimmte Dinge, um selbst durchs Leben zu kommen. Unsere Beziehungen zu anderen basieren immer auf dem Austausch von angenehmen Dingen gegen weniger angenehme. Hillary und Bill Clinton sind da keine Ausnahme.

Sie ist wütend, weil er ihre Präsidentschaft beschmutzt hat.
Elizabeth Drew im MSNBC Television, am 11. September 1998

Wenn eine Frau – jede Frau, ob Präsidentengattin oder nicht – beschließt, an ihrem Mann, ihrem Job, ihrer Familie, ihrer Kopräsidentschaft oder was auch immer festzuhalten, dann ist das ihre persönliche Entscheidung. Sie ist es, die mit der Situation leben muss, also geht es im Grunde niemanden sonst etwas an, ob sie bei ihrem untreuen Mann bleibt oder nicht. Doch etwas in uns wünscht sich, nur einmal – nur ein einziges Mal – mit ansehen zu können, wie eine betrogene First Lady ein Taxi vors Weiße Haus bestellt und mit ihren Koffern just in dem Moment aus dem Haus rauscht, wenn die Fernsehjournalisten auf dem Rasen vor dem Präsidentensitz ihr allabendliches Politikgeblubber von sich geben. Die Einschaltquoten wären gigantisch – ganz zu schweigen von dem kollektiven Aufatmen von Millionen Frauen, die für ihr Leben gern einmal miterleben würden, wie ein untreuer Mann öffentlich abgestraft wird!

Hillary Clinton ist eine hochgebildete, attraktive Frau, eine brillante Rednerin und für viele ein Vorbild. Doch die Entscheidungen, die sie in ihrem Privatleben trifft, richten sich nicht daran aus, ob sie für andere Frauen ein gutes Vorbild abgeben oder nicht. Wir betrachten herausragende und erfolgreiche Frauengestalten, um zu sehen, wie sie »das alles schaffen«; doch ihre Entscheidungen gehen nur die betroffene Frau selbst etwas an, allen voran jene, die ihre Ehe betreffen.

Ihr würdevolles Schweigen während der schlimmsten Phasen der Lewinsky-Affäre brachte Hillary Clinton viel Lob ein. Dies ist teilweise damit zu erklären, dass viele Frauen sich zum ersten Mal mit ihr identifizieren konnten. Eine verletzliche Frau wird häufig als zugänglicher und liebenswerter empfunden als eine Frau, die unerschütterlich wirkt. Blinde Loyalität gegenüber einem Mann und einer Ehe ist unklug; aber eine aufmerksame, wohl durchdachte Treue gilt in der heutigen Zeit als bewundernswert.

Hillary Clinton ist seit vielen Jahren mit einem Mann verheiratet, der Gerüchte über sexuelle Eskapaden fast magisch anzuziehen scheint. Doch sie hat den Kopf immer oben behalten und ist offen für ihre Unterstützung, ihre Liebe und ihre Nachsicht gegenüber ihrem Mann eingetreten. Ihre Kritiker nennen sie einen Fußabtreter und fragen sich, wo ihre Würde geblieben ist. Andere sind beeindruckt von ihrer Unerschütterlichkeit.

Sie haben es hier mit zwei Menschen zu tun, die sich lieben. Das hier ist kein Arrangement und keine Übereinkunft. Es ist eine Ehe.
Bill Clinton zu Steve Kroft in *60 Minutes*, am 27. Januar 1992

Er hat etwas an sich ...

Jedes Mal, wenn ein Mann fremdgeht, fragen sich die Leute, ob seine Frau ihn wohl verlassen wird. Nach Bill Clintons Liaison mit Monica Lewinsky im Westflügel des Weißen Hauses schien sich jeder zu fragen: »Wird Hillary ihn nun verlassen?« Und als nichts geschah, wunderten sich die Leute »Warum – was ist los mit ihr?« Was wir uns wirklich fragen sollten, ist: »Bleibt Bill weiter mit Hillary verheiratet?« Schließlich war es Bill Clinton, der Monica Lewinsky, wie sie für den Starr-Report aussagte, angedeutet haben soll, dass er nicht sicher sei, ob er nach seinem Ausscheiden aus dem Amt weiter verheiratet bleiben werde. Hat er das gesagt, weil er vermutete, Hillary würde ihn verlassen – oder weil er selbst vorhat zu gehen? Schließlich haben sich schon viele untreue Männer von Ehefrauen getrennt, die stets treu zu ihnen hielten. Wird auch Bill Clinton zu ihnen gehören, oder wird Hillary ihn vor die Tür setzen? Wissen können es nur die beiden selbst. Nach einer Affäre kann niemand genau sagen, wie es weitergeht.

> *Viele Leute, mich selbst mit inbegriffen, hätten es nur zu gern gesehen, wenn sie [Hillary] die Boxer Shorts ihres Mannes auf den Truman-Balkon hinausgeschleudert hätte, dafür, dass er uns diesen Schlamassel eingebrockt hat.*
> Margaret Carlson in *Time*, 10. August 1998

Viele der Menschen, die sich fragen, warum und wie Hillary Clinton es fertig bringt, auch nach seiner jüngsten Affäre bei ihrem Mann zu bleiben, sähen es nur zu gern, wenn Hillary ihn sitzen ließe. Ihnen scheint nicht klar zu sein, dass sie damit auch fast fünfundzwanzig Jahre ihres Lebens hinter sich lassen würde. Das ist nicht leicht. Es ist zwar nicht gänzlich unmöglich, aber auch nicht wünschenswert.

Egal, was andere Leute denken, im Grunde ist ihre Meinung unerheblich, weil sie mit dieser Ehe nichts zu tun haben. So unbegreiflich es für manche sein mag, wahrscheinlich liebt Hillary ihren Mann immer noch. Auch gute Männer machen mitunter große Fehler. Und manchmal eine ganze Menge davon. Hillary Clinton muss selbst entscheiden, ob eine Reihe von Fehlern für sie ein Verhaltensmuster ergibt, und falls ja, ob dies die Art von Ehe ist, die sie für sich erstrebt und als Vorbild für ihre Tochter Chelsea gelten lassen kann.

Ein Mann, den ich für dieses Buch interviewte, meinte: »Untreue wird es immer geben.« Wenn das so ist, wird es auch immer Frauen geben, die bei untreuen Männern bleiben.

Was sich Hillary Clinton und alle anderen Frauen in ihrer Situation fragen sollten, ist: »Trete ich auch für mich ein, wenn ich für meinen Mann und meine Ehe eintrete?«

Egal, ob ein Paar sein Leben im Licht der Öffentlichkeit verbringt oder nicht, die Folgen einer Affäre zu verkraften, ist in jedem Fall quälend. Nur Hillary und Bill Clinton wissen, ob sie auch heute noch zustimmend mit dem Kopf nicken würden bei Steve Krofts Aussage aus dem inzwischen berühmt-berüchtigt gewordenen Interview in der Fernsehsendung *60 Minutes* von 1992: »Ich glaube, die meisten Amerikaner würden mir zustimmen, dass es überaus bewundernswert ist, dass Sie beide... zusammengeblieben sind und Ihre Probleme bewältigt haben...«

Vom Weißen Haus in Ihr Haus

Wenn Ehebruch bei mir zu Hause nicht okay ist, warum ist er es dann im Weißen Haus?
Don Imus im MSNBC Television

Bill Clinton ging fremd, und Hillary blieb bei ihm. Aber wer weiß, was die Zukunft bringt? Heute zusammen zu sein, bedeutet nicht, dass dies auch morgen noch der Fall sein muss. Außerehelicher Sex und Unaufrichtigkeit sind nicht leicht zu bewältigen. Ein Mann mag an der Seite seiner Frau bleiben, viel wichtiger aber ist es, dass er auch auf ihrer Seite steht. Wenn ein Mann – egal, ob es sich um einen Sportstar, einen Prominenten oder Präsidenten handelt – seine Frau belügt und betrügt, dann steht er offensichtlich nicht auf ihrer Seite.

Um eine Ehe zu kämpfen ist bewundernswert, aber das Gleiche gilt auch, wenn eine Frau für sich selbst kämpft. Niemand kann wirklich wissen, was zwischen zwei Menschen vor sich geht, noch lässt sich darüber spekulieren, was passiert, wenn eine Ehe von Untreue betroffen wird. Eines jedoch ist sicher: Beim Spiel mit Affären gibt es keine Gewinner.

Bei Ehebruch weiß man nie, was passiert!

> *In meinem Herzen weiß ich, dass sie ihn liebt. Und in meinem Herzen weiß ich auch, dass er sie liebt. Sie sind ein tolles Team. Ein tolles Team und eine starke Familie zerstört man nicht einfach wegen eines Fehlers. Ich glaube, Hillary wird der Grund sein, dass sie zusammenbleiben.*
> Roger Clinton in *Larry King Live*, im August 1998

Familienangelegenheiten

> *Französische Politiker können in Ruhe schlafen.*
> *Und mit wem sie wollen.*
> Roger Thérond in *Paris Match*

> *Ja, ich habe eine uneheliche Tochter. Na und?*
> Der französische Staatspräsident François Mitterrand

1994 wurde der siebenundsiebzigjährige französische Staatspräsident François Mitterrand ins Krankenhaus eingeliefert, um dort zum zweiten Mal an Prostatakrebs operiert zu werden. Nachdem die beiden erwachsenen Söhne von ihm und Ehefrau Danielle das Krankenhaus verlassen hatten, traf seine »zweite Familie« ein: seine langjährige Geliebte Anne Pingeot und die gemeinsame zwanzigjährige Tochter Mazarine.

Nach seiner Entlassung aus dem Krankenhaus wurde berichtet, wie Mitterrand in eine andere Klinik ans Krankenbett seiner seit fast einem halben Jahrhundert mit ihm verheirateten

Gattin eilte, die sich gerade von einer Operation am offenen Herzen erholte. Einige Monate später, im November 1994, erschien die Zeitschrift *Paris Match* mit einem Titelfoto von Mitterrand, den Arm um seine uneheliche Tochter Mazarine gelegt, beim Verlassen eines Pariser Cafés. Die Schlagzeile lautete: »Die bewegende Geschichte eines Doppellebens.« Die Enthüllung erregte in Frankreich großes Aufsehen, weil die dortigen Gesetze zum Schutz der Privatsphäre sehr streng sind. Andererseits aber schien sie die Politiker, Journalisten und andere kaum zu interessieren, da ihnen Mitterrand schon lange als »leidenschaftlicher Frauenheld« bekannt war, wie die Londoner *Sunday Times* ihn einmal nannte.

Politische Kommentatoren sollen jedoch Besorgnis geäußert haben über die Tatsache, dass die »Zweitfamilie« des Präsidenten hin und wieder auch Regierungsquartiere in Anspruch genommen hatte. Danielle Mitterrand hüllte sich damals in Schweigen und schien das Doppelleben ihres Mannes zu unterstützen. Doch nach seinem Tod berichtete sie der Londoner *Times* 1996: »Ich war mit einem Verführer verheiratet. Ich musste mich damit abfinden. Das gehört zum Leben dazu. Welche Frau kann schon von sich sagen: ›Ich bin noch nie betrogen worden‹.«

Der neunte Earl Spencer, seinen Freunden auch bekannt als »Champagner Charlie« und dem Rest der Welt als Bruder von Prinzessin Diana, machte nicht nur mit seiner Rede auf Dianas Beerdigung Schlagzeilen.

Mit Zeitungsberichten wie »Die Liebesbriefe des treulosen Spencer« wurde die Öffentlichkeit auf das Liebesleben von Earl Spencer aufmerksam gemacht. In einem Aufsehen erregenden Scheidungsprozess warf Spencers Frau Victoria ihrem Mann vor, mit zwölf verschiedenen Frauen geschlafen zu haben, während sie in einer Londoner Klinik monatelang wegen Bulimie und Alkoholabhängigkeit behandelt wurde. Zum Erstaunen und Entsetzen des Earl bestätigte seine ehemalige Geliebte Chantal Collopy diese Affäre und damit auch Victorias Vorwurf des Ehebruchs. Außerdem zeigte sie Kopien von Liebesbriefen vor, die der Earl hinter dem Rücken seiner Frau an sie geschrieben hatte. Tinte, so scheint es, ist ebenso verräterisch wie ein Tonbandmitschnitt. Stunden später einigten sich die Spencers auf eine finanzielle Regelung und ließen sich scheiden.

Auch wenn Victoria Spencer, die Mutter der vier Kinder des Earl, trotz aller nachgesagten Affären lange Zeit an ihrer Ehe festhielt, kam es am Ende doch zur Scheidung.

Leider gibt es keine Möglichkeit, den Ausgang einer Affäre vorherzusehen. Auch wenn eine Frau bei ihrem untreuen Mann bleibt, ist dies keine Garantie dafür, dass die Ehe Bestand haben wird.

Schmerz ist Schmerz, Demütigung ist Demütigung

Ob eine Frau aus Beverly Hills oder aus der Bronx kommt, aus Buxtehude oder aus dem Weißen Haus in Washington, der Treuebruch ihres Mannes ist für jede verletzend und demütigend. Weder Geld, Ruhm noch Schönheit können sie davor schützen, dass ihr Partner fremdgeht. Im Gegenteil. Prominenz und Glamour scheinen Untreue geradezu anzuziehen. Eine einzigartige Kombination aus Liebe, Zuneigung, Familie, Hingabe sowie gemeinsamen Erinnerungen und Zukunftsplänen scheinen die wesentlichen Faktoren zu sein, die vielen Frauen helfen, eine durch die Untreue des Mannes verursachte Ehekrise zu überwinden. Es ist schwer, mit Untreue zu leben, vor allem dann, wenn jedes schmutzige kleine Detail in der ganzen Welt verbreitet wird. Und mitten im ganzen Tumult um die Affäre des eigenen Ehemannes zu behaupten, man werde weiter zu ihm halten, ist leichter gesagt als getan. Doch für Männer und Frauen, die fest entschlossen sind zusammenzubleiben – und ihre Partnerschaft zum Erfolg zu führen –, scheint nichts unmöglich zu sein. Und genau darum geht es doch, wenn wir uns versprechen »in guten wie in schlechten Tagen«!

Merke!

- Viele Prominente, Wirtschaftsbosse und Politiker haben außereheliche Affären. Doch das ist keine Rechtfertigung. Erst recht nicht, wenn Sie eine glückliche Ehe führen möchten. Sie müssen sich nicht an dem orientieren, was irgendwelche Berühmtheiten tun.
- Wenn man das Verhalten bekannter Persönlichkeiten genau studiert, kann man viel darüber lernen, was in Beziehungen funktioniert und was nicht. Wer genau aufpasst, kann in seinem eigenen Leben ähnliche Probleme vermeiden.
- Bei einer außerehelichen Affäre kommt niemand ungeschoren davon – schon gar nicht, wenn er oder sie im Licht der Öffentlichkeit steht.
- Unsere Ansichten über eine prominente Ehefrau, die mit ihrem untreuen Mann zusammenbleibt, verraten viel darüber, was wir selbst über eheliche Treue denken. Achten Sie darauf, welche Menschen Sie verdammen und welche nicht. Sie schicken sich damit selbst eine Nachricht darüber, was Sie in einer Ehe für akzeptabel halten und was nicht.
- Die meisten Frauen – ob berühmt oder nicht – bleiben bei einem Mann, der sie betrogen hat. Für einige mag das die richtige Entscheidung sein, für andere nicht. Jede Frau hat die Wahl, zu gehen oder zu bleiben. Die Entscheidung liegt bei ihr. Stellen Sie fest, was Sie wollen und wen Sie wollen. Und dann kämpfen Sie darum. Aber zuerst sollten Sie immer wissen, wann Sie für sich selbst eintreten müssen!

13. Kapitel
Was Frauen über die Affären von Männern am häufigsten wissen wollen

Warum gehen Männer fremd? Weil sie es können?
Frage einer betrogenen Frau an ihren Mann

Bei meinen berufsbedingten Kontakten mit den Medien werden mir immer wieder Fragen über das menschliche Verhalten gestellt. Häufig sind es Frauen, die mir Fragen zu Männern stellen: »Warum betrügen Männer ihre Frauen?«, »Was kann eine Frau tun, damit ihr Mann sie nicht betrügt?« oder »Wie kann eine Frau ihren Mann wieder zurückgewinnen?«

Das sind keine leichten Fragen, weil jeder Mensch, jedes Paar und jede Situation anders ist. Dennoch gibt es beim Thema Untreue bestimmte Aspekte, die immer wieder auftauchen. Den folgenden Fragen begegne ich sehr häufig. Nicht alle Leserinnen werden mit meinen Antworten einverstanden sein, doch es gibt keine einfachen Antworten auf die schwierigen Fragen, die das Thema Untreue aufwirft. Ich kann nur hoffen, dass die hier aufgeführten Fragen, über die Sie wahrscheinlich schon viele Male gegrübelt haben, Ihnen bei der Entscheidung helfen werden, ob Sie bei Ihrem untreuen Mann bleiben sollen oder nicht.

Frauenfragen

Warum betrügt er mich? Warum hört er nicht damit auf, wenn er doch weiß, wie sehr er mich damit verletzt – und unserer Ehe schadet?

Wenn Ihr Mann Sie weiter betrügt, selbst nachdem Sie ihm klar gemacht haben, wie sehr er Sie durch sein Verhalten verletzt, dann empfindet er weder für Sie noch für Ihre Ehe Respekt.

Verschwenden Sie Ihre Zeit nicht mit Grübeleien darüber,

warum er fremdgeht. Vielleicht weiß er selbst nicht genau, warum er Affären hat. Was zählt, ist, dass er Ihnen untreu ist. Er ist falsch. Er belügt Sie, seine eigene Ehefrau. Sie werden vielleicht nie verstehen, warum er das tut, aber was Sie mit Sicherheit wissen, ist, dass er Sie mit seinem Verhalten verletzt.

Was Sie sich fragen sollten, ist: »Wie soll ich mit meinem untreuen Mann umgehen? Soll ich bei ihm bleiben, während ich mich gleichzeitig selbst betrüge?«

Heutzutage können Affären Ihnen nicht nur seelischen Schaden zufügen, auch Ihre Gesundheit steht auf dem Spiel. Wenn Sie wissen, dass Ihr Mann mit anderen Frauen schläft, oder, was immer häufiger geschieht, mit anderen Männern, und auch Sie haben weiter Verkehr mit ihm, dann müssen Sie sich vor Krankheiten schützen. Noch wichtiger aber ist es, dass Sie sich für ein paar Tage aus Ihrer Ehe zurückziehen, um Abstand zu gewinnen und in Ruhe über das Verhalten Ihres Mannes nachzudenken, damit Sie Ihre nächsten Schritte genau überlegen können.

Fragen Sie sich: »Bin ich mit oder ohne ihn besser dran? Ist es besser für mich, mit einem Mann verheiratet zu sein, der mich tagtäglich belügt [denn darum geht es bei einer Affäre], oder wäre es besser, allein zu sein, damit ich einen Mann finden kann, der meine Gefühle und meinen Wunsch nach Treue respektiert?«

Was kannn ich tun, um ihn dazu zu bringen, sie aufzugeben?

Als Erstes sollten Sie sich von der Vorstellung verabschieden, dass Sie das Verhalten Ihres Mannes in irgendeiner Weise verändern könnten. Sie können Ihn nicht überzeugen, eine Affäre aufzugeben. Er tut, was er tun möchte. Wenn Sie übermäßig in ihn zu dringen versuchen, kann dieser Schuss auch nach hinten losgehen. Wenn er sich von Ihnen kontrolliert fühlt, kann das dazu führen, dass er seine Affären noch verstärkt.

Trotzdem sind Sie nicht hilflos. Sie können ihr eigenes Verhalten verändern, was zur Folge hat, dass auch er sich Ihnen gegenüber anders verhalten muss. Es ist wie bei der Schiffschaukel auf dem Spielplatz: Wenn sich das eine Ende bewegt, bewegt sich auch das andere. Dennoch gibt es keine Garantie dafür, dass, wenn Sie sich ändern, Ihr Mann die andere Frau aufgeben wird.

Je mehr Zeit und Energie Sie darauf verwenden, aus sich selbst das Beste herauszuholen, desto weniger können Ihnen die Fehltritte Ihres Mannes etwas anhaben. Wenn Sie jedoch Ihre ganze Kraft auf ihn konzentrieren und versuchen, die andere Frau zu übertreffen, laufen Sie Gefahr, noch unglücklicher zu werden. Wenn Sie sich von der Versuchung, mit der anderen zu konkurrieren, überwältigen lassen, wird Ihr Groll Sie innerlich auffressen.

Statt auszuharren und Ihre kostbare Zeit mit der Hoffnung zu verschwenden, Ihr Mann werde sich ändern, sollten Sie sich lieber darüber klar werden, ob Sie weiter mit jemandem verheiratet sein wollen, auf den Sie sich nicht verlassen können. Sie müssen nicht sofort handeln; aber Sie sollten Ihre eigenen Interessen verfolgen und Zukunftspläne entwerfen – für eine Zukunft, in der Ihr untreuer Mann vielleicht keine Rolle mehr spielt.

Veränderungen sind schwierig, selbst für Menschen, die sich verändern wollen. Haben Sie jemals versucht ein Verhalten zu ändern, etwa das Kaffeetrinken, Rauchen oder Geldausgeben aufzugeben? Wir alle sind, kurz gesagt, Gewohnheitstiere. Es kann für einen Mann extrem schwierig sein, außereheliche Affären aufzugeben. Normalerweise lassen sich schwierige Verhaltensänderungen nur herbeiführen, wenn ein Mensch zuvor unzufrieden mit sich ist. Viele Männer genießen jedoch ihre Affären, sie sehen darin nichts Schlechtes und haben nicht die geringste Absicht, sie aufzugeben – schon gar nicht auf Befehl der Ehefrau!

Wenn ein Mann eine so gravierende Verhaltensänderung wie das Aufgeben seiner außerehelichen Aktivitäten angehen soll, dann muss dem meist zunächst eine andere Art von Veränderung vorausgehen. Etwa eine schwere Krankheit, der Verlust eines Elternteils oder eines anderen engen Angehörigen, ein beruflicher Rückschlag oder ein anderes schwerwiegendes Ereignis, das ihn veranlasst, sein Leben zu überdenken und den bewussten Entschluss zu fassen, reinen Tisch zu machen. Selbst dann kann es für einen notorischen Frauenhelden schwierig sein, das gewohnte Verhalten aufzugeben. Mehr als einer hat mir bestätigt: »Wer einmal fremdgeht, geht immer fremd.«

Ein untreuer Ehemann kann sich nur ändern, wenn – und falls – er selbst es will. Möchten Sie Ihre Ehe damit zubringen, abzuwarten, bis er sich entschieden hat?

> **Wie lange soll ich warten, bis er sich entschieden hat? Er pendelt ständig zwischen mir und seiner Freundin hin und her, und das bringt mich noch um. Ich will ihn nicht vertreiben, aber was soll ich tun – ihn ihr überlassen?**

An irgendeinem Punkt werden Sie wissen, dass Sie zu lange gewartet haben. Wenn Sie anfangen sich selbst zu hassen und Sie sich in Ihrem Groll selbst nicht mehr wieder erkennen, dann haben Sie länger gewartet, als gut für Sie ist.

Viele Frauen warten zu lange und stehen am Ende trotzdem allein da. Wenn ein Mann sich scheiden lassen will, dann tut er es auch, und umgekehrt gilt das Gleiche. Wenn es Ihrem Mann ernst damit ist, Sie für eine andere zu verlassen, wird er es tun. Und wenn er beides will – Sie und seine Geliebte –, dann wird er versuchen, dieses Dreieck so lange wie möglich aufrechtzuerhalten, weil er damit genau das bekommt, was er möchte.

Wenn Sie warten wollen, bis er sich entscheidet, wird Ihnen die Zeit vielleicht lang werden. Solange sie mitziehen und es ihm ermöglichen, eine Frau und eine Geliebte zu haben, wird er wahrscheinlich gar nichts unternehmen, um die Affäre zu beenden. Vielleicht müssen Sie sich selbst ein Enddatum setzen – und sich daran halten. Es ist nicht notwendig, ihn dieses Datum wissen zu lassen, denn wenn Sie nach Ablauf der Frist nicht handeln, wird er wissen, dass Sie Ihren Worten keine Taten folgen lassen, und Ihre Drohungen in Zukunft überhaupt nicht mehr ernst nehmen. Wenn Ihr Verhalten sich nicht mit Ihren Drohungen, ihn zu verlassen oder sich von ihm scheiden zu lassen, deckt, dann signalisieren Sie ihm damit, dass er Sie und die andere Frau haben kann. Ist das die Botschaft, die Sie ihm senden wollen?

Entscheiden Sie, ob Sie bei Ihrem Mann bleiben wollen oder

nicht, auch wenn es bedeutet, dass Sie den Rest Ihres Ehelebens in einer Dreiecksbeziehung verbringen müssen. Und wenn Sie sich dafür entscheiden, sollten Sie lernen, damit zu leben. Es wird sehr schwer werden, aber Millionen Frauen tun das Gleiche, wenn auch zähneknirschend und zu einem hohen seelischen Preis. Wenn Sie nicht bei ihm bleiben wollen, dann machen Sie Pläne für Ihren Abgang und für Ihr neues Leben ohne untreuen Mann.

Sie müssen sich fragen: »Wie kann ich mich einem Mann verbunden fühlen, der mich ständig belügt? Kann – und will ich – tagein, tagaus mit einem Mann zusammen sein, der ein Doppelleben führt?« Ihr Herz (und Ihr Bauch!) wird Ihnen die Antwort geben.

Wenn Sie sich zum Bleiben entschließen, sich dafür aber selbst verachten, dann betrügen Sie sich selbst. Sie werden anfangen sich zu hassen, Ihr Selbstvertrauen und Ihre Selbstachtung werden schwinden und Sie werden mit Ihrem Leben immer unzufriedener werden. Wollen Sie den Rest Ihres Lebens wirklich so zubringen?

Soll ich ihm ein Ultimatum stellen? Soll ich ihm hinterherschnüffeln, wenn ich vermute, dass er mich betrügt? Soll ich ihn offen darauf ansprechen?

Wenn Sie den starken Verdacht haben, Ihr Mann könnte Sie betrügen, haben Sie ein Recht darauf, Näheres zu erfahren. Wissen ist Macht. Je mehr Sie wissen, desto besser werden Sie darauf vorbereitet sein, eine Entscheidung über die Zukunft Ihrer Ehe zu treffen. Und von Ihrer Ehe einmal abgesehen, stehen auch Ihr Seelenheil und Ihre Gesundheit auf dem Spiel. Bei einem begründeten Verdacht haben Sie jedes Recht der Welt, die Wahrheit zu erfahren. Aber es ist besser, einen Privatdetektiv oder einen »Lockvogel« zu engagieren, als selbst hinter ihm her zu schnüffeln.

Wenn Sie durch Nachspionieren, durch Quittungen oder andere Belege tatsächlich herausfinden sollten, dass Ihr Mann fremdgeht, müssen Sie ihn dennoch nicht auf der Stelle konfrontieren oder gar verlassen. Sie müssen gar nichts tun, wenn

Sie es nicht wollen. Schon das Wissen darum, was er hinter Ihrem Rücken tut, wird Ihnen helfen. Die Wahrheit zu kennen kann durchaus eine befreiende Wirkung haben.

Es gibt viele Frauen, die gar nicht wissen wollen, ob ihr Mann eine Affäre hat. Viele von ihnen fürchten, sofort handeln zu müssen, sobald sie die Wahrheit erfahren. Und da sie nicht wissen, wie sie reagieren oder was sie in einer solchen Situation tun sollen, gehen sie ihr lieber aus dem Weg. Doch es ist in Ihrem eigenen Interesse, den Kopf aus dem Sand zu ziehen und das Leugnen einzustellen. Wenn Sie verbindlich wissen, dass Ihr Mann Sie betrügt, werden Sie aufhören, an Ihrem Verstand zu zweifeln, vor allem dann, wenn Sie Ihren Mann schon früher darauf angesprochen haben und er Ihren Verdacht immer abgestritten hat. Auf lange Sicht wird Ihnen das Wissen helfen, mit der schrecklichen Situation fertig zu werden. So zu tun, als gäbe es sie nicht, macht eine Affäre auch nicht ungeschehen.

Wenn Sie sich entschließen, Ihren Mann direkt auf sein Verhältnis anzusprechen, warten Sie, bis Sie mit Ihren Gefühlen ins Reine gekommen sind und Sie sich entschlossen haben, ob Sie gehen oder lieber bleiben und an Ihrer Partnerschaft arbeiten wollen. Seien Sie darauf gefasst, dass Ihr Mann sein Tun abstreitet, Ihnen die Schuld gibt oder Sie einfach stehen lässt.

Ultimaten sind gefährlich, und ich rate Ihnen davon ab. Viele Menschen reagieren auf solche Quasidrohungen damit, dass sie noch überzeugter an ihrem Tun fest halten. Überlegen Sie sich stattdessen lieber selbst, wie Sie vorgehen wollen, und handeln Sie dann danach. Ihr Partner wird sehen, was Sie tun, und damit sprechen Sie deutlicher, als Sie es mit Worten je könnten. Wenn Sie anfangen sich um sich und ihr eigenes Leben zu kümmern, wirkt das auf Ihren Mann wahrscheinlich anziehender als die Klagen eines anhänglichen Mauerblümchens, auch wenn Sie am liebsten nichts anderes tun möchten, als den ganzen Tag vor Kummer zu weinen. Meist ist es so, je mehr wir uns an etwas klammern, desto heftiger strebt es von uns fort. Die Stärke liegt im Loslassen.

Viele Frauen haben Skrupel, ihren Mann zu betrügen und seine Intimsphäre zu stören, wenn sie einen Privatdetektiv anheuern. Wenn dies auch auf Sie zutrifft, dann werfen Sie diese Gedanken über Bord! Wenn Ihr Mann fremdgeht, dann betrügt er Sie und er stört Ihre Intimsphäre, weil er riskiert, Sie mit allen möglichen Krankheiten anzustecken und Sie der Demütigung auszusetzen.

Das Wichtigste ist, dass Sie sich an das halten, woran Sie glauben, und dass Sie tun, worauf Sie selbst stolz sein können. Wenn Ihr Mann Sie betrügt, dann respektiert er weder Ihre Gefühle noch Ihre Ehe, daher müssen Sie für sich selbst sorgen und das tun, was für Sie am besten ist.

Wo kann ich Hilfe finden? Wenn ich mich nicht einmal darauf verlassen kann, dass mein eigener Mann mir die Wahrheit sagt, wem kann ich dann vertrauen?

Wer von einem geliebten Menschen belogen wird, beurteilt die Menschen und das Leben leicht zynisch. Es tut weh, lernen zu müssen, dass der eigene Mann sich heimlich mit anderen Frauen einlässt und dann auch noch lügt, um sein Tun zu vertuschen. Noch schlimmer ist es, wenn Sie die Letzte sind, die von einer Geliebten erfährt. Wem können Sie sich anvertrauen? Ich würde Ihnen nicht empfehlen, sich zu Ihren Eltern zu flüchten. Eltern neigen häufig dazu, einer Frau zu raten, sich mit den Verfehlungen ihres Mannes abzufinden, nur weil er ihr einen hohen Lebensstandard bieten kann. Auch rate ich Ihnen nicht, sich Ihrer besten Freundin anzuvertrauen. Vielleicht ist sie eben jene Frau, mit der Ihr Mann ein Verhältnis hat!

In schlimmen Zeiten sind Sie nur sicher, wenn Sie sich auf sich selbst verlassen. Nehmen Sie sich Zeit für sich selbst – fahren Sie für ein, zwei Tage allein weg und überdenken Sie Ihre Situation. Gehen Sie mit einem Kassettenrecorder spazieren und lassen Sie Ihren Gefühlen freien Lauf. Sie werden es als ungeheuer befreiend empfinden und riskieren nicht, dass jemand Ihr Vertrauen missbraucht. Gleichzeitig verschaffen Sie sich Bewegung, was bei großer Stressbelastung sehr wichtig ist.

Die meisten Frauen hören eher auf das, was andere sagen, als auf ihre eigene innere Stimme. Wenn Sie feststellen, dass Ihr Mann Sie betrügt, können Sie sich nur auf sich selbst verlassen.

Seien Sie gut zu sich. Achten Sie auf sich. Tun Sie zur Abwechslung einmal etwas, was Ihnen gefällt. Nur Sie wissen, was in dieser Situation am besten für Sie ist. Was andere denken, ist unwichtig. Nur Sie sollten für sich Entscheidungen treffen. Denn Sie sind es, die anschließend damit leben muss.

Viele mit Untreue konfrontierte Frauen suchen sich professionelle Hilfe. Für einige mag das hilfreich sein, für andere nicht. Ich kenne einige Frauen, die bei Psychologen Hilfe suchten. Eine davon wurde von ihrem Therapeuten gefragt: »Was ist los mit Ihnen? Alle Männer gehen fremd. Warum können Sie das nicht akzeptieren?« Die Frau war am Boden zerstört. Statt Hilfe zu finden, wurde sie fast suizidgefährdet. Wenn Sie die Hilfe einer Therapeutin oder eines Therapeuten in Anspruch nehmen möchten, dann erkundigen Sie sich über deren Einstellung, ehe Sie sich auf jemanden festlegen. Manche sind grundsätzlich gegen außereheliche Affären, andere sehen sie Menschen nach. Damit eine Therapie erfolgreich sein kann, müssen Sie wissen, wie Ihre Therapeutin dazu steht.

Besser ist es, Sie verlassen sich auf Ihre eigenen Gefühle. In Bezug auf sich selbst und auf Ihre Ehe sind Sie die einzig wirkliche Expertin. Wenn Sie sich auf Ihre Intuition verlassen, sind Sie gut aufgehoben.

Halten Sie ein, sehen Sie sich um, hören Sie zu und werden Sie aktiv – aber mit Vorsicht!

Wenn Sie sich die Zeit nehmen, in Ruhe über Ihre Ehe nachzudenken und darüber, was Sie sich von ihr erhoffen, dann werden Sie die richtigen Antworten finden. Es mag lange dauern und es mag wehtun, trotzdem sollten Sie Ihre eigene Entscheidung fällen – eine Entscheidung, mit der Sie gut leben können. Es gibt so viele Frauen, die Entscheidungen gewöhnlich ihrem Mann oder einer anderen Respektsperson überlassen, dass dies für manche die erste Entscheidung ist, die sie wirklich allein treffen.

Wie soll ich mit jüngeren, attraktiveren Frauen konkurrieren, die tagtäglich mit meinem Mann zusammenarbeiten und ständig hinter ihm her sind?

Männer werden sich immer nach jungen, attraktiven Frauen umdrehen und sich von ihnen angezogen fühlen. Und Sie können niemanden hindern, sich Ihrem Mann an den Hals zu werfen. Sie können nur hoffen, dass Ihr Mann klug genug ist, zwar hinzuschauen, aber sich nicht die Finger zu verbrennen.

Leider gibt es keinen direkten Weg, schöne junge Frauen aus dem Feld zu schlagen; es wird immer welche geben. Wir haben nur eine Alternative zum Älterwerden, und die ist nicht sehr verlockend, deshalb kommt jede von uns irgendwann in die Jahre. Trotzdem können wir aus dem, was wir haben, das Beste machen. Gut zu leben und gut auszusehen ist die beste Art der Rache!

In jeder Ehe gibt es Zeiten, in denen ein Mann für die Annäherungsversuche anderer Frauen empfänglicher ist als sonst. Während der Schwangerschaft der Frau oder kurz nach der Geburt eines Kindes sind solche Phasen, in denen Männer sich leichter auf eine Affäre einlassen oder eine alte wieder aufnehmen. Auch wenn Männer in die Jahre kommen, wenn sie finanzielle oder berufliche Rückschläge einstecken müssen oder große Erfolge einfahren, kann dies dazu führen, dass sie Affären beginnen oder verstärkt betreiben.

Allein die Tatsache, dass er sich häufig in Gegenwart attraktiver, aufreizender Frauen aufhält, die ihm Beachtung schenken, erhöht die Gefahr, dass Ihr Mann sich auf eine Affäre einlässt. Nichts davon hat irgendetwas mit Ihnen zu tun. Manche Dinge in unserem Leben haben wir einfach nicht in der Hand. Es mag schrecklich für uns sein, uns so hilflos zu fühlen, aber in Bezug auf das Verhalten anderer Menschen sind wir es. Konzentrieren Sie sich lieber auf Ihre eigenen Interessen und Ziele, dann haben Sie weniger Zeit, sich darüber Gedanken zu machen, mit wem Ihr Mann ins Bett geht.

Machen Sie sich keine Gedanken um Frauen, die Ihrem Mann eindeutige Angebote machen; es wird immer welche geben, die einer anderen Frau den Mann auszuspannen versuchen. Wichtig ist einzig und allein, wie Ihr Mann auf solche Angebote reagiert. Lässt er sich darauf ein oder lehnt er sie ab und sagt: »Ich fühle mich sehr geschmeichelt, aber ich bin mit einer wunderbaren Frau verheiratet«? Die größte Sorge von Frauen sollte der Überlegung gelten, ob Ihr Mann sich an sein Eheversprechen gebunden fühlt und sich dementsprechend verhält.

Ich liebe meinen Mann immer noch, aber seit ich von seiner Affäre weiß, habe ich manchmal das Gefühl, ihn zu hassen. Wie kann man gleichzeitig Liebe und Hass empfinden?

Liebe und Hass sind zwei Seiten der gleichen Medaille, was bedeutet, dass Sie für einen Menschen immer noch genug empfinden, um emotional von ihm berührt zu werden. Auf jemanden, der Ihnen egal ist, können Sie nicht wütend sein. Viele Menschen glauben, Liebe sei das Gegenteil von Hass. Doch das stimmt nicht. Sie können für jemanden nur dann Hass empfinden, wenn Ihnen dieser Mensch auf gewisse Weise noch am Herzen liegt. Das Gegenteil von Liebe ist Gleichgültigkeit. Für jemanden, der Ihnen nichts bedeutet, empfinden Sie weder Liebe noch Hass, diese Person kümmert Sie einfach nicht mehr.

Wenn die Untreue Ihres Mannes Sie verletzt hat, macht Sie das wütend auf ihn und gibt Ihnen womöglich das Gefühl, ihn zu hassen. Ein andermal empfinden Sie vielleicht wieder Liebe für ihn. Diese Ambivalenz, der Grundstein aller Gefühle, zieht Sie gleichzeitig in zwei verschiedene Richtungen. Und diese ambivalenten Gefühle sind es auch, die Sie in der Beziehung halten. Selbst wenn Sie für Ihren Mann Wut und Hass empfinden, sind Ihnen gleichzeitig auch die schönen Zeiten und die guten Seiten Ihres Mannes gegenwärtig. Dieses Vor-und-zurück-Denken ist häufig der Grund, warum Frauen an ihrer Ehe mit einem untreuen Mann festhalten.

Viele Menschen haben in Bezug auf ihre Partnerschaft eine selektive Wahrnehmung. Sie verbieten sich, allzu oft über die schlechten Zeiten nachzudenken, und klammern sich stattdessen an die guten Erinnerungen, in der Hoffnung, die schönen Zeiten würden zurückkommen.

Der Grund, warum so viele Frauen verzweifeln, wenn sie von ihrem Mann betrogen werden, ist die Tatsache, dass sie ihn lieben. Die Untreue eines Partners lässt sich nur dann locker hinnehmen, wenn keine Liebe mehr im Spiel ist. Gleichgültigkeit gegenüber dem Partner und der Beziehung ist ein Schutzschirm vor Verletzungen. Gleichgültigkeit ist ein Schutz vor Gefühlen. Man ist weder traurig noch froh. Jemand, der gleichgültig, distanziert oder uninteressiert ist, empfindet schlicht und einfach gar nichts. Nur wenn in einer Ehe so gut wie kein Leben mehr ist, wird es eine Frau oder einen Mann nicht mehr kümmern, dass der Partner beziehungsweise die Partnerin mit anderen schläft.

Wenn Ihr Mann Sie betrügt, dann lassen Sie Ihre Wut und Ihren Hass zu. Sie sind verletzt und müssen Ihre wahren Gefühle auf konstruktive Weise herauslassen. Schlagen Sie in ein Kissen, schreien, brüllen, rennen, laufen oder tanzen Sie. Aber achten Sie auf das, was Sie Ihrem Mann an den Kopf werfen, denn einmal ausgesprochene Worte lassen sich nicht mehr zurücknehmen. Denken Sie nach, bevor Sie sprechen. Schreiben Sie ihm einen Hassbrief, aber schicken Sie ihn nicht ab. Durch das Schreiben können Sie Dampf ablassen und Sie werden sich besser fühlen. Worum es geht, ist, dass Sie Ihren Zorn herauslassen, ohne sich, Ihrem Mann oder der Beziehung Schaden zuzufügen.

Stehen Sie zu Ihrer Wut – Sie sind wütend, weil Sie fühlen. Wie beim Wetter erleben manche Paare das ganze Spektrum der Gefühle an einem einzigen Tag! Innerhalb einer einzigen Stunde können Sie den heftigen Wunsch empfinden, sich von Ihrem Mann scheiden zu lassen, und würden ihn doch gleich darauf erneut heiraten. Das gefühlsmäßige Auf und Ab, das Sie erleben, ist eine natürliche Reaktion auf ein bestürzendes traumatisches Erlebnis – auf die sexuelle Untreue Ihres Geliebten.

Alle Menschen haben Angst vor dem Verlust eines Liebesobjektes: Wir fürchten, jemanden zu verlieren, den wir lieben. Wir haben Angst vor dem Verlassenwerden und vor der Demütigung, dass uns ein anderer Mensch vorgezogen wurde. Solche Gefühle quälen alle Menschen außer Soziopathen, die für niemanden außer sich selbst etwas empfinden können.

Wenn nach der Entdeckung der Untreue Ihres Mannes ein wenig Zeit vergangen ist und Sie sich mit dem Problem auseinander zu setzen beginnen, werden Ihre unsteten Gefühle wahrscheinlich nachlassen. Es sei denn, Sie leben mit einem notorischen Schürzenjäger zusammen. Sollten Sie sich entscheiden, in einer Beziehung zu bleiben, in der Untreue an der Tagesordnung ist, dann können heftige Gefühlsschwankungen durchaus zu einem Bestandteil Ihres Lebens werden. In diesem Fall wird Ihr Mann Ihnen entweder irgendwann gleichgültig werden, sodass seine Untreue Sie nicht länger berührt, oder Sie lieben ihn weiterhin und werden durch sein Verhalten jedes Mal aufs Neue verletzt und wütend.

Sie sollten sich folgende Frage stellen: »Ist es besser für mich, mit einem Mann zusammenzuleben, den ich liebe, der mich durch seine Untreue jedoch ständig aufs Neue provoziert, oder werde ich ohne diese gefühlsmäßige Achterbahn glücklicher sein?«

Wenn ich bei meinem Mann bleibe und ihn nach der Affäre zurückkommen lasse, wie kann ich ihm jemals wieder vertrauen? Woher soll ich wissen, dass er mich nicht wieder betrügt?

Dies ist für Frauen eine der schwierigsten Fragen überhaupt. Vertrauen ist für eine lange und gute Beziehung unerlässlich. Wenn Sie sich nicht auf Ihren Ehepartner verlassen können, dem wirklich an Ihrem Wohlergehen gelegen sein sollte, wem können Sie dann vertrauen?

Wenn das Vertrauen einmal zerstört wurde, und genau das haben Affären zur Folge, lässt es sich schwer wieder kitten, ohne dass die entstandenen Risse das Fundament der Beziehung ständig zu zerbrechen drohen. Doch wenn Sie sich entschließen, bei Ihrem Partner zu bleiben, müssen Sie fest versuchen ihm wieder zu vertrauen. Entscheiden Sie sich im Zweifelsfalle zu seinen Gunsten und halten Sie sich an das, was mir ein Glückskeks empfahl: »Vertrauen Sie ihm – aber halten Sie trotzdem die Augen offen!«

Gebrochenes Vertrauen ist schwer wieder herzustellen, aber Sie können es schaffen, wenn Sie beide sich wirklich dafür einsetzen. Ihr Mann muss zu seinem Wort stehen, und Sie müssen wissen, dass er es tut. Trotzdem ist es leider unmöglich, eine Beziehung ein für alle Mal gegen Affären abzusichern. Und traurigerweise gehen Männer, die einmal fremdgegangen sind, häufig auch ein zweites und ein drittes Mal fremd. Ich weiß von unzähligen Männern, dass es für sie nach der ersten Affäre kein Zurück mehr gab. Sie fanden in diesem Erlebnis einen derartigen Kick, so viel Spannung und Sex, dass sie in Zukunft nicht mehr darauf verzichten wollten, selbst wenn man ihnen auf die Schliche kam.

Eine Frau, die einmal betrogen wurde, wird immer nach Anzeichen Ausschau halten, dass ihr Mann es wieder tut – oder immer noch. Diese Ungewissheit kann sie seelisch und körperlich auslaugen. Wenn Sie Ihre ganze Energie darauf konzentrieren, ihm hinterherzuspionieren, oder den Frauen, die Sie mit ihm in Verbindung bringen, dann bleibt Ihnen weder Kraft noch Zeit für sich selbst und für Ihr eigenes Leben.

Selbst wenn Ihr Mann Ihnen versichert, dass Sie seine »Nummer eins« sind und dass er Sie, auch trotz eventueller Affären, nie verlassen würde, werden Sie dennoch Angst davor haben, verlassen zu werden. Und das mit Recht, denn es gibt genug Männer, die ihre Frauen verlassen. Auch wenn die Zahl derer, die sich scheiden lassen, verglichen mit der Anzahl derer, die fremdgehen, relativ gering ist, steigt die Wahrscheinlichkeit, dass eine Ehe doch mit Scheidung endet, je häufiger ein Mann fremdgeht.

Wie ich bereits erwähnt habe, kenne ich viele Fälle, in denen Frauen zwanzig oder dreißig Jahre lang mit ihrem untreuen Mann zusammenblieben, um am Ende doch noch fallen gelassen zu werden. Diese Frauen haben die besten Jahre ihres Lebens und ihre ganze Kraft an einen Mann verschwendet, der sie ständig betrog.

Wenn Sie kein Vertrauen haben zu dem Mann, mit dem Sie jeden Abend ins Bett gehen und mit dem Sie wahrscheinlich ein Heim, Kinder, Geld und sich selbst teilen, dann sollten Sie sich ernsthaft fragen, warum Sie diese Beziehung aufrechterhalten. Es gibt andere Arten, sein Leben zu leben. Nur Sie selbst können die Entscheidung fällen, glücklich werden zu wollen, und nur Sie können die notwendigen Schritte tun, um das Beste aus Ihrem Leben zu machen.

Sie werden nie in der Lage sein, andere Frauen davon abzuhalten, sich Ihren Mann »ausleihen« zu wollen. Stellen Sie sich ruhig darauf ein, dass sie es tun. Wichtig ist allein, dass Ihr Mann solche sexuellen Angebote ablehnt und Ihnen und Ihrer Beziehung treu ist.

Es gibt Männer, denen eheliche Treue wichtig ist. Machen Sie sich klar, dass manche Männer sich wirklich an ihr Eheversprechen gebunden fühlen. Viele – gute Männer, erfolgreiche Männer, nette Männer – sind ihrer Frau treu. Es ist wichtig, sich immer wieder vor Augen zu führen, dass nicht alle Männer fremdgehen. Egal, was Ihr Mann, andere Männer, Frauen oder die Gesellschaft Ihnen unterschwellig einzureden versuchen, echte Männer sagen nein zu Affären.

In Bezug auf Untreue gibt es viele quälende Fragen, mit denen sich Frauen auseinander setzen müssen. Und keine ist schwieriger als die Entscheidung, ob eine Frau bei einem Mann bleiben soll, der sie betrügt, oder ob sie ihn verlassen und sich ein neues, eigenes Leben aufbauen soll. Frauen entscheiden sich aus den verschiedensten Gründen zu bleiben. Und doch ist diese Entscheidung und die Aufgabe, mit ihr und mit immer wiederkehrender Untreue zu leben, für manche Frauen eine schwierige, wenn nicht gar unmögliche Aufgabe. Es sei denn, die Affäre war ein einmaliger Ausrutscher.

Was jede Frau ihren Mann gern fragen würde: »Wenn du genau wüsstest, dass ich mir deine Affären nicht gefallen lasse, würdest du dich trotzdem darauf einlassen?«

Es mag erstaunlich klingen, aber viele Paare haben sich vor der Heirat noch nie über das Thema Treue unterhalten. Ich kenne unzählige Männer und Frauen, die dieses Thema noch nie angesprochen haben. Das ist die falsche Art, mit einer Beziehung umzugehen. Wenn Sie sich in der Anfangszeit Ihrer Beziehung darüber austauschen, dass Sie Zigarettenrauch hassen oder Kekskrümel im Bett, dann sollten Sie sich auch über solche

»heißen Eisen« unterhalten wie: Was passiert, wenn einer von Ihnen fremdgeht. Männer scheuen »Beziehungsgespräche« wie der Teufel das Weihwasser, und Frauen haben Angst, ihre wahren Gedanken über männliche Untreue zu offenbaren, weil sie fürchten, ihr Partner könne die Flucht ergreifen, ehe sie den Ring am Finger haben. Vielleicht hegen sie Phantasien darüber, was sie mit dem Besteck anfangen würden, wenn er fremdgeht, aber höchstwahrscheinlich behalten sie solche Gedanken für sich.

Es ist wichtig für eine Beziehung und für eine Ehe, für Männer wie für Frauen, sich über wichtige Themen auszutauschen. Wenn Sie eine Frau sind, die sofort die Koffer packen würde, wenn Ihr Mann bei einer anderen die Hosen herunterlässt, dann sollte Ihr Mann wissen, wie Sie dazu stehen. Das Gleiche gilt auch, wenn Sie bereit sind, einen »kleinen Seitensprung« zu tolerieren, was für mich allerdings ein Widerspruch in sich ist. (Es gibt beispielsweise Frauen, die ihren Männern oralen Sex mit anderen Frauen »gestatten«, weil sie der Meinung sind, nur Penetration falle unter echten Ehebruch!)

Egal, wie Sie zu Ehebruch stehen, Ihr Mann sollte wissen, wie Ihr Standpunkt zu diesem Thema aussieht. Frauen, die hohe Ansprüche stellen und in dieser Beziehung keine Kompromisse eingehen, erreichen häufig, was sie wollen, weil ihr Mann genau weiß, dass es ihnen ernst ist. »Geh mit der Blonden ins Bett und du kannst was erleben«, mag nicht besonders vornehm klingen, wird von Ihrem Mann aber garantiert zur Kenntnis genommen. Männer mögen selbstbewusste Frauen, die sich selbst respektieren. Halten Sie sich an das, was Sie glauben; schließlich müssen Sie sich jeden Tag im Spiegel ins Gesicht sehen und mit Ihren Ansichten, Prioritäten und Taten zurechtkommen. Nehmen Sie zum Thema Treue einen klaren Standpunkt ein und leben Sie danach.

Viele Männer möchten gern herumscharwenzeln und wie kleine Jungen ausprobieren, was man ihnen durchgehen lässt. Aber wie kleine Jungen wollen sie auch, dass man ihnen Einhalt gebietet. Sie möchten klar aufgezeigte Grenzen und erwarten von ihrer Frau, dass diese sie durchsetzt.

Wenn Sie sicher sind, dass Sie auf der Stelle gehen würden, sollten Sie je von einer Affäre Ihres Mannes erfahren, dann lassen Sie ihn schon jetzt wissen, wie Sie darüber denken. Vielleicht hält es ihn davon ab, fremdzugehen. Auch wenn Sie sich nicht darauf verlassen dürfen, sollten Sie ihm in Bezug auf Ihre Einstellung von Anfang an reinen Wein einschenken.

Manche Frauen vergeben einem Mann eine Affäre, weil sie glauben, er habe einen Fehler gemacht, der sich nicht wiederholen wird. Manche vergeben ihm auch ein zweites Mal, weil sie glauben, das erste Mal sei ein Fehler gewesen und das zweite Mal ein Zufall. Und erstaunlicherweise gibt es auch Frauen, die ein drittes Mal verzeihen. Jedes Mal, wenn eine Frau ihrem Mann eine Affäre »verzeiht«, signalisiert sie ihm damit, dass es in Ordnung ist, wenn er fremdgeht, und dass sie bei ihm bleiben wird, auch wenn sein Verhalten sie verletzt und sie damit nicht einverstanden ist. Dies kann dazu führen, dass er mit der Zeit den Respekt vor ihr verliert und sie zu verachten beginnt. Er wird annehmen, dass sie keine hohe Meinung von sich hat, weil sie sich sein schäbiges Verhalten gefallen lässt.

Bevor Sie sich entscheiden, weiter zu Ihrem untreuen Mann zu stehen, sollten Sie sich fragen, ob es für Sie in Ordnung ist, hinter seinen Affären an zweiter Stelle zu rangieren, und ob Sie wirklich möchten, dass er glaubt, Sie wie einen Fußabtreter behandeln zu können. Natürlich haben viele Frauen gute Gründe, bei einem treulosen Mann zu bleiben. Das Dilemma dieser Frauen ist jedoch, dass sie trotzdem nicht sicher sein können, eines Tages nicht doch geschieden zu werden. Es gibt keine Absicherung gegen Untreue und kein Gegenmittel gegen Ehebruch.

Bei inakzeptablem Verhalten eine Grenze zu ziehen ist etwas anderes, als ein Ultimatum zu stellen. Indem Sie deutlich klar machen, was für Sie akzeptabel ist und was nicht, schaffen Sie von Anfang an klare Verhältnisse in Ihrer Beziehung. Männer, die gleich zu Beginn von ihrer Partnerin darüber aufgeklärt werden, dass sie sich Seitensprünge nicht gefallen lassen wird, wissen, woran sie sind, und sind seltener geneigt, fremdzugehen, weil sie die Konsequenzen bereits kennen. Und wenn ein

Mann partout etwas gegen eheliche Treue hat, kann er die Beziehung frühzeitig beenden, weil er weiß, dass er mit seinen Ansichten bei dieser Frau nicht durchkommt.

Ein Mann, mit dem ich sprach, teilte einer ehemaligen Freundin einmal mit, er könnte keine Frau respektieren, die Seitensprünge toleriert. Da er seine Freundin jedoch respektieren wollte, versuchte er ihr treu zu bleiben. Es war ihm wichtiger, mit einer Frau zusammen zu sein, die sich selbst achtet und die Untreue nicht einfach hinnimmt, als mit anderen Frauen zu schlafen.

Haben auch Sie Achtung vor sich selbst und verlangen Sie von allen Menschen in Ihrem Leben eine respektvolle Behandlung. Wenn Sie nur das Beste erwarten, haben Sie viel größere Chancen, es auch zu bekommen. Zumindest aber werden Sie mit sich selbst zufrieden sein.

Viele Frauen fragen sich im Nachhinein, ob ihr Mann sie auch dann hintergangen hätte, wenn sie ihm von Anfang an klar gemacht hätten, dass sie Untreue nicht hinnehmen und ihn verlassen werden, sobald er sie betrügt. Viele Männer, mit denen ich sprach, meinten, ihre Frau habe gar nicht die Mittel – weder finanziell noch gesellschaftlich oder emotional –, um ihnen die Ehe aufzukündigen, selbst wenn sie es wollten. Manche schienen sich regelrecht darüber zu freuen, welche Qualen sie ihrer Frau bereiten, weil sie sicher sein können, dass diese persönlich wie finanziell von ihrer Ehe abhängig ist.

Männerfragen

Die große Kluft zwischen dem Streben von Männern nach außerehelichen Affären und der von Ehefrauen allgemein demonstrierten Ablehnung spiegelt sich auch in der Tatsache, dass mir nur selten Männer Fragen zum Thema Untreue stellen. Wenn ich gefragt werde, lauten die beiden meistgestellten Fragen:

Warum begreift sie nicht, dass außerehelicher Sex nichts zu bedeuten hat? Es ist einfach nur Sex. Es ist eine kurze Episode und hat keine Auswirkungen auf meine Liebe für sie oder auf unsere Ehe.

Bei dieser Frage könnten Frauen wahnsinnig werden. Ich habe sie während meiner Untersuchungen und beim Schreiben dieses Buches so oft gehört, dass ich einen Schrei ausstoßen könnte, der von Kalifornien bis nach Australien zu hören wäre!

Frauen fällt es deshalb so schwer zu begreifen, dass Sex einfach »nur Sex« sein soll, weil Sex für sie eine große Bedeutung hat. Selbst allein stehende Frauen, die sich auf flüchtige Abenteuer einlassen, reden sich häufig ein, dass ihr sexuelles Abenteuer etwas zu bedeuten hat und daraus eine Beziehung erwachsen wird. Es gibt wesentlich weniger Frauen als Männer, die aus reiner Lust mit jemandem schlafen, daher glauben Frauen aus gutem Grund, dass es beim Sex tatsächlich um mehr geht als »nur« um Sex.

Darüber hinaus ist es für Ehefrauen nicht nachvollziehbar, dass ihr Mann mit anderen Frauen schlafen muss, wenn er doch mit ihnen schläft. Wenn ihr Mann sie betrügt, suchen viele Frauen den Grund dafür bei sich. Sie glauben, die andere Frau besitze etwas, was ihnen fehlt, und am Ende geben sie sich selbst die Schuld.

Verheiratete Frauen fragen sich, warum ein Mann für ein wenig Sex, der »nichts zu bedeuten« hat, alles aufs Spiel setzt: Liebe, Ehe und Familie. Es fällt ihnen schwer zu verstehen, dass viele Männer eine nette Frau und eine glückliche Familie haben wollen UND ein bisschen komplikationslosen Spaß nebenbei, ohne schlechtes Gewissen. Männer wollen alles, und das ohne Komplikationen. Sie wollen die Bequemlichkeit und die Sicherheit einer liebenden Ehefrau und die vermeintliche Spannung und den Kick eines außerehelichen Sexuallebens. Solche Männer sind selbstsüchtig und unreif. Wie ein kleines Kind wollen sie alles nach ihrem Geschmack, ohne dabei auf die Gefühle ihrer Frau Rücksicht nehmen zu müssen.

Doch Frauen wollen mehr als nur Sex. Sie wollen Zärtlichkeit, Romantik und eine dauerhafte Beziehung. Selbst jene, die die Überzeugung vertreten, es gehe ihnen tatsächlich »nur« um

Sex, werden oft genug von ihren Gefühlen ad absurdum geführt. Fragen Sie einfach eine der unzähligen heimlichen Geliebten, die in einer aussichtslosen Beziehung mit einem fest verheirateten Mann gefangen ist.

Männer müssen begreifen lernen, dass Sex und sexuelle Ausschließlichkeit für Frauen sehr wichtig sind. Wenn sie eine schöne und glückliche Beziehung möchten, dann ist außerehelicher Verkehr keine gute Idee. Frauen dagegen müssen verstehen lernen, dass Männer Sex und Gefühle zu trennen vermögen. Wenn er mit einer anderen schläft, bedeutet das nicht, dass er Sie nicht liebt. Doch aus Sex und fortgesetztem Kontakt kann leicht eine aufrichtige Zuneigung erwachsen, sodass die Sorgen vieler Frauen durchaus berechtigt sind, aus den »bloßen Sexkapaden« ihres Mannes könne mehr werden, eine tief gehende emotionale Beziehung beispielsweise, die auch die solideste Ehe aus den Angeln heben kann.

Wenn Sie nicht riskieren wollen, dass aus Funken Flammen werden, dann vermeiden Sie Situationen, in denen die Funken entstehen: außerehelichen Sex. Respektieren Sie Ihre Partnerin und Ihre Beziehung. Eine gute Partnerschaft ist viel schwerer zu haben als »nur Sex«; und auf ein ganzes Leben bezogen bringt sie Ihnen ein wesentlich dauerhafteres Vergnügen.

Warum zeigt meine Frau nicht mehr Interesse an Sex?

Dies ist die zweite Frage, die ich so oft zu hören bekomme, dass ich am liebsten irgendeinen Mann am Kragen packen würde, um ihm das Wort »Vorspiel« ins Gesicht zu schreien! Die Wahrheit ist, Frauen mögen Sex, und zwar ebenso häufig wie Männer. Aber sie mögen auch Romantik, Berührungen, Küsse, Komplimente, Grußkarten, sexy Dessous, Champagner, Badeschaum und vor allen Dingen Aufmerksamkeit.

Physiologisch gesehen, brauchen Frauen mehr Zeit als Männer, um sexuell erregt zu werden. Ein Mann kann einer Frau im Minirock beim Überqueren der Straße zusehen und dabei den Wunsch verspüren, sie anzuspringen. Die Mehrzahl der Frauen benötigt mehr als diese Nanosekunde, selbst wenn es sich um einen wahren Adonis handelt.

Das Schlüsselwort ist Aufmerksamkeit. Männer glauben, wenn sie den Müll hinaustragen oder das Auto waschen, sei dies eine nette Geste ihrer Frau gegenüber. Für Frauen rangieren solche Dinge unter »Hausarbeiten« und nicht unter Sinnlichkeit. Sie sehnen sich nach Aufmerksamkeit und nach Zeichen der Zuneigung wie Berührungen und Zärtlichkeiten. Auch sie mögen Sex, aber zuerst wollen sie ein bisschen was von den anderen Dingen. Daher der Begriff Vorspiel. Frau müssen das Gefühl haben, etwas Besonderes zu sein, ehe sie sich sexuell richtig einlassen können.

Für eine Frau beginnt Sex nicht erst hinter der Schlafzimmertür. Sexuelle Stimulation ist für sie eine besondere Form der Interaktion. Sie umfasst schöne Telefongespräche, Überraschungen, liebevolle Berührungen – nicht nur kurz vor einem Liebesakt, sondern als Selbstzweck. Aufmerksamkeit gibt einer Frau das Gefühl, dass sie es ist, die begehrt wird, und nicht nur der Sex. Und mit Sicherheit nicht Sex mit irgendjemand – sondern nur mit ihr.

Natürlich wissen Frauen auch schnelle sexuelle Erlebnisse oder »Sex im Vorbeigehen« zu schätzen. Aber noch häufiger wollen sie das volle Programm. Wenn Männer die Energie, die sie in ihre außerehelichen Affären stecken, darauf verwenden würden, ihrer eigenen Frau den Hof zu machen, hätten sie in ihr eine hoch motivierte Liebespartnerin – und das fürs ganze Leben.

Ich höre Männer häufig sagen, sie hätten eine Affäre angefangen, weil sie mit ihrem ehelichen Liebesleben unzufrieden waren. Aber wie wollen Sie den Sex mit Ihrer Frau verbessern, wenn Sie mit anderen Frauen schlafen? Das wird Ihnen nur gelingen, wenn Sie Ihrer Frau mehr Aufmerksamkeit schenken und sich nicht einer anderen zuwenden!

Frauen mögen Sex und sie schlafen für ihr Leben gern mit einem Mann, den sie vergöttern. Frauen sind sexuell empfänglicher, wenn sie einem Mann vertrauen und sich sicher, respektiert und verstanden fühlen. Und ganz besonders dann, wenn sie das Gefühl haben, etwas Besonderes und für ihren Mann die Einzige zu sein. Konzentrieren Sie Ihre Aufmerksamkeit auf die

Frau, mit der Sie Ihr Leben teilen, und Sie werden überrascht sein, wie neu und erbaulich sich Ihr eheliches Liebesleben anfühlen kann.

> **Merke!**
>
> - Kein Thema polarisiert Frauen und Männer mehr als das Thema Treue. Viele Männer vertreten die Auffassung, Ehebruch sei keine große Sache; für viele Frauen ist er ein absoluter Albtraum.
> - Sich Untreue wegzuwünschen, lässt Ihre Probleme nicht verschwinden.
> - Sie müssen sich um sich selbst kümmern. Denn wenn Ihr Partner Sie betrügt, dann achtet er nicht auf Ihr Wohlergehen.

14. Kapitel
Beginnen Sie eine Affäre ... mit Ihrem Mann

Gewiss, ein sehr primitives Vergnügen, dieses Frühstück allein mit dem Ehemann, aber wie selten ist es älteren verheirateten Menschen vergönnt.
Anne Morrow Lindbergh, *Muscheln in meiner Hand*

Es wurden schon mehr Ehen durch schlechte Angewohnheiten ruiniert als durch Ehebruch.
H. R. L. Sheppard, amerikanischer Geistlicher

Ist Untreue unvermeidlich?

Fast täglich gelangen Nachrichten von einer weiteren außerehelichen Affäre an die Öffentlichkeit. Zeitungen, Zeitschriften, Radio und Fernsehen berichten über treulose Ehegatten, meist Männer, die ihre Frauen verzweifelt und verstoßen zurücklassen. Außerehelicher Sex – Untreue – ist in unserer heutigen Gesellschaft weit verbreitet. Man könnte fast von einem expandierenden Gewerbe sprechen. So traurig es ist, die meisten Menschen werden irgendwann mit Untreue in Berührung kommen. Sie oder Ihr/e Partner/in werden eine Affäre beginnen oder Sie kennen zumindest Leute, die sexuell und/oder emotional mit einem anderen Menschen als dem eigenen Ehepartner verbunden sind.

Die Tatsache, dass Untreue allgegenwärtig ist, bedeutet jedoch nicht, dass sie unvermeidlich ist. Zu Untreue kommt es nie »einfach nur so«. Sie setzt die Bereitschaft, die Gelegenheit und die Absicht voraus, eine außereheliche Affäre zu beginnen. Trotz der damit verbundenen Komplikationen und Risiken brechen mit jedem Tag mehr und mehr Menschen ihr Eheversprechen, um mit jemandem zu schlafen, mit dem sie nicht verheiratet sind. Karrieren knicken ein, Ehen zerbrechen und Finanzen kollabieren. Und doch nimmt die Untreue ständig zu, trotz aller sehr realen Konsequenzen für Einzelne, Ehen und Familien.

Ständig wird darüber debattiert, ob die Monogamie ein natürlicher Zustand ist oder nicht. Viele Menschen, Frauen wie Männer, schütteln sich bei dem Gedanken, für den Rest ihres Lebens mit ein und derselben Person zu schlafen. Dennoch gehen die meisten Menschen allen unterschiedlichen Auffassungen zum Trotz eine Ehe ein, in der sie Treue schwören und diese auch von ihrer Partnerin beziehungsweise ihrem Partner erwarten. Monogamie muss nicht gleichzusetzen sein mit Monotonie!

Bekommen Sie beide genug ... Aufmerksamkeit und Zuneigung?

Jeder Mensch hat eine andere Vorstellung von der Ehe. Und von Sex. Es gibt die verschiedensten Gründe, warum Menschen zusammenfinden, miteinander schlafen und heiraten, und niemand kann ganz genau erklären, was sie aneinander anzieht, beziehungsweise was sie trotz Untreue zusammenhält.

Etwas, wovon wir offensichtlich nie genug bekommen können, ist Aufmerksamkeit. Wir alle fühlen uns glücklich, wenn wir gemocht und umsorgt werden, und die meisten Menschen blühen förmlich auf, wenn sie sich als etwas Besonderes fühlen können. Vielen Eltern gelingt es nur unzureichend, ihren Kindern das Gefühl zu geben, geliebt und erwünscht zu sein. Nur wenige von ihnen haben gelernt, mit Beziehungen und der Elternschaft umzugehen. Das Resultat davon ist, dass viele Erwachsene völlig ausgehungert nach Aufmerksamkeit und Zuneigung herumlaufen und von ihren Eltern nicht gelernt haben, selbst Zuneigung zum Ausdruck zu bringen.

Männer fühlen sich besonders unwohl dabei, Gefühle zu zeigen und dies auch körperlich auszudrücken. Außer im Sport haben manche schlichtweg keine Ahnung, wie sie ihren Gefühlen Ausdruck verleihen sollen. Bei sportlichen Betätigungen sind sie gern bereit, innerhalb eines gesicherten Rahmens Begeisterung oder Wut herauszulassen. Dagegen lassen sie zärtliche Gefühle Frauen gegenüber nicht so leicht an die Oberfläche, sehr zur Enttäuschung vieler Frauen. Sex ist für viele Männer ein Gefühl. Für die meisten Frauen dagegen sind Gefühle die Einleitung zu Sex, was erklärt, warum die meisten durch Komplimente und intime Gespräche angeregt werden möchten, damit sie sich wirklich geliebt fühlen und den Sex genießen können.

Frauen beklagen sich häufig darüber, dass Männer im Hinblick auf Romantik viel zu wünschen übrig lassen. Die meisten wünschen sich, ihr Partner möge sich mehr Zeit für sie nehmen. Wenn Frauen das Gefühl haben, dass ihr Partner sich zu wenig Zeit für sie nimmt, und sie dann erfahren, dass er für eine andere Frau sehr wohl Zeit hat, ist das für sie ein ungeheuerlicher Affront! Glückliche Paare berichten, dass ihnen gemeinsame Zeit wichtiger ist als toller Sex oder viel Geld. Doch nur wenige nehmen sich Zeit für Zweisamkeit, obwohl sie diese dringend brauchen. Zweisamkeit ist förderlich – für außereheliche Affären ebenso wie für Ehen.

Auch wenn die meisten Menschen Aufmerksamkeit wünschen und brauchen, haben Männer und Frauen ganz unterschiedliche Methoden, diese zu suchen und auszudrücken. Männer nutzen häufig Sex, um ihre Gefühle auszudrücken. Frauen dagegen bevorzugen romantische Gesten, dann erst kommt der Sex. Wenn ein Mensch das Gefühl hat, sein Bedürfnis nach Aufmerksamkeit, Zuneigung und Sex werde nicht gestillt, dann sucht er vielleicht woanders danach. Aber selbst dort, wo in der Beziehung ein gutes Liebesleben vorhanden ist, wünschen sich manche Menschen noch mehr Sex und noch mehr Aufmerksamkeit, also suchen sie außerhalb der Beziehung danach. Sie sind wie ein leeres Gefäß, das danach strebt, die Leere mit Zuneigung und Sex zu füllen.

Bei außerehelichem Sex geht es vielen Männern ebenso sehr darum, ihr schwindendes Selbstbewusstsein aufzubauen, wie um das körperliche Vergnügen. Und doch spielt es mitunter keine Rolle, wie viel Liebe und Aufmerksamkeit eine Frau ihrem Mann schenkt, weil viele Männer behaupten, die Selbstbestätigung, die sie suchen, könnten sie nur bei einer anderen Frau finden. Wo dies der Fall ist, sind Eheprobleme vorprogrammiert.

Wenn Ihr Partner mehr will als das, was Sie ihm an Sex und Zuneigung geben, und er sich dafür außerhalb der Ehe umtut, werden Sie ihn nur schwer davon abhalten können. Sie können nur von Anfang an versuchen so liebevoll wie möglich zu sein. Natürlich ist es notwendig, zuerst auf Ihre eigenen Bedürfnisse und Wünsche zu achten und dann Ihren Partner mit Liebe und Zärtlichkeit zu überschütten. Doch leider neigen viele Menschen dazu, die Gefährtin bzw. den Gefährten irgendwann als selbstverständlich anzusehen, was dazu führen kann, dass die Beziehung erstickt und zerbricht.

Die Anfangszeit einer Ehe ist die Zeit, in der die Partner am häufigsten miteinander schlafen und sich die meiste Aufmerksamkeit schenken. Aber was geschieht dann? Sie werden vom Leben überrollt, von ihrer Arbeit und anderen Aktivitäten, die sich derartig ausdehnen können, und dies auch häufig tun, dass sie ihr Alltagsleben beherrschen und ihr Liebesleben erodieren.

Liebende oder erschöpfte Eltern?

Hier ist ein typisches Szenario. Ein Mann und eine Frau werden ein Paar und entsagen allen anderen. Der Mann geht zur Arbeit, und die Frau führt ihren Beruf vielleicht ebenfalls weiter aus, übernimmt aber zusätzlich die Verantwortung für die häuslichen Aspekte des Ehelebens wie Kochen, Putzen, Wäsche, soziale Belange etc. Der Mann hat also nicht nur eine Frau gewonnen, sondern auch eine Haushälterin und ein zusätzliches Einkommen. Die Frau hat von nun an zwei Berufe, der Mann weiterhin nur einen.

Er geht auch künftig aus dem Haus, um zu arbeiten, entspannt sich vor dem Fernseher oder besucht eine Sportveranstaltung. Selten genug aber verbringt er qualitativ wertvolle Zeit – sinnliche Zeit – allein mit seiner Frau. Männer beklagen sich ständig darüber, dass ihre Frauen das Interesse an Sex verlören; vielleicht sollten sie sich einmal mit dem von Frauen bemängelten Umstand auseinander setzen, dass ihre Männer ihnen zu wenig Aufmerksamkeit schenken. Aufmerksamkeit, zärtliche Berührungen und offen demonstrierte Zuneigung sind für die Mehrzahl aller Frauen die Vorstufe zu gutem Sex.

Auch wenn viele Mittelstandsfamilien heutzutage auf zwei Einkommen angewiesen sind, um über die Runden zu kommen, rangiert die Arbeit der Frau fast fraglos an zweiter Stelle. Paare verlegen ihren Wohnort wesentlich häufiger, um seine Karriere zu fördern als ihre, und die Karriere des Mannes hat bei Frauen wie Männern selbst dort Vorrang, wo die Frau eine eigene berufliche Laufbahn verfolgt.

Auch wenn eine Frau gut ausgebildet und beruflich erfolgreich ist, übernimmt sie nach der Geburt des ersten Kindes meist die gesamte Verantwortung für Haushalt und Kinderbetreuung. Und selbst in Familien mit Kindermädchen wird die Kinderbetreuung überwiegend von der Frau organisiert. Auch wenn mehr Männer als je zuvor eine aktive Rolle im Familienleben übernehmen, tragen Frauen nach wie vor die Hauptlast, ob sie berufstätig sind oder nicht. Bis heute gilt es als Statussymbol, wenn eine Frau es sich leisten kann, zu Hause zu bleiben und sich um die Kinder zu kümmern, während ihr Mann den Familienunterhalt verdient. Viele Frauen, die so leben, halten sich für privilegiert, und viele Männer sind stolz darauf, der Ernährer zu sein. Manche würden nicht im Traum daran denken, eine Frau zu heiraten, die mehr Geld verdient als sie selbst; ihr männliches Selbstwertgefühl würde darunter leiden. Die Schattenseite davon ist, dass Männer dadurch auch den Geldhahn kontrollieren, was eine Ehefrau eher zu einer Abhängigen macht als zu einer gleichberechtigten Partnerin und ihr wenig Möglichkeiten lässt, sich selbst zu entwickeln.

Mütterwahn

Die Mutterschaft ist vermutlich der härteste Beruf der Welt; gleichzeitig ist er aber auch der am heftigsten umstrittene und am wenigsten respektierte. Unterschwellig suggeriert die Gesellschaft Frauen, dass die Mutterschaft ihre wahre Bestimmung sei, während sie sie gleichzeitig durch geringe soziale Unterstützung und Anerkennung bestraft, sobald sie zu Vollzeitmüttern werden. So, wie die Welt eines Mannes sich durch seine Karriere erweitert, schrumpft die der Frau durch die Mutterschaft. Und nur allzu häufig wird eine Frau von ihrem Mann finanziell völlig abhängig, wenn sie zu Hause bleibt, um Kinder zu erziehen. Sie hat kaum Kontakt zu anderen männlichen Erwachsenen und wenig Möglichkeiten, in der Welt außerhalb ihres Heims ihr Selbstbewusstsein zu stärken.

Es ist schädlich für Ehen, wenn eine Frau in jeder Beziehung von ihrem Mann abhängig wird, sei es in Bezug auf Aufmerksamkeit und Gespräche, Geld oder Unterstützung. Und doch spielt sich genau das auch heute noch in vielen Beziehungen ab. Häufig ist Untreue dann nur noch ein Telefongespräch weit entfernt. Ich höre ständig Beschwerden von Männern, die darüber klagen, ihre Frau kümmere sich nur noch um die Kinder, was zu Lasten der Ehe gehe. Es stimmt! Wenn sich das Familienleben zu sehr um die Kinder dreht, dann leidet die Ehe der Eltern darunter.

Viele Männer meinen, ihre Frau kümmere sich mehr um die Kinder als um die Beziehung und habe sie dadurch förmlich »dazu gebracht« fremdzugehen. Doch die Ehe ist das Fundament jeder Familie, daher muss das Paar an erster Stelle stehen und die Kinder an zweiter. Wenn die Kinder erwachsen und aus dem Haus sind, wird eine paarbezogene Ehe weiterhin wachsen und gedeihen; eine kinderbezogene Beziehung ist vielleicht schon vor langer Zeit zerbrochen oder irgendwelchen Affären zum Opfer gefallen.

Ich kenne viele Fälle, in denen kluge, attraktive, gebildete und talentierte Frauen geheiratet und sich buchstäblich in der Mutterschaft verloren haben. Sie vernachlässigten ihr Aussehen und wurden uninteressant, weil sie keinen anderen Gesprächsstoff mehr hatten als ihre Kinder, und sie verloren das Interesse an ihrer Umwelt. Es ist für Frauen wie für Männer schwer, sich auf Partys mit Frauen zu unterhalten, die kein anderes Gesprächsthema kennen als Kinder.

Wenn eine Frau eigene Interessen und Freunde, ihren Beruf und ihre Aufmerksamkeit in Bezug auf die Karriere ihres Mannes aufgibt und sich finanziell völlig von ihm abhängig macht – sich ihm mit Haut und Haaren ausliefert –, was bleibt ihr dann, wenn er fremdgeht oder sie verlassen sollte? Ein Ich, das mit jedem Jahr in einer von Abhängigkeit geprägten Ehe mehr und mehr zusammengeschrumpft ist.

Was können Frauen anders machen? Sie können in ihrem Beruf bleiben – ganztags, auf Teilzeitbasis oder in Heimarbeit. Sie können eigene Hobbys entwickeln, sich weiterbilden oder sozial engagieren. Sie können sich entscheiden, kinderlos zu bleiben. Sie können sich männliche Freunde zulegen oder ihren Mann gelegentlich auf Geschäftsreisen begleiten.

Die Partnerschaft zwischen Mann und Frau muss Vorrang haben, denn das Fundament des Paares ist auch das Fundament der Familie. Es ist unverzichtbar, für Frauen wie für Männer, auch nach der Heirat füreinander interessant und begehrenswert zu bleiben und sowohl die Liebe für eigene Interessen als auch füreinander zu pflegen. Mann und Frau müssen in erster Linie paarzentriert sein und erst in zweiter Linie kinderzentriert.

Behandeln Sie Ihren Ehemann so, wie Sie einen Geliebten behandeln würden

Trotz Arbeitsbelastung und anderen »lebenswichtigen« Dingen gelingt es manchen Paaren selbst nach vielen gemeinsamen Jahren, die Flamme weiter am Leben zu erhalten. Wie machen sie das? Es ist eigentlich ganz einfach. Viel einfacher jedenfalls als eine Scheidung – oder Untreue! Es gibt Paare mit intakten Ehen, Partnerschaften voller Liebe, Lust und Lachen. Wenn einer Beziehung Priorität eingeräumt wird, dann achten wir auch auf sie.

Wir alle kennen Ehen, die nur noch dem Namen nach existieren. Die Partner können sich kaum noch ausstehen, und wir fragen uns, warum sie sich nicht endlich den Gefallen tun, sich scheiden zu lassen und sich anderswo ein glücklicheres Leben aufbauen. Und wir kennen Paare, die sich auch nach zwanzig Ehejahren noch in aller Öffentlichkeit aneinander schmiegen und küssen. Solche Ehen verströmen Geborgenheit, Fürsorge und Zusammengehörigkeit.

Menschen in intakten, lebendigen Beziehungen räumen sich gegenseitig Priorität ein, für sie ist Zweisamkeit eine Notwendigkeit und kein Luxus. Wir alle bewundern Ehen, in denen Mann und Frau beste Freunde sind, Geliebte und Seelenverwandte – und wir sollten ihnen nacheifern.

Es ist nicht nur die Aufgabe der Frau, nach der Heirat interessant und attraktiv zu bleiben, sondern auch die des Mannes. Beide müssen sich dafür stark machen, ihre eigene Identität zu bewahren und gleichzeitig den »Paaraspekt« ihrer Beziehung voranzutreiben, denn viel zu viele Ehen verkommen zu leeren Hüllen. Ein einsames Nebeneinander ist jedoch keine Ehe. Um eine Beziehung zu »nähren«, benötigt ein Paar Zeit für sich allein. Genau wie Menschen brauchen auch Beziehungen Aufmerksamkeit.

Solange sie umeinander werben, geben sich Frauen und Männer viel Mühe mit ihrem Aussehen und bei der Körperpflege. In der Ehe aber passiert häufig genau das Gegenteil. Plötzlich glauben die Partner, locker lassen zu können. Dabei ist sich zu entspannen und geborgen zu fühlen nicht das Gleiche wie sich gehen zu lassen. Machen Sie nicht den Fehler, zu Hause nur in alten Klamotten herumzulaufen und die »guten Sachen« für besondere Gelegenheiten oder für die Arbeit aufzuheben. Machen Sie sich für Ihren Partner oder Ihre Partnerin schön und nicht für Fremde am Arbeitsplatz. Heben Sie das gute Geschirr nicht für Besuch auf. Damit meine ich, dass Sie jeden Tag für sich und für Ihre/n Partner/in das Beste aus sich machen sollen.

Der Grund, warum sich so viele Männer und mehr und mehr Frauen auf außereheliche Affären einlassen, ist der, dass solche Erlebnisse ihnen ein herrliches Gefühl vermitteln. Sie fühlen sich anziehend und begehrt. Jemand, den sie mögen, holt extra für sie »das gute Geschirr« heraus. Dazu gehört nicht nur Sex, sondern auch alles andere, was mit Sex zusammenhängt: der Zauber, die Aufmerksamkeit und die intimen Gespräche. Menschen gehen fremd, weil sie möchten, dass jemand ihren Körper und ihr Ego streichelt.

Wenn Sie feststellen, dass Sie anderen Menschen mehr Komplimente machen als Ihrem Mann oder dass Ihr Mann anderen mehr Komplimente macht als Ihnen, dann ist es an der Zeit, eine Affäre zu haben – mit Ihrem Mann!

Das wichtigste Wort im Zusammenhang mit Sex ist REDEN! Um eine gute Ehe zu führen, muss ein Paar miteinander reden. Zweisamkeit ist unerlässlich. Glückliche Paare verbringen viel Zeit miteinander und sie reden über alles. Zusammengehörigkeit und verbale Offenheit scheinen mit die wichtigsten Elemente einer glücklichen Beziehung zu sein. Stattdessen bilden nur allzu häufig Kritik, Verachtung, Zurückgezogenheit und Einsamkeit die Eckpfeiler einer Ehe. Laut John Gottman und seinem Buch *Glücklich verheiratet* braucht eine Ehe fünfmal so viele positive wie negative Momente, wenn sie Bestand haben soll. Dr. Gottmans Untersuchungen belegen weiter, dass die beiden wichtigsten Grundzutaten einer Ehe Liebe und Respekt sind. Wenn Ihr Mann Sie betrügt, sollten Sie sich daher fragen, ob Liebe und Respekt auch in Ihrer Beziehung vorhanden sind!

Im Liebesrausch mit Ihrem Mann

Frauen wie Männer geben an, dass sich ihr Liebesleben im Laufe der Ehe verschlechtert habe. Das muss nicht sein. In einem neuen Buch über das Leben nach der Heirat, *Just Married*, stellen die Autoren Barry Sinrod und Marlo Grey fest, dass siebenundsechzig Prozent der Befragten angeben, vor der Ehe mehr Sex gehabt zu haben. Vielleicht hängt dies mit einer anderen Feststellung der Autoren zusammen, dass nämlich siebzig Prozent der Befragten feststellen, seit dem Beginn ihrer derzeitigen Beziehung zugenommen zu haben. Jeder Mensch ist selbst dafür verantwortlich, wenn er oder sie nach der Heirat sein Aussehen vernachlässigt. Liebe ist in einer Beziehung etwas Wunderbares, aber sie braucht vor wie in der Ehe ein attraktives Erscheinungsbild, um die Geliebte oder den Geliebten weiter anzuziehen. Erinnern Sie sich noch daran, wie Sie sich früher herausgeputzt haben, wenn Sie verabredet waren? Wenn Sie das

Gleiche auch nach Ihrer Heirat weiter tun, erhöhen Sie damit die Chance, Ihr Liebesleben intakt und spannend zu erhalten. Ein ansprechendes Erscheinungsbild spricht jeden an.

Behandeln Sie Ihren Partner genauso wie jemanden, mit dem Sie eine Affäre beginnen würden. Umwerben, verwöhnen Sie Ihren Mann und schmeicheln Sie ihm. Wenn Sie die Zeit und Energie ohnehin aufbringen, dann lassen Sie doch Ihren Ehepartner davon profitieren und nicht irgendeine fremde Person!

In Wirklichkeit findet Sex im Kopf statt, nicht zwischen den Beinen. Das Gehirn ist das ultimative Sexualorgan und Aufmerksamkeit das ultimative Aphrodisiakum. Wenn Sie alle acht Wochen mindestens ein Wochenende irgendwo nur mit Ihrer Partnerin oder Ihrem Partner verbringen, wird sich das positiv auf Ihr Liebesleben, Ihre Stimmung und auf Ihre Ehe auswirken. Je mehr Zeit Sie zu zweit und außer Haus verbringen können, desto besser. Mini-Flitterwochen sind etwas Wunderbares.

Ich kenne ein Paar, das seit neun Jahren nicht mehr allein weggefahren ist. Der Mann erzählte mir, dass seine Frau gern mit ihm übers Wochenende verreisen würde, er aber nicht wisse, worüber sie sich die ganze Zeit unterhalten sollen! Auch wenn die Ehe der beiden nicht unbedingt gescheitert ist, hat sich die Romantik zweifellos verflüchtigt. Die Beziehung ist reif für eine Untreuekrise. Wenn Partner füreinander Intimpartner und Geliebte bleiben wollen, ist Zweisamkeit für ihre Beziehung unerlässlich.

Affären sind meist deshalb so verlockend, weil sie romantisch sind und die Möglichkeit bieten, alltäglichen Ritualen und eintönig gewordenen Abläufen zu entfliehen. Viele Phantasien drehen sich um Hotelzimmer, Bäder, Champagner, frische Laken und das Fehlen jeglicher Fernsehgeräte und anderer Störungen. Befreien Sie Ihre Ehe von der Schlafzimmerlangeweile. Verlassen Sie hin und wieder Ihr gutes altes Schlafdomizil. Hotels können wunderbar romantisch sein, genau wie bei einer Affäre!

In außerehelichen Beziehungen finden wir bestimmte Reize, die im Eheleben häufig verloren gehen. So müssen Sie bei einer Affäre nicht Tag für Tag mit Ihrem Geliebten zusammenleben und können ihn daher besser wertschätzen. Doch auch in einer

Phantasieaffäre können Sie sich einen Liebespartner zulegen, ohne dass die Wirklichkeit störenden Einfluss nimmt. Sie können sogar Ihre eigene Ehe verbessern, indem Sie davon träumen, mit einem anderen Partner zu schlafen. Führen Sie eine Phantasieaffäre und lenken Sie die so gewonnene Energie dann auf Ihre wirkliche Beziehung. Viele Männer und auch Frauen haben mir berichtet, dass ihre Phantasievorstellungen von einer Affäre häufig schöner waren als das eigentliche Ereignis – und noch dazu ohne die potenziell gefährlichen Nebenwirkungen eines echten Ehebruchs.

Jeder Mensch steht gern im Zentrum der Aufmerksamkeit und genießt es, für jemanden, der ihm am Herzen liegt, die Nummer eins zu sein. Vor allem Frauen lassen sich für ihr Leben gern umhegen. Es gibt wohl niemanden, dem Aufmerksamkeit jemals zu viel wird.

Schüren Sie das Feuer Ihrer Ehe regelmäßig. Sie werden beide überrascht sein, wie aufregend eine Affäre mit dem eigenen Partner sein kann. Es gibt neun Schlüssel, um Ihre Beziehung zu verbessern:

Füttern Sie die Flamme der Romantik: Zeigen und Sagen

Aufmerksamkeit	Umsorgen	Berühren
Zuneigung	Liebkosen	Reden
Anerkennung	Locken	Necken

Sex im Vorbeigehen und Event-Sex

Wenn uns das Leben überrollt, wird das Liebesleben häufig auf Sparflamme geschaltet. Sex im Vorbeigehen ist eine schöne Sache, wenn wir die Wahl haben zwischen etwas und nichts. Für den wahren Genuss, für richtigen Event-Sex, jedoch sollten Sie sich die Zeit nehmen. Event-Sex ist das, was Sie hatten, bevor Sie geheiratet haben. Event-Sex ist die Art, sich den Spaß, das Lachen und die Spannung von früher in die Beziehung zurückzuholen, und es ist genau die Art von Spaß und Sex, die Millionen Männer veranlasst, fremdzugehen.

Alle wollen mehr Sex. Und mehr Zärtlichkeit vor, während und nach dem Sex. Mehr Küsse. Eine/n aktiven Partner/in. Die Bereitschaft, Neues auszuprobieren. Mehr Vorspiel. Sex nach dem Orgasmus. Mehr Rücksichtnahme. Mehr Verständnis. Mehr Kommunikation. Zusammengehörigkeit. Glück. Vertrauen. Treue. All dies ist in einer Ehe möglich, aber man muss dafür etwas tun. Wenn Sie Ihre Energie darauf konzentrieren, diese Ziele mit Ihrem Partner zu erreichen, dann ist das keine Zeitverschwendung wie dort, wo der Partner oder die Partnerin links liegen gelassen wird, um stattdessen einer trügerischen Affäre nachzujagen.

Allein und doch zusammen

Neben der Zeit für Zweisamkeit brauchen Menschen auch ein Eigenleben. Verheiratete Paare sollten danach streben, sowohl Zeit für den Einzelnen als auch Zeit für gemeinsame Erfahrungen zu finden. Jeder braucht ein Leben außerhalb der Ehe.

Zeit ohne die Partnerin oder den Partner ist ebenso wichtig wie Zweisamkeit. Jeder Mensch muss sich um sich selbst kümmern, eigene Interessen und eigene Träume verfolgen. Die wahre Herausforderung einer Beziehung besteht darin, dass es beiden Partnern gelingt, sich individuell zu entfalten, ohne sich dabei gegenseitig fremd zu werden. Solide Ehen basieren darauf, dass sich zwei Menschen in einer Beziehung sowohl individuell wie auch als Paar weiterentwickeln.

Trennungszeiten sind förderlich. Sie erfahren mehr über sich selbst und Sie werden auch Ihren Partner nach einer kurzen Abwesenheit wieder mehr zu schätzen wissen. Mitunter liebt es sich aus der Ferne eben besser. Es ist das psychologische Prinzip vom Reiz des Neuen, das unserer Wertschätzung für etwas zugrunde liegt, was uns zeitweilig genommen wurde. Wenn Dinge ständig um uns sind, gewöhnen wir uns an sie und nehmen sie irgendwann nicht mehr wahr.

In einer außerehelichen Affäre ist der Kontakt zeitlich eingeschränkt. Sie sehen die/den Geliebte/n immer nur von ihrer/seiner besten Seite und müssen sich nicht mit Alltäglichkeiten wie herumliegendem Make-up oder Haaren im Waschbecken abgeben. Sie genießen die guten Zeiten, weil diese nicht selbstverständlich sind. Und Sie haben die Chance, die andere Person zu vermissen. In einer Ehe werden Sie Ihre bessere Hälfte eher leid, als dass sie Ihnen fehlt. Das ist der Grund, warum Sie in Ihr Zusammenleben unbedingt natürliche Pausen einbauen sollten. Selbst ein einziger Tag kann genügen, um Ihnen die Chance zu geben, Ihren Partner oder Ihre Partnerin wieder einmal zu vermissen – oder umgekehrt.

Das zwiespältige Bedürfnis nach Nähe und nach Freiheit ist in jedem von uns vorhanden, auch wenn manche Menschen das eine mehr brauchen als das andere. Bemühen Sie sich, beides in ein akzeptables Verhältnis zu bringen. Geben Sie Ihrem Partner Gelegenheit, Sie zu vermissen – und umgekehrt. Jeder braucht irgendwann Zeit und Raum, um über die schlechten Angewohnheiten des anderen hinwegzukommen, nur um sie schon kurz darauf zu vermissen und sich auf das Wiedersehen zu freuen. Und um die Ehe wieder schätzen zu lernen, statt sie als Last zu empfinden.

In einer echten Partnerschaft müssen wir sowohl wir selbst sein als auch Teil eines Paares. Als eigenständige Persönlichkeit sind wir nicht nur interessanter, wir können auch unsere Ehe mehr bereichern. In außerehelichen Affären wird die jeweilige Identität der Beteiligten berücksichtigt. Genau das Gleiche sollte auch in Ehen passieren.

Eine gute Ehe wird durch die vielen kleinen Gesten gepflegt, die Mann und Frau sich täglich erweisen: in liebevollen Telefongesprächen, einem Zwinkern, einem Lächeln oder durch nette Worte. Ihre Beziehung gedeiht durch die Aufmerksamkeit, die Sie Ihrem Partner schenken, durch Ihre Gefühle für ihn – und für sich selbst –, wenn Sie beide zusammen sind. Alles in allem sind die Dinge, die eine Affäre so spannend machen, die gleichen, die auch eine Ehe zum Prickeln bringen können.

Merke!

- Es gibt keine Möglichkeit, eine Ehe gegen Affären abzusichern. Wenn ein Mann fremdgehen will, dann tut er es auch.
- Manche Männer sind vom Fremdgehen einfach nicht abzuhalten – sie tun es, egal, wie eine Frau aussieht.
- Gute Ehen können durch die Untreue eines Partners geschwächt werden. Schlechte Ehen werden durch Untreue selten besser.
- Eine Affäre wird nicht dazu beitragen, das Liebesleben mit Ihrem Ehepartner zu verbessern.
- Machen Sie das Beste aus sich, in körperlicher, emotionaler, geistiger und finanzieller Hinsicht. Holen Sie jeden Tag »das gute Geschirr aus dem Schrank« – und nicht nur für Menschen außerhalb Ihres Heims.
- Sorgen Sie dafür, dass Ihre Ehe paarzentriert ist. Sich auf Kosten des Partners zu sehr auf die Kinder zu konzentrieren kann Ihre Beziehung belasten.
- Würdigen Sie jeden Tag Ihres Zusammenlebens. Ehepartner, die nicht nur Liebespaar, sondern auch beste Freunde sind, neigen seltener dazu, sich zu betrügen.
- Behandeln Sie Ihren Ehemann so, wie Sie einen neuen Liebhaber behandeln würden.
- Machen Sie sich gegenseitig zur Nummer eins. Lassen Sie sich auf eine Affäre mit Ihrem Ehemann ein – sonst tut es jemand anderes!

15. Kapitel
Nach der Krise: Sie brauchen ein eigenes Leben!

Ich vermag mit drei Worten alles zusammenzufassen, was ich über das Leben gelernt habe: Es geht weiter.
Robert Frost

Wenn du dein Schicksal nicht ändern kannst, dann ändere deine Einstellung.
Amy Tan

Wenn man nur an Rache denkt, kommt man nie darüber hinweg. Ich glaube, das Beste ist, gut zu leben, loszulassen und weiterzumachen.
Diane Keaton

Lieben Sie sich selbst und leben Sie Ihr Leben

Sigmund Freud sagte einmal, dass die Menschen sowohl Liebe als auch Arbeit brauchen, um ein glückliches und emotional ausgeglichenes und erfülltes Leben zu führen. Das ist wahr. Frauen und Männer nennen als Lebensziele sowohl eine feste Beziehung als auch einen interessanten und einträglichen Beruf. Es gehört zu den größten Herausforderungen im Leben, diese Ziele zu erreichen.

Wenn Untreue ins Spiel kommt, kann für alle Beteiligten das Privatleben wie das Berufsleben in Gefahr geraten. Frauen sind vor allem dann besonders verletzlich, wenn sie finanziell von ihrem Mann und ihrer Ehe abhängig sind. Virginia Woolf verlangte für Frauen »Geld und ein Zimmer für sich allein«, doch im Grunde brauchen Frauen ein Leben für sich allein!

Die nahezu völlige Abhängigkeit von ihrem Mann in buchstäblich allen Lebensbereichen – ihrer Identität, ihrem gesellschaftlichen Status und ihrer finanziellen Sicherheit – zieht sich wie ein roter Faden durch das Leben vieler Frauen. Daher ist eine der ersten Reaktionen jener, die eine Affäre ihres Mannes aufdecken, die Sorge, den eigenen Lebensstil und buchstäblich das Dach über dem Kopf zu verlieren. Auch heute noch!

Was jede Frau braucht, ist »Durchhaltegeld«, ein eigenes Einkommen, das es ihr erlaubt, jederzeit eine unangenehme Situation zu verlassen, wie einen untreuen Ehemann beispielsweise und eine Farce von einer Ehe. Frauen brauchen finanzielle Unabhängigkeit von ihrem Mann. Mit dieser Sicherheit im Rücken sind sie in der Lage, eine Beziehung zu beenden, bei der es durch die Untreue des Mannes zu Gewalttätigkeiten, seelischen Grausamkeiten oder anderen unerträglichen Zuständen gekommen ist. »Durchhaltegeld« gibt einer Frau die Freiheit zu sagen: »Ich bin nicht bereit, das länger hinzunehmen«, und ihr eigenes Leben weiterzuleben.

Eine Frau, die selbständig ist, kann ihren Mann wissen lassen: »Ich kann dir nicht vergeben – ich kann deine Untreue nicht vergessen. Ich gehe«, und diese Drohung wahrmachen. Sie hat Geld, einen Beruf, eigene Freunde und kann, kurzum, andere Optionen wahrnehmen, wenn ihr Mann sie schlecht behandelt und sie damit nicht länger leben möchte. Und wenn sie an der Ehe festhält, wird sie mit sich zufriedener und für ihren Partner interessanter sein.

Ehefrau und Mutter zu sein sind sehr lohnenswerte Aufgaben, aber sie sind keine verlässlichen Berufe. Das Ehefrau- und Muttersein sollte in unserem Leben eher eine Nebenstraße darstellen, während die Hauptstraße im Leben einer jeden Frau mit ihren eigenen Interessen und ihrem eigenen Geld gepflastert sein sollte. Jede Frau braucht ein Leben, das sie ihr Eigen nennen kann.

The best is yet to be.
Robert Browning

Frauen und die Ehe: Ein Bett aus Rosen oder Dornen?

Jahrzehntelange Forschungen beweisen, dass verheiratete Frauen doppelt so häufig unter Depressionen und anderen seelischen

Problemen leiden wie Männer und berufstätige und/oder allein stehende Frauen. Einer der Gründe dafür ist die Tatsache, dass nichtberufstätigen Ehefrauen wenig Möglichkeiten zu persönlichem Wachstum offen stehen und sie sich häufig hilflos, ausgeliefert und von ihrem Mann abhängig fühlen – und das nicht nur in Bezug auf ihren Unterhalt, sondern auf ihre gesamte Identität. Wenn eine solche Frau feststellt, dass ihr Mann sie betrügt, hat sie das Gefühl, in der Falle zu sitzen.

Die meisten Frauen werden in dem Glauben bestärkt, die Rolle als Ehefrau und Mutter sei die wichtigste, die sie je ausfüllen werden. Kein Wunder also, dass die Ehe viele Erwartungen nicht erfüllen kann. Wenn wir mit derart unrealistischen Erwartungen an eine Sache herangehen, kann die Erkenntnis, dass selbst eine glückliche Ehe viele gemischte Erfahrungen für uns bereithält, durchaus Verzweiflung auslösen.

Frauen fühlen sich mitunter vielfach betrogen: Wenn sie erkennen, dass die Ehe vielleicht nicht das ist, was sie sich davon versprochen haben; wenn sie mit der Untreue ihres Mannes konfrontiert werden und wenn sie gezwungen sind, sich mit dem Verlust ihrer eigenen Identität auseinander zu setzen und mit der Notwendigkeit, sich eine neue aufbauen zu müssen.

Der Glaube einer Frau an sich selbst ist das Wichtigste überhaupt. Warum sollte sie etwas derart Wichtiges für einen Mann aufgeben, der nicht einmal bereit ist, eine Freundin aufzugeben?

Ein eigenes Leben

> *Würden wir die Ehe nicht als Hauptquelle des Glücks betrachten, würden auch weniger Ehen in Tränen enden.*
> Der Psychologe Anthony Storr

Vielleicht wird Frauen langsam klar, dass ein eigenes Leben das Einzige ist, was ihnen Sicherheit bieten kann. Viele halten inzwischen ihren Beruf und ihre Freunde für die wichtigsten und erstrebenswertesten Aspekte ihres Lebens. Sie begreifen, dass sie ihr Leben selbst in der Hand haben und sich ein glückliches und erfülltes Dasein schaffen können, wenn sie einem Beruf nachgehen, unabhängig davon, ob sie verheiratet sind oder nicht.

Ehe und Mutterschaft werden auch weiterhin für die Mehrzahl aller Frauen Priorität genießen. Trotzdem ist es an der Zeit zu erkennen, dass häusliches Glück mit einem Beruf und einem Eigenleben nicht unvereinbar ist. Von Ehemann und Zuhause unabhängige Interessen können für das Wohlbefinden einer Frau ausschlaggebend sein – und für eine glückliche Ehe.

Menschen mit vielfältigen Interessen und Aufgaben im Leben sind psychisch stabiler als andere. Wir scheinen einen Mechanismus in uns zu haben, der uns regelrecht aufblühen lässt, wenn wir viele verschiedene Rollen ausfüllen. Jede dieser Rollen bietet uns Zerstreuung und Interaktion und die Chance, unser Selbstvertrauen zu stärken.

Wenn die Ehe in unserem Leben nur eine Nebenstraße und nicht das Ziel darstellt, auf das alle Wege zulaufen, dann können Frauen auch ihre eigene Identität weiterentwickeln. Und eine Frau mit eigenen Interessen, Selbstvertrauen und einer positiven Einstellung zu sich selbst ist höchstwahrscheinlich auch eine bessere Ehepartnerin. Eine Frau mit einem eigenen Leben ist dem Auf und Ab des Ehelebens weniger hilflos ausgeliefert.

Jedes Paar läuft heutzutage Gefahr, dass die Beziehung irgendwann im Laufe des Ehelebens von Untreue belastet wird. Ein Seitensprung tut immer weh, doch für eine Frau, die aus finanziellen Gründen bei ihrem Mann bleiben muss, wie es millionenfach der Fall ist, ist der Schmerz noch schlimmer. Eine Frau braucht einen eigenen Beruf, und eigenes Geld ist auch das Fazit einer Exehefrau.

Auch Frauen sind gegenüber Frauen, die keinen Beruf ausüben, voreingenommen. Die meisten von uns finden es angenehmer, sich mit Menschen zu unterhalten, die etwas Interessantes zu erzählen haben. Und das setzt voraus, dass sich in ihrem Leben etwas ereignen muss – eben andere Dinge als Kindererziehung und Putzarbeiten. Auch Männer schätzen Frauen, die ihnen interessante Gefährtinnen sind.

Problematisch an einer völligen Konzentration auf die Familie zu Lasten der Berufstätigkeit ist die Tatsache, dass sie

Frauen in eine äußerst unsichere Lage versetzt, finanziell wie psychologisch. Frauen müssen ihre eigenen Interessen im Auge behalten, und das beinhaltet auch berufliche Aspekte, um ihre finanzielle und persönliche Unabhängigkeit zu vergrößern.

Im Leben voranzuschreiten muss nicht in jedem Fall die Scheidung bedeuten – es reicht, sich ernsthaft auf ein persönliches Ziel zu konzentrieren. Viele Frauen empfinden es heute nicht mehr als daseinsfüllend, sich ausschließlich um Haus und Kinder zu kümmern. Und je mehr Interessen und Rollen eine Frau wahrnimmt, desto glücklicher und psychisch stabiler ist sie.

Verheiratete Männer unterliegen dem Zwang, Geld zu verdienen, aber sie stehen dennoch nicht unter dem gleichen Druck wie verheiratete Frauen: einem inneren Zwang, die eigenen Ziele »aufzugeben« und selbstlos zu werden.
Dalmy Heyn

Schreiten Sie voran

Absolvieren Sie eine Ausbildung. Nehmen Sie eine Arbeit an. Wechseln Sie den Arbeitsplatz. Suchen Sie sich ein Hobby, das nichts mit Mann und Kindern zu tun hat. Bauen Sie neue Freundschaften auf. Unternehmen Sie Dinge allein. Einsamkeit lässt uns wachsen. Versuchen Sie die Frau wieder zu entdecken, in die Ihr Mann sich verliebt hat. Suchen Sie sich eine Herausforderung und setzen Sie sich ein Ziel.

Sie werden staunen, wie viel zufriedener Sie mit sich sein werden, wenn Sie sich vornehmen, etwas zu erreichen. Sie werden eine positivere Einstellung zu sich selbst bekommen und eine Lebensaufgabe, die nichts mit Ihrer Ehe zu tun hat. Denken Sie zur Abwechslung einmal an sich. Wenn *Sie* nicht auf sich aufpassen, wer soll es sonst tun?

**Können ein Mann und eine Frau,
die anderweitig verheiratet sind, wirklich Freunde sein,
ohne dass Sex ins Spiel kommt?**

Wenn ein Mensch heiratet, bedeutet das nicht, dass er sich deshalb automatisch vor einer Hälfte der Menschheit abschirmen muss. Es fühlt sich nur manchmal so an, besonders für Frauen. Nach allgemeinem Befinden schickt es sich nicht für verheiratete Frauen, sehr flirtfreudig zu sein. Wenn dagegen verheiratete Männer flirten, gelten sie als charmant. Männer, die flirten, sind einfach nur »nett«; Frauen, die das Gleiche tun, sind »auf der Suche«.

Doch die sexuelle Doppelmoral hat für jeden etwas in petto, für Verheiratete wie für Unverheiratete. Einen verheirateten Mann sieht man nicht häufig mit einer verheirateten Frau Essen gehen, die nicht seine eigene Frau, seine Sekretärin oder Geschäftspartnerin ist. Wenn anderweitig verheiratete Männer und Frauen miteinander beim Mittagessen, in einer Bar oder beim Abendessen gesehen werden, beginnt es in der Gerüchteküche zu brodeln. Es wird sofort vermutet, sie hätten eine Affäre. Selbst Jean-Paul Sartre war überzeugt, eine Beziehung zwischen Mann und Frau habe immer sexuelle Implikationen. Die Gesellschaft muss erst noch lernen zu akzeptieren, dass Männer und Frauen den Wunsch und das Recht haben, mit verheirateten Vertretern des anderen Geschlechts zusammenzutreffen, ohne dass deren Ehepartner anwesend sind und – was noch wichtiger ist und im Gegensatz zu Sartres Annahme – ohne dass Sex ihnen »dazwischenfunken« muss.

Sobald ein verheirateter Mann einer anderen Frau als seiner eigenen behilflich ist, eine Anstellung zu finden, ihre Karriere voranzutreiben oder mit ihr Essen geht, nehmen die Menschen an, dass es sich um eine Affäre handelt. Das Ganze macht nur deshalb einen schlechten Eindruck, weil man Männern wie Frauen unterstellt, sie seien grundsätzlich sexuell motiviert und nicht auf der Suche nach interessanten Gefährten, unabhängig von deren Alter, Beruf und Ehestand.

Ich erinnere mich an eine Begegnung mit einem Mann, den ich

sehr interessant fand und der auf dem gleichen Gebiet arbeitete wie ich. Als ich einer Freundin, die den Mann ebenfalls kannte, erzählte, dass ich mich mit ihm zum Essen verabreden wollte, um mehr über ihn und seine Arbeit zu erfahren, verschluckte sie sich fast an ihrem Wein. »Lade lieber auch seine Frau ein«, riet sie mir. Da ich an seiner Frau jedoch kein größeres Interesse hatte, sah ich nicht ein, sie ebenfalls einzuladen. Ich hatte mit dem Mann nichts im Sinn; ich dachte einfach, er wäre ein interessanter Gesprächspartner und ein Mittagessen sei eine gute Gelegenheit, um dies zu überprüfen.

Wenn mehr Männer und Frauen Gelegenheit hätten, sich mit Menschen des anderen Geschlechts anzufreunden, könnten einige ihrer Bedürfnisse nach Aufmerksamkeit, Komplimenten, Abwechslung und Gesellschaft erfüllt werden, ohne dass ausschließlich ihr Ehepartner dafür verantwortlich ist. Alle Menschen brauchen Freunde. Warum erwartet man also von verheirateten Erwachsenen, nur gleichgeschlechtliche Freunde zu haben?

Viele Menschen empfinden Freunde vom anderen Geschlecht als Bedrohung für ihre Ehe. Ironischerweise ist eine Ehe jedoch eher durch Affären bedroht, wenn Mann und Frau keine Freundschaften mit Menschen des anderen Geschlechts pflegen. Es ist völlig normal, dass Frauen und Männer ihr ganzes Erwachsenenleben hindurch die Aufmerksamkeit und Gesellschaft anderer Männer und Frauen suchen. Wenn sie keine harmlosen Freundschaften mit Vertretern des anderen Geschlechts pflegen dürfen, ohne das Misstrauen ihres Ehepartners zu wecken, wird die Gefahr einer Affäre nur größer. Eine Frau kann und sollte am Leben vieler anderer Männer teilhaben – sie muss schließlich nicht mit ihnen schlafen! Männerfreunde bereichern das Leben einer Frau und ihre Selbstachtung.

Einfach nur Flirten ... oder?

Egal, wie glücklich verheiratet eine Frau ist – es ist immer schön für sie festzustellen, dass es einen netten Mann gibt, der wünschte, sie wäre es nicht.
H. L. Mencken

Flirts und Phantasien sind die sicherste Art von Sex, die man heutzutage haben kann. Flirts geben allen Beteiligten ein gutes Gefühl. Wir alle brauchen Aufmerksamkeit, und ein spielerischer, harmloser Flirt kann dafür genau das Richtige sein. Ergänzen Sie die Zuwendung Ihres Mannes durch Kontakte zu anderen Männern. Erwachsene Frauen haben im Allgemeinen zu wenig Kontakt mit Männern. Nutzen Sie jede Begegnung, um Ihre Umgangsformen zu polieren und Ihr Flirtbedürfnis zu stillen.

Heute haben mehr Frauen Affären als je zuvor. Der Hauptgrund dafür ist ihr Bedürfnis nach Aufmerksamkeit und emotionaler Nähe. Viele Frauen haben es satt, sich wie ein Möbelstück behandeln zu lassen oder gegen den Fernseher oder Sport konkurrieren zu müssen. Daher übertragen sie ihre Gefühle einfach auf einen anderen Mann. Auch eine treue Ehefrau, die bei ihrem Ehemann ständig zu kurz kommt, wird sich irgendwann anderweitig umsehen, um ihre emotionalen und sexuellen Bedürfnisse zu stillen.

Frauen, die fremdgehen, begründen dies mit dem Wunsch, sich gut, attraktiv und wertgeschätzt fühlen und ihr Leben und ihren Körper nicht verschwenden zu wollen. Viele von ihnen sind in Bezug auf die Ehe völlig desillusioniert. Auch wenn sie die Sicherheit eines Heims und ihre Kinder durchaus zu schätzen wissen, fühlen sie sich in emotionaler Hinsicht leer und zurückgewiesen. Sie wollen der Langeweile entkommen und noch etwas anderem – einem nicht benennbaren Etwas, von dem sie glauben, dass es in ihrem Leben fehlt.

Wenn Sie eine Frau sind, die mit einem untreuen Mann zusammenlebt, dann haben Sie sicher auch schon darüber nachgedacht, eine Affäre zu haben. Wenn ich Ihnen empfehle, sich ein »eigenes Leben« aufzubauen, meine ich damit kein Doppelleben! Sicherlich profitieren manche Frauen von dem mit einer Affäre verbundenen Auftrieb; aber wer eine Affäre eingeht, nur um sich am Ehemann zu rächen, wird darin selten wirklich Befriedigung finden.

Das Schwierigste an der Untreue ist, dass wir nie wissen können, wie es ausgeht. Niemand kann ausschließen, sich nicht doch irgendwann in jemanden zu verlieben, bei dem man glaubte, es ginge »nur um Sex«; und wir können auch nie wissen, ob eine dritte Person nicht beabsichtigt, unsere Ehe zu zerstören.

Ehe Sie sich auf eine Affäre einlassen, sollten Sie sich deshalb die folgenden Fragen stellen: »Wie wird die Sache gehen? Ist eine Affäre besser als eine Scheidung? Bin ich bereit, meine Ehe für eine Affäre aufs Spiel zu setzen?«

Welches Leben ist für Sie am besten?

Wenn Sie sich ein von Ihrer Ehe unabhängiges Eigenleben aufbauen, werden Sie wahrscheinlich nicht nur mit sich selbst glücklicher sein, sondern auch mit Ihrem Ehemann und mit Ihrer Ehe. Außerdem sind Sie, falls Ihr Mann daran denken sollte fremdzugehen, in finanzieller wie in emotionaler Hinsicht in einer viel besseren Position, um Ihre Möglichkeiten rational und realistisch zu überdenken.

Heuchler, Lügner und Betrüger gibt es überall. Die Welt kann kalt und grausam sein, und eigentlich sollten Ehe und Familie unser Bollwerk gegen diese Welt darstellen. Allen voran Ihrem Ehemann müsste Ihr Wohlergehen am Herzen liegen. Wenn Sie jedoch mit einem untreuen Mann zusammenleben, werden Sie aus dem Inneren Ihres eigenen Zuhauses heraus angegriffen. Möchten Sie so Ihr Leben verbringen? Können Sie in einer solchen Situation leben – und gedeihen?

Wenn Ihre Ehe davon abhängt, dass Sie die Treulosigkeit Ihres Mannes hinnehmen, sollten Sie sich fragen, ob Ihr Mann und Ihre Beziehung es wert sind, dafür Ihr Seelenheil zu opfern?

Wenn Sie der Untreue Ihres Mannes die Stirn bieten, können Sie gestärkt daraus hervorgehen. Und wenn Sie von den Menschen um sich herum nur das Beste erwarten und Sie sich respektloses Verhalten nicht gefallen lassen, bekommen Sie vielleicht genau das, was Sie wollen.

Scheidung ist kein unanständiges Wort. Viele Frauen erleben die Scheidung als eine Befreiung und als den Beginn eines glücklichen und erfolgreichen Lebens. Manche von ihnen würden nicht im Traum daran denken, wieder zu heiraten, weil sie das Gefühl haben, ein Ehemann würde nur ihr berufliches Fortkommen hemmen und ihre Entscheidungen kontrollieren.

Es ist möglich, gleichzeitig sich selbst und einen Mann zu lieben. Sie sollten und Sie dürfen sich für eine Ehe nicht selbst aufgeben. Doch es ist schwer, ein eigenes Leben zu leben, wenn man gleichzeitig fürchten muss, dass der Ehemann mit einer anderen im Bett liegt. Wenn Ihnen die Rolle als zweite Geige nicht behagt, dann denken Sie darüber nach, ob Sie Ihr Leben verändern wollen. Sollten Sie fest an die eheliche Treue glauben und Ihren Mann auf keinen Fall mit anderen Frauen teilen wollen, dann ist eine Ehe mit einem notorischen Fremdgänger vermutlich nicht gut für Sie. Wenn sexuelle Ausschließlichkeit jedoch nicht zu Ihren wichtigsten Erwartungen an einen Ehepartner zählt, dann haben Sie wahrscheinlich weniger Probleme als andere, mit einem untreuen Mann zusammenzubleiben.

Nur Sie wissen die Antwort auf die wichtigste Frage, die Sie sich je stellen werden: »Welches Leben ist für mich das richtige?«

It is never too late to be what you might have been.
George Eliot

Merke!

- Nur Sie sind Expertin in Bezug auf Ihr eigenes Leben. Nur Sie wissen, welche Opfer, Kompromisse und Abkommen Ihre Ehe wert ist.
- Vergessen Sie nicht, dass Sie sich Ihre Möglichkeiten im Leben selbst schaffen. Glauben Sie nie, Sie hätten keine. Sie haben sie.
- Das Allerwichtigste, was Sie für Ihr Wohlbefinden tun können, ist, sich neben Ihrer Ehe eigene Interessen, ein eigenes Einkommen und eigene Freunde zuzulegen.
- Für manche Frauen ist es möglich, mit einem untreuen Mann zusammenzuleben. Doch Sie müssen selbst entscheiden, ob Sie auf diese Weise leben wollen.

Epilog

In den letzten Jahren habe ich viel gelernt. Von nun an werde ich selbst über mich verfügen und mir treu sein ... Ich werde ich selbst sein.
Diana, Prinzessin von Wales

Der vorzeitige Tod von Diana, der Prinzessin von Wales, in Paris 1997 zeigt, wie kurz das Leben sein kann. Unsere Zeit ist kostbar und begrenzt und jeder Tag ein Geschenk, das wir schätzen und genießen und nicht einfach nur hinnehmen sollten. Was Dianas Tod noch trauriger macht, ist die Tatsache, dass sie jahrelang mit einem Mann verheiratet war, der eine andere liebte. Sie blieb bei ihrem Mann und versuchte ihre Ehe zu retten, um sich am Ende doch scheiden zu lassen. Sie vergab kostbare Jahre ihres Lebens für einen Mann, der behauptet, sie nie geliebt zu haben. Und als es gerade den Anschein hatte, sie sei endlich glücklich und mit ihrem Leben als allein stehende Frau zufrieden, war es zu Ende.

Genießen Sie jeden Tag!

Während meiner Arbeit an diesem Buch beklagten sich viele Frauen bei mir darüber, in einer ähnlichen Ehe zu stecken wie Diana – unglückliche, lieblose Ehen, voller Bitterkeit und Untreue. Diese Frauen haben sich entschlossen, bei ihrem treulosen Mann zu bleiben, weil sie hoffen, dass er, wenn sie nur lange genug warten, eines Tages monogam wird. Ich hörte auch Geschichten von Frauen, die den Mut aufbrachten, zu gehen. Alle von ihnen waren sich darin einig, nur eines zu bedauern, nämlich zu lange geblieben zu sein.

Viele betrogene Frauen, die sich entscheiden zu bleiben, werden am Ende doch fallen gelassen. Nachdem sie viele Jahre ihres Lebens für einen untreuen Mann geopfert haben, stehen sie eines Tages dennoch draußen vor der Tür. Wenn Sie bei einem untreuen Mann bleiben, ist das keine Garantie dafür, dass auch er bei Ihnen bleibt – oder dass er sich ändern wird. Untreue Männer, die lügen und hintergehen, verwandeln sich selten in vertrauenswürdige, liebevolle und monogame Ehemänner. In der Zwischenzeit vergeuden viele Frauen ihr Leben für einen Mann, der ihretwegen nicht einmal bereit ist, eine Affäre aufzugeben.

Mehrere Frauen, die ich interviewte, verbrachten den größten Teil ihres Lebens mit einem Mann, der die gesamte Ehezeit hindurch fremdging und sich am Ende doch von seiner Frau scheiden ließ, um eine Jüngere zu heiraten. Die leidgeprüften Ehefrauen blieben mit bescheidenen finanziellen Mitteln zurück und mit noch weniger Selbstvertrauen und Selbstachtung.

Auch wenn persönliche Gründe wie Liebe und Kinder, gepaart mit gesellschaftlichen und finanziellen Sorgen, oder sogar Motive wie Macht oder politische Räson viele Frauen dazu drängen, sich mit ihrem untreuen Mann abzufinden, liegt die Entscheidung letztendlich dennoch bei ihnen. Mit jedem Tag, den eine Frau länger mit ihrem untreuen Gefährten zusammenbleibt, bringt sie sich selbst um die Möglichkeit, ein schöneres Leben zu leben. Und sie signalisiert ihrem Mann, dass es in Ordnung ist, sie zu betrügen.

So schwer es auch ist, für sich selbst einzutreten, Männer würden vermutlich weniger fremdgehen, wenn ihre Frau fest entschlossen wäre, Untreue nicht hinzunehmen. Indem sie bei einem Mann bleibt, der sexuell und emotional mit anderen Frauen liiert ist, gibt eine Frau ihrem Mann und sich selbst zu verstehen, dass ihre Gefühle keine Rolle spielen, dass ihre Ehe keine Rolle spielt. Indem sie das Verhalten ihres Mannes mit trägt, betrügt sie sich selbst.

In Beziehungen ernten wir häufig das, was wir zulassen. Auch wenn die meisten Frauen sich eine monogame Beziehung wünschen, ist es nicht leicht, sich gegen Untreue aufzulehnen – und diesen Standpunkt auch durchzusetzen. Doch solange Männer nicht das Gefühl haben, sie hätten etwas zu verlieren, wird die Mehrheit von ihnen die Wünsche einer Frau nicht respektieren. Wie andere Sie behandeln, hängt häufig davon ab, wie Sie sich selbst behandeln. Wenn Sie also damit rechnen, betrogen zu werden, und von Ihrem Mann diesbezüglich wenig Ehrlichkeit erwarten, dann werden Sie vermutlich bekommen, was Sie erwarten. Gehen Sie mit Ihren Ansichten keine Kompromisse ein! Wenn Sie nach ihnen leben, werden Sie den Respekt ernten, den Sie verdienen.

Jeder, der länger als zehn Minuten verheiratet ist, weiß, dass es in jeder Ehe gute und schlechte Zeiten gibt. Aber sich einer dritten Person zuzuwenden ist keine Lösung für Beziehungsprobleme. Damit wird nichts geklärt, aber vieles verkompliziert, was die Beziehung letztendlich ruinieren kann. Wenn Sie Eheprobleme haben, dann versuchen Sie diese mit Ihrem Partner bzw. Ihrer Partnerin zu lösen oder suchen Sie sich professionelle Hilfe. Wenn Sie verheiratet sind, haben Sie die Pflicht, alles zu tun, um Ihre Ehe zu verbessern, ohne eine dritte Partei hineinzuziehen. Ehen lassen sich nur dann verbessern, wenn sich die Ehepartner aufeinander konzentrieren.

Bei außerehelichen Affären geht es nie einfach nur um Sex, und sie »passieren« auch nicht einfach so. Affären beinhalten Lügen und Betrug beziehungsweise Aufmerksamkeit und Zuneigung, die jemandem geschenkt wird, mit dem man nicht verheiratet ist. Vertrauensbruch ist die Grundlage jeder Affäre. Wenn das Vertrauen – der wesentlichste Bestandteil einer glücklichen Ehe – erst einmal erschüttert ist, lässt es sich nur schwer wieder herstellen. Wie ein edles Glas, das zerbrochen und wieder zusammengeklebt wurde, ist es niemals wieder dasselbe.

Selbst wenn eine Frau bleibt und die Untreue hinnimmt, wird die Ehe nach der Aufdeckung der Affäre nie wieder die gleiche sein. Frauen, die mit einem untreuen Mann zusammenbleiben, leben ein Leben im Ungewissen. Aber Ungewissheit ist ein Zustand und keine Lebensform. Wenn eine Frau sich erst einmal entschließt, nicht länger in der Warteschleife ausharren zu wollen, kann sie endlich und mit Zuversicht voranschreiten.

Sex ist nur ein Bestandteil einer Ehe. Dennoch verbinden

Frauen mit Sex Gefühle wie Ausschließlichkeit und Vertrauen. Intimität ist für eine lange, glückliche und erfolgreiche Beziehung lebenswichtig. Ein weiterer unentbehrlicher Bestandteil jeder guten Ehe ist Respekt. Ein Mann, der seine Frau durch außereheliche Beziehungen betrügt, respektiert sie nicht. Es ist so gut wie unmöglich, sich in allen Lebensbereichen nahe zu sein und sich gegenseitig zu vertrauen, wenn einer von beiden den anderen tagtäglich belügt.

Die Tatsache, dass einem Mann sexuelle Offerten gemacht werden, bedeutet noch lange nicht, dass er sich auch darauf einlassen muss. Echte Männer können nein sagen und sie tun es auch. Monogame Ehemänner sind weder fade noch langweilig, wie die Gesellschaft sie gerne hinstellt, sondern sie wissen um den Wert einer glücklichen Ehe und entscheiden sich ganz bewusst dafür, keine Dummheiten zu machen. Selbst wenn sie auf das Heftigste flirten, ziehen sie eine strikte Grenze und lassen sich nicht auf Abenteuer ein. Ein Mann mit dieser Einstellung erklärte dazu:

Eines weiß ich ganz sicher: Selbst wenn die heißeste Frau hinter mir her wäre, würde ich mich nicht mit ihr einlassen. Dass sie es auf mich abgesehen hat, wäre mir Kick genug, und im Endeffekt könnte sie es doch nicht mit meiner Frau aufnehmen. Was kann schon dabei rauskommen? Es ginge doch nur um einen schnellen Fick, also was soll's?

Zweifellos ist eine Ehe glücklicher und stabiler, wenn Mann und Frau nicht durch die Gegend laufen und sich gegenseitig mit anderen betrügen. Moralische und religiöse Aspekte einmal beiseite gelassen, geht es in jeder Beziehung glücklicher und ruhiger zu, wenn Mann und Frau sich keine Gedanken über Untreue machen müssen. Ein monogamer Ehemann fasste das einmal so zusammen: »Wenn du eine attraktive Frau einmal ansiehst, bist du ein Mann. Wenn du sie zweimal ansiehst, bist du ein abenteuerlustiger Mann. Wenn du sie anfasst, bist du ein geschiedener Mann.«

Viele Frauen berichteten mir, sich vor dem Alleinsein zu fürchten, wenn sie aus der Ehe aussteigen. Dabei ist Einsamkeit innerhalb einer Ehe viel schlimmer, als allein zu sein. Was gibt es Schlimmeres, als mit einem Mann verheiratet zu sein, der eine andere liebt? Ist eine Scheinbeziehung wirklich besser, als die Freiheit zu haben, eigene Träume zu verfolgen oder mit einem Mann zusammen zu sein, der Sie respektiert und liebt?

Viele Frauen glauben, das Schlimmste, was ihnen passieren könne, sei, dass ihr Mann sich mit einer anderen einlässt. In Wirklichkeit ist das Schlimmste, was einer Frau passieren kann, mit einer Lüge zu leben. Häufig ist es für die Selbstachtung und die allgemeine psychische Verfassung einer Frau viel schädlicher, zu bleiben und betrogen zu werden, als aus unerträglichen Lebensumständen auszubrechen. Das Zusammensein mit einem Menschen, der uns ständig belügt, betrügt und Fragen aus dem Weg geht, ruiniert das Selbstbewusstsein der stärksten Frau. Mit einer Lüge zu leben schadet Körper, Geist und Seele und Ihrer Ehe.

Viele Frauen, mit denen ich sprach, verwendeten den Ausdruck »wie tot«, um zu beschreiben, was sie angesichts der Affären ihres Mannes empfanden. An einem bestimmten Punkt sei etwas in ihnen abgestorben und habe sich von ihrem Mann abgewandt, meinten sie. Um sich selbst davor zu schützen, immer wieder verletzt zu werden, mussten sie alle ihre Gefühle absterben lassen.

Eine Frau, die von ihrem Mann betrogen wird, steht vor einer schrecklichen Entscheidung. Sie kann versuchen nicht hinzusehen, in der Hoffnung, die Affäre werde bald vorübergehen. Sie kann ihren Mann konfrontieren und dabei riskieren, ihn zu verlieren, weil sie ihm auf die Schliche gekommen ist. Sie kann bleiben und versuchen, mit seiner Untreue zurechtzukommen. Sie kann sich auf eine eigene Affäre einlassen, oder sie entschließt sich, aus dieser unaufrichtigen Beziehung auszusteigen.

In unserer Gesellschaft existiert eine kollektive Zwiespältigkeit gegenüber Untreue, die es Frauen einerseits schwer macht, sich innerhalb der Beziehung mit Untreue zu arrangieren, andererseits sie auch dafür bestraft, wenn sie die Ehe beenden. Wie man es dreht und wendet: Für die meisten Menschen ist Untreue ein Albtraum. Wie Frauen darauf reagieren, hängt von vielen

Faktoren ab, denn das Spektrum von Beziehungen ist endlos. Suchen Sie sich die aus, die am besten zu Ihnen passt.

Wenn sich in Ihrer Ehe drei Menschen drängeln, müssen Sie nicht in diesem Getümmel verbleiben. Ihr Leben ist zu kurz und zu kostbar, um es in einer Ehe zu verplempern, die nur dem Namen nach existiert. Es gibt viele begehrenswerte, attraktive und erfolgreiche Männer auf dieser Welt, die sich nach einer glücklichen Ehe sehnen und die nicht fremdgehen. Es ist Ihre Entscheidung, ob Sie bei einem Mann bleiben wollen, der Sie betrügt, oder ob Sie voranschreiten und sich ein neues Leben aufbauen wollen. Prinzessin Diana erzählte Martin Bashir im November 1995: »Die Leute glauben, im Grunde sei ein Mann das einzig Wahre. Aber eigentlich ist ein erfüllender Beruf für mich viel besser.«

Anhang

Filme zum Thema Untreue

Spielfilme sind sowohl für Paare als auch für Singles eine wunderbare Möglichkeit, sich mit Beziehungsfragen auseinander zu setzen. Wer sich Filme anschaut und anschließend über sie spricht, kann viel über sich und das Verhalten anderer, über Beweggründe und tief verwurzelte Ansichten lernen. Es ist für Paare wesentlich einfacher, sich über die Untreue zweier Leinwandgestalten zu unterhalten, als über die eigenen Verfehlungen oder über die Gefühle für einen untreuen Partner. Und doch tauschen sie im Gespräch über einen Film wertvolle Informationen aus, zum Beispiel darüber, welche Qualitäten sie an einem Menschen schätzen, welche Erwartungen sie an eine Ehe haben oder welches Verhalten sie tolerieren würden oder auch nicht.

Die folgende Liste enthält, in der Reihenfolge meiner eigenen Präferenz, die meines Erachtens besten Filme zum Thema Untreue. Wenn Sie vermuten, dass Ihr Mann Sie betrügt, und Sie nach einer Möglichkeit suchen, mit ihm darüber zu reden, dann werden Ihnen diese Filme zeigen, wie Filmcharaktere mit bestimmten Aspekten umgehen.

Wenn Sie sich einige dieser Filme angesehen haben, werden Sie vielleicht besser verstehen, welche Probleme die Menschen beim Thema Untreue am meisten bewegen. Und ich hoffe, Sie sind dadurch in der Lage, besser mit diesem Thema umzugehen, sollten Sie jemals selbst davon betroffen sein.

1. *Eine verhängnisvolle Affäre*, 1987, R: Adrian Lyne
2. *Sodbrennen*, 1986, R: Mike Nichols
3. *Liebe ohne Ausweg* (TV-Titel: *Eine Liebe bis September*), 1984, R: Richard Marquand
4. *The Power of Love*, 1995, R: Lasse Hallström

5. *Die Brücke am Fluss*, 1995, R: Clint Eastwood
6. *Ein unmoralisches Angebot*, 1993, R: Adrian Lyne
7. *Zu schön für dich*, 1989, R: Bertrand Blier
8. *She's the One*, 1996, R: Edward Burns
9. *Kleine Sünden unter Brüdern*, 1995, R: Edward Burns
10. *Miami Rhapsody*, 1995, R: David Frankel
11. *Die unerträgliche Leichtigkeit des Seins*, 1988, R: Philip Kaufmann
12. *Aus Mangel an Beweisen*, 1989, R: Alan J. Pakula
13. *Der Klub der Teufelinnen*, 1996, R: Hugh Wilson
14. *Ehemänner und Ehefrauen*, 1992, R: Woody Allen
15. *Scandal*, 1988, R: Michael Caton-Jones
16. *Sex, Lügen, Videos*, 1989, R: Steven Soderbergh
17. *Ein Wochenende mit Kate*, 1991, R: Arch Nicholson
18. *Herr der Gezeiten*, 1991, R: Barbra Streisand
19. *Body Heat – Eine heißkalte Frau (Heißblütig-Kaltblütig)*, 1981, R: Lawrence Kasdan
20. *Verbrechen und andere Kleinigkeiten*, 1989, R: Woody Allen
21. *Eine zweite Chance*, 1998, R: Forest Whitaker
22. *Ein perfekter Mord*, 1998, R: Andrew Davis
23. *Der Mann, der die Frauen liebte*, 1983, R: Blake Edwards
24. *Shirley Valentine – Auf Wiedersehen, mein lieber Mann*, 1989, R: Lewis Gilbert
25. *Der Eissturm*, 1997, R: Ang Lee
26. *One Night Stand*, 1997, R: Mike Figgis

Klassiker unter den »Untreue-Filmen«

1. *Endstation Paris*, 1961, R: David Miller
2. *Nächstes Jahr, selbe Zeit*, 1978, R: Robert Mulligan
3. *Tagebuch eines Ehebruchs*, 1970, R: Frank Perry
4. *Jahreszeiten einer Ehe*, 1980, R: Richard Lang
5. *Geliebter einer Ehefrau*, 1985, R: Richard Lang
6. *Bod & Carol & Ted & Alice*, 1969, R: Paul Mazursky
7. *Das Haus der Lady Alquist*, 1943, R: George Cukor

Quellenangaben

Andersen, Christopher; *Jack and Jackie: Portrait of an American Marriage*, New York 1996

Applewhite, Ashton; Cutting Loose; *Why Women Who End Their Marriages Do So Well*, New York 1997

Bandura, Albert; *Principles of Behavior Modification*, New York 1969

Barreca, Regina; *Perfect Husband (And Other Fairy Tales)*, New York 1993

Bernard, Jessie; *The Future of Marriage*, New Haven 1982

Biddle Barrows, Sydney; *Manche mögen's gleich: Sex-Tipps von einer, die weiß, was Männer wollen*. Übersetzt von Annemarie Pumpernig, München 1997

Blanchard, Paul; *Why Men Cheat and What to Do About It*, Tampa 1995

Bushnell, Candace; *Sex and the City*. Übersetzt von Annette Hahn, München 1998

Cochran Berry, Barbara; *Life After Johnnie Cochran: Why I Left the Sweetest-Talking Most Successful Black Lawyer in Los Angeles*, New York 1995

Dutton, Donald; Galant, Susan K.; *The Batterer: A Psychological Profile*, New York 1995

Eaker Weil, Bonnie; *Adultery: The Forgivable Sin*, New York 1995

Ellis, Bruce; Symons, D.; *Sex Differences in Sexual Fantasy: An Evolutionary Psychological Approach*, Journal of Sex Research, 27, 1990, S. 527–556

Ephron, Nora; *Sodbrennen oder Quetschkartoffeln gegen Trübsinn*. Übersetzt von Ursula Gail, Gütersloh 1987

Faludi, Susan; *Backlash. Die Männer schlagen zurück. Wie die Siege des Feminismus sich in Niederlagen verwandeln und was Frauen dagegen tun können*. Übersetzt von Sabine Hübner, Reinbek bei Hamburg 1993

Fielding, Helen; *Schokolade zum Frühstück: das Tagebuch der Bridget Jones*. Übersetzt von Ariane Böckler, Rheda-Wiedenbrück 1999

Fisher, Dr. Helen; *Anatomie der Liebe: Warum sich Paare finden, sich binden und auseinander gehen*. Übersetzt von Gerda Kurz und Siglinde Summerer, München 1996

Gottman, Dr. John; *Glücklich verheiratet. Warum Ehen gelingen oder scheitern*. Übersetzt von Ilse Utz, München 1995

Graham, Katharine; *Wir drucken! Die Chefin der* Washington Post *erzählt die Geschichte ihres Lebens*. Übersetzt von Henning Thies, ohne Ort, 1999

Gurley Brown, Helen; *The Late Show: A Practical, Semiwild Survival Guide for Every Woman in Her Prime or Approaching It*, New York 1993

Hafner, Julian; *The End of Marriage: Why Monogamy Isn't Working*, London 1993

Hagood, Esley; *Presidential Sex: From the Founding Fathers to Bill Clinton*, New York 1996

Halper, Jan; *Quiet Desperation: The Truth About Successful Men*, New York 1988

Hayes, Dr. Christopher; Anderson, Deborah; Blau, Melinda; *Our Turn: The Good News About Women and Divorce*, New York 1993

Heyn, Dalma; *Die Heiratsfalle. Wie Frauen zu Ehefrauen werden*. Übersetzt von Thomas Bertram, München 2000

Hite, Shere; *Hite-Report. Das sexuelle Erleben des Mannes*. Übersetzt von Gerhard Aschenbrennen und Ulrike von Sobbe, Bindlach 1991

–; *Frauen und Liebe*. Übersetzt von Amanda Loewenthal und Charlotte Franke, München 1990

Jacobson, Neil; Gottman, John; *When Men Batter Women*, New York 1998

Janus, Samuel S.; Cynthia L.; *The Janus Report on Sexual Behavior*, New York 1993

Jong, Erica; *Angst vorm Fliegen*. Übersetzt von Kai Molvig, Frankfurt a. M. 1974

Kay, Richard; Levy, Christopher; *Diana: The Untold Story*, 1998

Klerman, G. K.; Weissman, M. M.; *Increasing Rates of Depression, Journal of the American Medical Association*, 261, S. 229–235, 1989

Lawson, Annette; *Adultery: Analysis of Love and Betrayal*, New York 1988

Lindbergh Morrow, Anne; *Muscheln in meiner Hand*. Übersetzt von Maria Wolff, München 2000

Masters, William; Johnson, Virginia; Kolodny, Robert; *Heterosexualität. Die Liebe zwischen Mann und Frau*. Übersetzt von Jacqueline Csuss und Karin Haag, Wien 1996

McGrath, Ellen; Keita, G. P.; Strickland, B. Russo, N. F.; *Frauen und Depression: Risikofaktoren und Behandlungsfragen*. Übersetzt von Rebekka Gattinger, Bergheim 1993

Morton, Andrew; *Diana. 1961–1997. Ihre wahre Geschichte in ihren eigenen Worten*. Übersetzt von Henning von Thies, München 1998

Ross, Lillian; *Here But Not There: My Life with William Shawn and* The New Yorker, New York 1998

Sinrod, Barry; Grey, Marlo; *Just married*, Kansas City 1998

Staheli, Dr., Lana; *Triangles; Understanding, Preventing, and Surviving an Affair*, New York 1997

Starr Report. Report of the Office of the Independent Counsel to the United States House of Representatives, September 11, 1998

Trump, Ivana; *The Best Is Yet to Come: Coping with Divorce and Enjoying Life Again*, New York 1995

Walker, Lenore E.; *Warum schlägst du mich? Frauen werden misshandelt und wehren sich*. Übersetzt von Hannelore und Wolf Friedrich, München 1994

Weitzman, Dr. Lenore; *The Divorce Revolution*, New York 1985